다시
봄이
올 거예요

다시 봄이 올 거예요

세 월 호 생 존 학 생 과 형 제 자 매 이 야 기

| 416세월호참사 작가기록단 씀 |

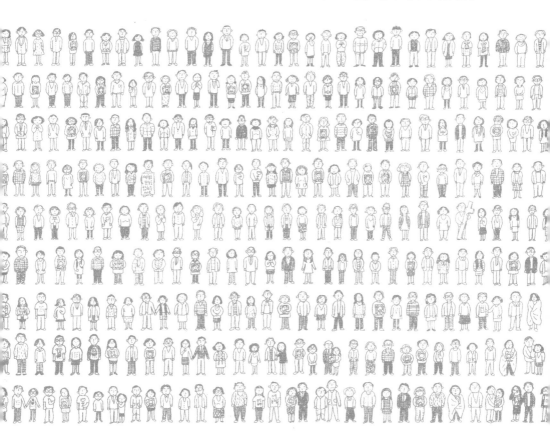

창비

그날,

하늘은 조금 흐렸고 바다는 조용했다.
물고기들은 뜬눈으로 하루를 시작한 어선들을 피해
바삐 움직이고 있었을 것이다.

로비에 있었는데 꼬마 두명이 놀고 있었어요.
귀여워서 불렀는데 처음 보는 사람한테도
잘 오는 거예요. 저한테 안기는 바로 그때였어요.

배가 원래 좀 기우뚱거리잖아요. 그런데 그거랑
차원이 다르게, 기우뚱- 기우뚱- 기우뚱- 기우뚱,
진짜 심하게 기우뚱거리다가 팍 넘어가는 거예요.

8시 52분, 배가 침몰한다는 신고가 있었다.
해경은 위도와 경도가 어떻게 되느냐고 물었다.

배가 기울면서 어떤 애가 머리를 세게 박아서
기절을 한 거예요. 막 때리면서 일어나라고 깨우고.

엄마한테 전화를 했어요. 엄마도 당황해서
일단 끊으라 하시고, 학교에 전화를 했는데
학교에서 무슨 소리냐고.
학교도 모르고 있던 거예요.

9시 19분, 첫 속보가 나왔다.
"진도 부근 해상 500명 탄 여객선 조난 신고"

줄넘기 연습을 하는데 갑자기 애들이
"야, 단원고 침몰한대." "뭔 소리야?"
갑자기 심장이 내려앉는 느낌, 너무 멍해서…

아빠를 전화로 일찍 깨워야 했는데 깜빡한 거예요.
전화 걸어서 죄송해요 그랬는데,
오빠가 탄 배가 침몰하고 있다는 거예요.
내가 들은 게 뭔 소리지? 아빠가 정말 벌벌벌 떠는데
그런 목소리는 처음이었어요.

국정원이 사고 소식을 확인했다.
인근에 있던 둘라에이스호 선장이 다급하게 교신을 보냈다.
"라이프링이라도 착용을 시키셔서 탈출을 시키십시오, 빨리."
9시 25분, B511 헬기가 현장에 도착했다.

가만히 있으라니까. 어, 가만히 있어야지.
왜냐면 이럴 때 어떻게 해야 하는지
저희보다 그 사람들이 더 잘 알 거잖아요.

엄마 걱정할까봐 일부러 한참 있다가
되게 덤덤하게 문자를 보냈어요. "엄마, 배 기울어져."
엄마도 "아, 그래, 배는 휘청휘청거리니까."

구조가 되는 줄 알고 있었거든요.
"엄마, 지금 배가 기울고 있는데 헬기가 와서
배를 끌고 가려나봐. 괜찮아. 될 것 같아."

캐비닛이 드드득 하면서 뜯어지는 소리가 들렸어요.
천장이랑 벽이랑 바닥 막 쿵쿵거리면서
진짜 쿵쿵거리면서 벽에 있는 애들을
다 깔아버린 거예요.

9시 38분, 해경 123정이 선원을 구조하기 시작했다.
청와대 국가안보실은 현지 영상을 찾았다.
"VIP 보고 때문에 그런데…"
객실 침수가 시작됐다.

아무것도 안 와요. 검정색 구명보트가
잠깐 갑판 쪽에 보였다가 사라진 거예요.

머리 묶고 있으라고, 혹시 머리 낄 수 있으니까,
머리 묶어주고.

창문이 있는데 거기서 해경 걸어다니는 걸 봤어요.
"살려주세요, 살려주세요."

가만히 있으라는 게 너무 안 맞는 거예요.
반 애들한테 나가서 확인해보겠다고 하면서
우여곡절 끝에 문을 열었어요.

남자애가 울고 있었어요. "형 우리 죽어요?"
"이 형아가 너 살릴게." 구명복을 받아서 애를
먼저 입혔어요.

점점 창문으로 물이 차는 게 보이잖아요. 그러다가
갑자기 불이 꺼지고.

육상 경찰과의 교신에서 해경이 말했다.
"우리가 다 했으니까. 우리 해경하고 해군하고 다 하고 있으니까."
9시 51분이었다.

불이 꺼졌거든요. 막 울면서 해경 왜 안 오냐고.
막 울부짖으면서 왜 우리 안 구해주느냐고.

갑자기 비명 소리가 들려요. 물이 찬대요. 아무것도
안 샐 거 같은 틈에서 물이 갑자기 콸콸콸 쏟아져
들어왔어요.

그때 사람들이 어디 있었는지 다 기억나요.
하나하나… 얼굴만 간신히 떠 있는데 그 애가
보였어요. 손이 안 닿아요…

친구 셋이 손을 잡고 있었는데 제가 손을 놓쳤어요.
물에 빨려 들어갔어요. 어떻게 할 수도 없이, 순식간에.

애들이 비명 지르면서 허우적대는데 저는 손을 쓸
수 없어서 일단 내 발이라도 잡으라고 멈췄어요.
애들이 발을 잡았고 계속 올라가는데…

애들이 다 같이 있다가 어느 순간 저 혼자 남았어요.

"여기는 123. 현재 여객선 좌현 완전히 침수했습니다."

아무것도 안 보이는데 어디에 걸렸어요. 공기를
마셔야 되는데. 어떻게 밀고 떠올랐는데 다시
걸렸어요. 숨은 벌써 막히는데. 한번 더 걸리면…
다시 잠수해서 올라갔는데 다행히 팍…

손을 뻗으면 공기가 만져지는데 나가지는 못하다가
파도가 쳐서 그때 나온 거예요.

그때 제가 엄마 핸드폰을 쓰고 있어서
모든 전화가 다 저한테 왔어요.
동생 거기 탄 거 맞다고
계속 말해야 하는 거예요.

애들이 위로하려고 '괜찮아, 설마 죽겠냐'
그런 식으로 얘기하는데 저도 모르게 울컥해서,
장난하냐고.

담임 샘이 들어오시면서 형이나 누나 중에
단원고 다니는 사람 있냐고 했어요.
왠지 불안해서 물어본 순간부터 울었어요.

청와대가 해경에 물었다. "영상 가지고 있는 해경 도착했어요?"

"침몰 임박, 탈출하십시오." 마지막까지 남아 있던 승무원의 지시는 역부족이었다.
10시 17분, 카톡 메시지 하나가 겨우 배를 빠져나왔다. "지금 더 기울어."

어업지도선은 구명조끼를 입고 떠다니는 마지막 생존자를 구조했다.

물에 뛰어내려서 구명보트를 잡았는데
가려고 하는 거예요. 탈 자리 없으니까
그냥 잡고 오라고.

기억이 안 나요. 목이 하도 타서. 물 좀 줄 수 있냐고
주위에 물어보고.

11시 1분, MBC가 '전원구조' 방송을 내보냈다.
7분 사이에 대부분의 채널을 통해 속보가 퍼져나갔고,
이미 정정보도가 나간 후인 11시 26분 재난주관 방송사인
KBS는 다시 오보를 내보냈다.

서거차도 주민 분들이 집을 내주셔서
이불 덮고 있는데 TV에서 애들이 빠져나오는 영상을
보여주는 거예요.
그러다가 전원구조가 딱 보이는 거예요.
아. 애들 다 나간 거였구나. 다행이다.

늦잠을 자고 일어나니까 부재중 통화가
엄청나게 많이 와 있더라고요.
텔레비전을 딱 틀었더니 '전원구조'.

다행이다 하면서 오빠한테 전화를 했는데
안 받는 거예요. 친구 언니한테는 전화가 왔는데.

혹시 모르니까 단원고로 갔는데
동생이 생존자 명단에 없는 거예요.
어떻게 해야 되지? 엄마한테
명단에 없다는 말을 하기가 너무 어려운 거예요.

언니한테 전화만 몇십통을 한 것 같아요.
통화음이 가요. 신호가 가는 것만도 의미가 있다고.
괜찮아. 뭔 이유가 있겠지.

오후 1시 19분, 두명이 사망했다는 소식이 전해졌다. 중대본은 특수구조인력 350명
투입, 선체인양 위한 대형 크레인 확보, 여객선은 사실상 침몰 등의 내용을 발표했다.

엄마아빠는 다 진도로 가고 저는 혼자 세월호 기사를
싹 다 읽었어요. 정확한 정보를 알아야 되니까.
무슨 일이 일어났는지 알아야 되니까.

진도체육관에 애들이 오다가 안 오는 거예요.
여기 말고 서거차도에도 애들 갔다고 그래서 안심하고
있었는데…

어리둥절해하고 있는데 부모님들 태운 버스가 왔어요.
다들 울면서 들어오시는데
그 상황이 너무 소름끼치는 거예요.

아빠가 저를 부르는데 기자들이 우르르 오면서 안으로
밀려 들어가고.

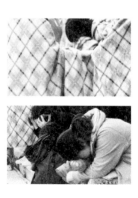

오후 5시 30분, 박근혜 대통령이 중대본을 찾았다. "구명조끼를 다 입었다는데
그렇게 발견하기 힘듭니까?" 저녁 6시 50분, 조류가 강해 선체 수색작업을
중단한다고 했다. 밤 9시 중대본은 전체 승선인원이 462명이라고 정정했다.

엄마한테 전화가 와서 이건 좀 아닌 것 같다고
그러셨는데 뉴스는 계속 구조하고 있다고
그랬단 말이에요.

아빠, 언니는? 언닌 어딨어? 아빠가 못 찾았다고
하시니까, 주저앉아서 엉엉 울었어요. 멍하니 있다가
혼자 감정 추스렸다가 다시 폭발했다가 울다가.

부모님이 팽목항에서 흔들리는 모습을 보니까…
거기서 저까지 힘들다고 울어버리면 진짜 되돌릴 수
없을 정도로 모든 게 다 무너질까 무서웠어요.

안산으로 오는데 너무 무섭고, 그래도 애들
돌아오겠지, 그런 생각만 하고 다른 생각은 안 했어요.

막내 재우고 둘째랑은 자지 말자고, 뭔가 너무
미안해서 보일러를 안 켰어요. 그날.

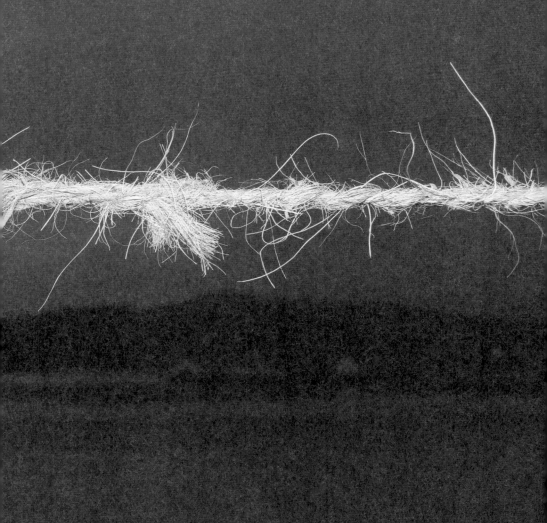

두번째 봄

그날 이후, 두번째 봄이 찾아왔다. 누군가 늘어지게 기지개를 켜고 있을지 모를 시간. 친구들과 재잘대고 있을지 모를 시간. 겨우내 세워둔 자전거에 몸을 실어 강변산책을 나갔을지 모를 시간. 시험지에 코를 박고 있을지 모를 시간. 당당하게 기울이는 첫 술잔에 취해 있을지 모를 시간. 한편으론 그리움에 뒤척일지 모를 시간. 봄이 깊어지는 흔적조차 아플지도 모를 시간. 문득 소용돌이치는 울분을 꺼이꺼이 토해내고 있을지도 모를 2016년 봄날의 시간.

여기, 꽁꽁 얼어붙은 대지를 뚫고 스스로를 밀어올린 어떤 이야기들이 피어오르고 있다. 시리고도 싱그러운, 비틀거리면서도 맑고 단단한, 끊어질 듯 끊어질 듯 다시 이어지는 이야기. 이제껏 우리가 듣지 못한 이야기. 416세월호참사를 온몸으로 겪어낸 10대들의 이야기다.

아이, 학생, 자식, 어린 피해자

이 책은 세월호에서 생존한 단원고 학생 11명과 형제자매를 잃고 어린 나이에 유가족이 된 15명이 보내온 시간에 대한 기록이다.* 생존학생들은 이제 스무살이 되었다.** 초등학교와 중학교 교실에서, 혹은 하필 소풍 갔던 날 청천벽력 같은 소식을 접해야 했던 형제자매들은 중학생과 고등학생이 되었다. 동생을 잃은 몇몇은 20대의 초반을 떠나보냈거나 떠나보내고 있다. 지난 2년간, 세월호참사는 이들의 삶을 어떻게 흔들어놓았을까. 이들은 시간의 마디마디에 어떤 그리움과 어떤 미안함과 어떤 기막힘과 어떤 다짐들을 새겨 넣었을까.

'애들, 학생, 누군가의 자식, 어린 피해자'로만 존재해왔던 '사회적 10대'들은 세월호참사가 빚어낸 시간들을 각자 조금씩 다르게 겪어냈다. 기억과도 싸우고 망각과도 싸웠으며, 무뎌지기를 바라면서도 무뎌짐에 미안해하기도 했으며, 누군가를 떠나보내기도 또 누군가를 맞이하기도 했다. 세월호에만 빠져 있을 수도 세월호를 등질 수도 없는 시간들 속에서 이

* 이 책에 실린 생존학생·형제자매의 이름은 각 구술자의 선택에 따라 실명과 가명으로 썼다. 가명인 경우 이를 밝히거나 밝히지 않는 것은 구술자의 요구에 따랐다.

** 이 책에서 작가기록단은 '생존학생'이라는 표현을 가능한 한 피하고 싶었다. 이제는 단원고를 졸업하고 새 길에 나선 이들을 계속 생존학생이라고 불러도 괜찮은 걸까. 단원고 생존자 스스로 자신을 생존학생이라 지칭하지 않고, 누군가는 여러 이유로 차마 그렇게 부르지 못한다. 고민은 많았지만 우리는 대체할 말을 찾지 못했다. 세월호에서 생존한 10대들을 한꺼번에 이르는 명칭이 불가피하기도 하다. 우리는 이 모든 긴장 속에서 '생존학생'이라는 표현을 쓴다.

들은 주저앉기도 하고 기어이 일어나기도 했다. 세상이 부여한 '유가족' '생존학생'이라는 이름에 몸서리치다가도 이를 기꺼이 짊어지기도 했다. 이들의 이야기는 하나의 지점으로 서로를 끌어당기면서도 결코 하나로 수렴될 수 없는 각각의 세계와 빛깔을 품고 있었다.

절대로 말하지 않겠다

"안 그래도 힘든 애들한테 뭘 굳이…" 쉽게 연민의 대상이 되곤 했지만, 그러하기에 아무도 제대로 묻지 않았고 물어서는 안 된다고 예단됐던 사람들. "애들이 그래요." 섣부른 짐작으로 그 이야기가 각색되기도 쉬웠던 사람들. "250명이나 되는 어린 학생들이 죽임을 당했고 남겨진 형제자매들과 살아남은 학생들조차 힘겨운 시간을 보내고 있다." 참사의 잔혹성을 뒷받침하는 근거로 곧잘 언급되었지만, 정작 자기 목소리로는 직접 기록되지 못한 사람들. "어차피 안 들을 사람들한테 뭘 굳이…" 어떻게든 말해왔지만 제대로 전해지지 않았고, 들어줄 사람을 찾지 못해 말하지 못했던 사람들.

그 10대들이 조금씩 다른 이유와 다짐으로 비로소 말문을 열고 더 크게 말하기 시작했다. 이제야, 간신히, 온 힘을 다해. "요만큼만 얘기해야지 하고 시작했는데 가족한테도, 친구한테도 하지 못했던 이야기를 다 꺼내 놓고 말았네요." 말하기가 시작되자 또다른 이야기가 터져나왔다.

"이제는 우리가"

낯선 이방인이었을 우리 작가기록단에게 이들은 어떻게 마음의 경계를 풀고 꾹꾹 눌러 담아온 이야기를 털어놓을 수 있었을까. 우리는 서로가 보내온 간절한 신호들이 타전되고 가닿은 결과라고 믿는다. 작가기록단은 『금요일엔 돌아오렴: 240일간의 세월호 유가족 육성기록』을 발간한 이후, 세월호피해자 인권실태 조사단에도 합류했다. 서울과 안산을 수십 차례 오가며 생존학생과 형제자매, 그 가족들의 모임에 문을 두드렸고 이 기록의 의미를 전했다. 다행히도 생존학생과 형제자매 26명이 우리의 신호에 응답해주었다.

"이제는 우리가 나서야죠." 졸업을 앞둔 생존학생들은 이 기록작업을 스무살의 시작으로 받아들였다. "이대로 잊힐 순 없잖아요." 희생학생의 형제자매들 역시 참사 2주기를 앞두고 이 사회의 무뎌진 감각을 일깨우고

31

싶어했다. 우리의 인터뷰는 시대의 공기 속에서 흔들리는 과정, 어떤 사건이 터지면 그 여파로 인터뷰가 언제 중단될지도 모를 불안한 과정의 연속이었다. 다행히 이 책이 세상에 나올 수 있었던 것은 오롯이 온 힘을 다해 그 흔들림을 겪어낸 구술자이자 공동저자인 생존학생과 형제자매 들 덕분이다. 이들의 이야기를 들을 수 있었기에 우리 작가기록단은 덜 막막했고 덜 무기력해졌으며 조금은 더 구체적인 희망을 쏘아올릴 수 있었다.

봄날에 전하다

이 책이 휘청거리는 마음의 뿌리들이 결속하여 더 깊이 뿌리내리는 계기가 된다면 참 좋겠다. 생존학생들 사이에서, 형제자매들 사이에서, 이들과 부모 사이에서, 유가족과 생존자 사이에서, 같은 공간에서 호흡하고 있을 또래들 사이에서, 말하는 이와 듣는 이 사이에서.

"사람들이 함께 기억해주었으면 좋겠어요." 구술자들이 공통으로 전해온, 이 작은 바람이 독자들의 마음에 가닿을 수 있다면, 참사 이후 두번째 맞이한 이 봄이 덜 시리고 더 싱그러울 수 있을 것이다. 지금까지와는 다른 봄날을 조금은 앞당겨 맞이할지도 모르겠다.

마지막으로 이들과 작가기록단이 연결될 수 있도록 다리를 놓아준
416세월호가족협의회와 수많은 인연에게 마음으로부터 깊은 감사를 전
한다.

　　　　　　　　　　　　　　　　　　　　　　2016년 4월
　　　　　　　　　　　　416세월호참사 작가기록단을 대표하여 배경내 씀

첫번째 이야기 **나는 무엇을 잃어버렸나**

세번째 이야기 우리는 새로운 여행을 시작합니다

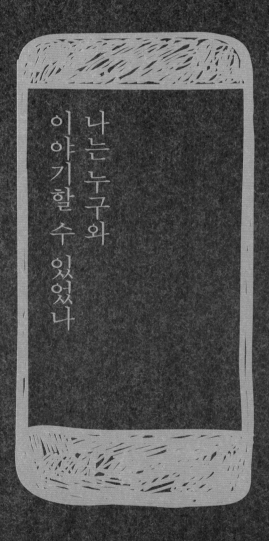

나는 누구와 이야기할 수 있었나

첫번째 이야기

나는 무엇을 잃어버렸나

이제 대처하는 법을
알게 됐어요

해결할 수 있는 힘이 더 커진 것 같아요.
그래서 능숙해진 거 같고…
좋은 일이지만 슬픈 일이기도 한 거죠.

컴퓨터가 한대여서 형이랑 둘이 같이 썼어요. 형이 한시간하고 나면
저에게 양보했어요. 현관문을 열고 신발을 벗고 들어서면 항상 형
가방이 보이고 형이 거실에 앉아서 컴퓨터를 하고 있었어요. "응, 왔어?"
하고 언제나 반겨줬어요. 근데 지금은 현관문을 열었을 때 불이 꺼져
있고 형이 없으니까 그게 제일 힘들어요. 없다는 건 알고 있는데 제가
무의식적으로 형이 있다고 인지를 하는 거예요. 학교 끝나고 얼른 집에
가는데 없으니까 마음이 횅해요. 있다고 생각했는데 없으니까… 그게 딱
인정하기 힘들어요.

/ 형이 없다는 거, 그게 가장 힘들어요

다른 친구들 보면 형한테 맞기도 하고 그러는데 저는 형한테 한번도
맞은 적이 없어요. 저한테 되게 많이 져줬어요. 형한테 고마운 게
많죠. 형은 엄마가 해준 밥을 좋아해서 외식을 별로 안 좋아하는데도
제가 외식하러 가자면 함께 가주고 집에서 시켜서 먹자고 할 때도 제
의견대로 해줬어요. 마음 쓰는 게 자기보다는 가족들, 저 위주로 많이
해줬고 남을 많이 배려해줬어요. 요즘에 형에 대한 기억이 많이 나요.
대화할 때도 특별한 일보다는 일상에서 일어나는 작은 일들에 대해
이야기를 많이 나눴어요. 학교에서 있었던 웃긴 이야기들. 선생님들에

대한 이야기. 형하고 같은 중학교를 나와서 그 학교 선생님들을 다 알거든요.

형이 특별하게 재능을 보였던 게 미술인데 중1 때부터 학원 다니면서 그림을 그렸어요. 자동차를 좋아하니까 자동차 디자이너를 하겠다고 했어요. 사고당하고 학원 가서 형의 물건을 챙겨와서 집에서 보는데 상상 이상이더라고요, 실력이. 진짜 잘 그렸어요. 형은 학원에서 그린 작품들을 집에 들고 온 적이 없었어요. 다른 사람보다 잘 그린다는 건 알고 있었지만 이렇게 잘 그릴 줄 몰랐어요. 정말 신기한 게, 형이 완벽한 사람이 아니었거든요. 항상 서툰 느낌이었어요. 운동할 때도 일상생활 할 때도 그랬는데 그림은 완벽한 거예요. 형이 야구를 좋아하지 않았는데 특별히 야구선수 중에 좋아하는 사람이 있었어요. 이종범, 그 사람 서 있는 모습을 그렸더라고요. 유노윤호가 드라마에 나왔던 장면하고요. 자동차도 그리고 여러가지 그림들이 있었어요. 이 정도 수준인데 왜 그동안 자신의 그림을 안 보여줬을까… 많이 아쉬웠어요. 형 그림을 그렇게 자세히 들여다본 건 처음이었어요.

그 그림들을 형이 좋아하는 옷과 함께 태워줬어요. 형이 그림을 워낙 좋아했으니까 하늘나라에서 그 그림과 함께 잘 지내라고 태워준 거예요. 그런데 태워주자마자 전시회를 하자고 한 거예요. 빈하용 형하고 박예슬 누나는 전시회를 했잖아요. 그걸 주최하던 분들이 형이 그림을 그렸다는 걸 어디서 들었나봐요. 태우기 전에 저희에게 미리 이야기를 했어야 하는데…

그날 친구가 손에 핸드폰을 들고 뛰어오더라구요. "니 형 학교
어디냐?" 단원고라니까 말없이 핸드폰을 건네줘요. 내용을 읽는데
선생님은 아는 눈치였어요. "선생님, 이거 무슨 말이에요?" 하고
물어보니까 그냥, 아니래요. 뭔지 모르지만 불안하잖아요. 학교
끝나자마자 바로 집에 전화했어요. 근데 엄마가 우시면서 형이 연락이 안
된다고, 그래서 이야기를 듣자마자 바로 집으로 뛰어가서 세월호 기사를
전부 다 읽었어요. 정확한 정보를 알아야 되니까, 무슨 일이 일어났는지
알아야 되니까.

엄마아빠는 거의 정신을 잃은 상태에서 진도로 가고 저는 혼자
남았어요. 나이 차이 많이 나는 사촌형 집에서 조카들 돌보면서 며칠
지냈어요. 4월 20일 되기 전에 제가 진도로 내려갔어요. 저도 알아야
되니까요. 부모님들의 모습이 너무 처참했어요. 정말 힘들어 보였어요.
그때 당시는 엄청 혼란스러웠잖아요. 그걸 보고 있으니까 마음이 너무
아픈 거예요. 저는 쪼그리고 앉아 있다가 다음날 안산으로 올라왔어요.
팽목항은 안 가는 게 낫겠다고 생각했어요. 거기에 부모님들이 다
계시잖아요. 너무 힘든데 우비 같은 거 입고 모두 쪼그리고 앉아서
기다리고 계실 거 같고… 그게 너무 마음이 아플 것 같은 거예요. 제가
마음의 준비가 안 됐을 때니까. 형을 찾을 수 있을 거라고 생각을 했지
이렇게 못 찾을 거라곤 생각을 안 했을 때니까. 그냥 형이 배 안에 있을
거라고 생각을 했지 산소가 부족해서 죽는다거나 그런 생각을 안 해봤던
시간이니까. 아니, 못했어요.

장례식 첫날 상복을 입고 영안실로 들어가서 형 모습 처음 보자마자 실감이 확 들었어요. 그때 너무 막 가슴이 아팠어요. 그날부터 제가 상주였어요. 아빠가 상주는 니가 하라고 하셨어요. 저는 상주가 뭔지도 모르는데. 생전 처음 이런 일을 겪은 거잖아요. 중2 나이에. 그것도 부모님도 아니고 형이잖아요. 상상도 못하죠. 하루 종일 빈소 지키고 한분 한분씩 계속 인사드리고… 마음이 무거웠어요. 형이 마지막 가는 자리에 제가 책임자로 있는다는 게 마음이 아프면서도 책임감이 생겼어요. 근데 잘 모르겠더라고요. 어떻게 해야 될지, 그때 무슨 심정이었는지… 그냥 제가 거기에 있었다는 것만 기억나요. 너무 접대해야 할 사람이 많았으니까…

화장할 때는 엄마가 쓰러졌어요. 뜨거운 데를 니가 왜 들어가냐고 하시면서. 근데 제가 정말 마음이 아팠던 게 엄마는 힘들어하는 걸 밖으로 표현을 하셨는데 아빠는 약간 저랑 같은 스타일이어서 겉으로 내색을 못하는 거예요. 엄마는 사람들이 다 챙겨주는데 아빠도 힘드신데 잘 안 챙겨주니까 아빠한테 너무 미안한 거예요. 살면서 아빠가 우는 걸 못 봤어요. 아, 한번 있었다, 교실에서. 발인할 때 단원고 교실에 가서 형 자리에 딱 앉았을 때 아빠가 오열하셨어요. 너무 안쓰러워 보였어요. 발인 다 끝나고도 솔직히 실감이 잘 안 났어요. 일주일 전까지만 해도 내 곁에 있던 형이 불 속으로 들어가서 사라졌다는 게…

너무 제가… 초기에는 별로 안 힘들어했어요. 왜 안 힘들어했는지는 이제야 알았어요. 억누르고 있었거든요, 감정을. 감정을 꾹 누르고 속으로만 참고 걱정 안 하고 남한테는 표현을 안 하고 그러니까 초반에는 괜찮았던 거 같아요. 겉으로 보기엔. 근데 갈수록 쌓이는 게 많으니까 너무 힘든 거예요. 초반부터 계속 힘든 거를 몸 안에 쌓고 있었으니까. 울지도 않고. '내가 불평하면 안 된다'라는 강박관념이 너무 심하니까… 괜히 남이 볼 때 쟤가 얼마나 불쌍할까, 그렇게 생각하는 게 싫어지고 겉으로 표현도 안 하고 울지도 않았어요. 혼자 있을 때만 힘들어하고. 혼자 많이 삭혔어요. 제가 고통스럽다고 말해서 남들까지 힘들게 하고 싶진 않았어요. 그때 정혜신 박사님께 상담을 받고 '너무 참을 필요 없다, 울고 싶으면 맘껏 울어라' 이런 말을 많이 들었거든요. 그게 좀 힘이 돼서 표현이 좀 됐죠. 이제 어떻게 대처하는지 방법을 알게 됐잖아요, 그래서 좀 편안해졌어요.

그때는 많이 힘들어서 학교 수업시간에도 수업 안 듣고 밖에 나가고… 땡땡이 친 게 아니라 교무실에서 담임선생님(중2)이랑 상담하고. 거의 매일. 수업 들어가야 하는데 수업은 안 듣고 애들한테 나 선생님한테 갔다올게 그래놓고 세시간 동안 선생님하고 얘기했어요. 저한테 가장 큰 도움을 주신 거 같아요, 제가 이렇게 버텨내는 데. 진짜 꼭 갚고 싶을 정도로… 제 형 찾은 날 있잖아요. 점심시간에 애들하고 있는데 형 찾았다고 연락이 왔어요. 교무실로 가서 선생님께 말씀드렸더니 가방 싸들고 내려오래요. 선생님이 1학년 5교시 수업 들어가셔야

되는데 임의로 수업을 빠지시고 차 태워서 저희 친척 집까지
데려다주시더라고요. 그때 감동받았어요. 그 정도로 저를 생각해주셔서.
선생님이 해야 할 일이 있는데 그걸 제치고 저를 생각해주시는 거니까
저는 그것에 너무 감사드렸죠.

　담임선생님한테 거의 2주 정도 상담을 받았던 것 같아요. 그냥 오늘
힘들다고 매일 그 이야기만 했어요. 더이상 이야기할 게 없을 정도로.
매일 너무 힘들다고. 다른 주제가 없고 매일 그 이야기만 했어요.
선생님도 힘드실 텐데 매일 똑같은 말에 다른 답을 해주셔서 좋았어요.
내 이야기는 같은데 선생님 답은 매일매일 다른 느낌을 받았어요.
같은 답일지 모르겠는데 어떤 날에는 똑같은 답을 들어도 와닿는
게 달랐어요. 어떤 날은 표현을 더 해라, 어떤 날은 친구들하고 있는
시간을 늘려라, 또 어떤 날은 부모님한테 더 살갑게 해봐라. 여러가지를
해주셨는데 그게 답일 수는 없지만 그래도 작은 실천방안들이잖아요.
그런 걸 많이 해주셔가지고 힘을 받았죠. 억누르다가 폭발했을 때는
너는 친구들하고 있는 것을 굉장히 좋아하고 어울리는 것을 좋아하니까
친구들하고 같이 지내는 시간을 늘려라. 지금 힘드니까 공부도 어차피
눈에 안 들어올 거다. 하라고 해봤자 안되니까 그냥 그런 거 생각하지
말고 놀아라' 그러세요. 마음이 뒤죽박죽인데 딴 걸 또 넣으려니까
정리가 더 안 되잖아요. 그니까 일단 마음을 정리해야 할 것 같다는
판단을 내리셨어요, 선생님이. 요즘도 매일 못해도 거의 한번씩
찾아봬요. 지금 2학년을 맡고 계셔서 3학년인 저하고 만날 일이 거의
없으신데 일부러 찾아가요.

/ 친구들이 있어 일상으로 돌아오는 속도가 빨랐어요

부모님이 바쁘셔서 혼자 있는 시간은 대부분 친구들하고 같이 있어요. 혼자 있으면 생각할 게 많고 그렇단 말이에요. 친구들하고 게임을 한다거나 운동을 한다든가 자전거를 탄다든가 그런 다른 일을 하면 잡생각이 날아가니까 그때만큼은 행복해요. 혼자 있으면 계속 (형과 있었던 일이) 리마인드 되니까… 혼자 있는 시간이 좀 힘들겠다 싶으면 대부분 친구들하고 전화를 하거든요. 컴퓨터로 전화를 할 수가 있어요. 몇시간이고 계속 전화를 해요. 여러명이랑 동시통화로. 근데 컴퓨터를 켜놓으니까 부모님은 게임을 한다고 생각을 하셔서 그것 때문에 서로 다툰 적이 많아요. 저는 친구들하고 있는 게 제일 행복하니까. 게임한다든가 운동한다든가 이런 거 아니어도 아무것도 하지 않아도 친구들이랑 함께 앉아 있는 게 행복하니까.

지금까지 그래도 잘 견뎌온 건 친구들 덕분이죠. 그냥 함께 학교랑 학원을 다녔던 동네친구들이에요. 다른 사람이 봤을 때 그냥 일반적인 친구들. 속으로는 공유한 게 많죠. 그냥 친구들이 아니죠. 아무래도 힘든 걸 많이 겪은 친구들이니까 다른 친구들보다는 속이 깊죠. 사고 전후로 나눠진 거 같아요. 사고 전에는 친구면 친구지 그랬는데 이름만 친구인 친구랑 진짜 친구인 친구랑 딱 구분이. 장례식에 와서 위로해주는 친구가 있고 아예 안 오는 친구도 있고 3일 내내 와서 울어주는 친구도 있고 그거 때문에 완전 나눠진 거 같아요. 오고 안 오는 건 자유니까 안 오는 거에 대해서 뭐라 하는 건 아닌데 위로를 안 해준 건 좀 서운하죠. 그리고 그런 친구가 내 친구였다는 게 좀 서운하고…

친구들과 함께 놀러도 많이 갔어요. 애들이 열명까지 있으면 의견 통일이 잘 안 되잖아요. 제가 정리를 해가지고 이렇게 하자 그러면 애들이 잘 따르고, 의도하지 않은 리더 같은 게 됐죠. 애들이 좀 의지하는 것 같기도 하고.

지난 번에는 마포대교 '생명의 다리'가 철거된다고 해서 친구들과 자전거를 타고 갔어요. 안산에서 지하철에 자전거를 싣고 동작역에서 내린 다음에 자전거 전용도로를 타고 5킬로미터 정도를 달리는 거예요. 쭉쭉 달리다 보면 중간지점에 자전거 타고 가는 사람들이 모이는 공원이 있어요. 거기 편의점에서 컵라면도 먹고…

원래 사진 찍는 걸 안 좋아했는데 일 당했을 때 형하고 저하고 찍은 사진이 거의 없는 거예요. 그게 너무 마음 아팠어요. 사진이 없으니까 기억할 수 있는 것도 없는 거예요. 계속 머리에 남겨둬야 하는데… 그래서 그 이후로 사진을 많이 찍어요. 생명의 다리에서 사진을 찍으면 엄청 예쁘게 나와요. 거기에 문구들이 울타리처럼 길게 쓰여 있어요. 인상 깊었던 문구는 '맛있는 거 먹으러 안 갈래요?' 인생의 마지막을 돌려보고 싶은 간절한 마음들이 그 문구들 안에는 가득 차 있어요.

지금 생각해보니 이렇게 친구들과 여가시간을 많이 가진 게 버티기에 좋았던 것 같아요. 친구들과 지내면서 감정이 완화되어 점점 일상생활을 할 수 있었던 것 같아요. 친구들과 노는 것 없었으면 아마 저는 많이 힘들었을 거예요. 그러니까 좋아하는 일을 하면 거기에 몰입을 하게 되고 하고 싶은 일을 하니까 재밌잖아요. 즐겁잖아요, 그때만큼은. 그런 시간이 많아지니까 아무래도 조금 더 일상으로 돌아오는 속도가 빨랐던 것 같고 적응하기 편했던 것 같아요. 제가 좋아하는 게 친구들하고 같이 있는 거니까 그랬던 거고, 다른 사람이었으면 자기만의 여가를 찾아서 했겠죠.

저는 열다섯살이라는 나이에 그런 일을 겪었으니까 되게 힘들고 정신적으로 헤맬 수도 있었는데 잘 버티고 나름 대처를 잘 해오지 않았나, 그래도 좀 잘 견딘 게 아닌가라는 생각이 들어요. 형을 잊지 않고 잘 버텼으니까. 그리고 조금 더 범위가 넓어진 것 같아요. 친구관계가 친구네 집 가서 라면 끓여 먹고 숙제 좀 같이 하고 이런 수준이었는데 조금 더 넓어지고 깊어지고. 더 활동적이고 체계적으로 기획을 해서 놀러가기도 하고 해서 더 돈독해졌어요.

/ 졸업이 너무 아쉬워요

제가 요즘 친구들하고 같이 있는 시간을 좀더 늘리고 있어요. 이제 고등학교로 가잖아요. 저랑 친한 친구들이랑 다 떨어지게 됐어요. 저 말고 다른 친구들은 대부분 다 단원고를 썼어요. 학원에서도 저한테 단원고를 권유했어요. 제가 단원고 유가족인 줄 모르잖아요. 제가 잘 안 밝혔어요. 알리기 싫었어요. 학원에서 계속 쓰라고 하는데 제가 안 쓰고 싶었어요. 형이 사고 당했던 학교이고 그렇다고 유가족들에게 잘해주고 있는 것도 아니고. 계속 교실 빼라, 그러고 있는데 누가 가고 싶겠어요. 안 가고 싶죠. 가고 싶다고 해도 저는 부모님 생각해서라도 안 갔을 거예요. 부모님이 워낙 힘들어하시니까. 절대로 안 갔을 거예요. 이 문제 때문에 생각해야 할 게 엄청 복잡해져서 머리가 아팠어요.

두통이 와서 한의원에 가서 물어보니까 생각이 너무 많아서 그런대요. 생각을 줄이래요. 원래 신중한 편이긴 했는데. 지금은 신중하다 못해 완전 감정적으로 계속 몰입해서, 일부러 제 행동을 막 통제하려고 그러니까 너무 힘든 거죠. 어른들 말씀 들으면 고등학교는 그 자체는 중요하지 않다고 고등학교에서 어떻게 하는가가 중요한 거지 어딜 가는지는 중요하지 않다고 그러시는데. 전 어딜 가는지에 따라서 다르다 생각하거든요. 그래서 좀 그거에 대해서 생각해보다 보니까, 막 생각이 엄청 많아지고 머리가 엄청 아파서 병원을 가고 약도 지어먹고… 두통이 오고, 그리고 손발이 엄청 차지고.

졸업이 너무 아쉬워요. 이제 학교 쉬는 시간에 모여서 함께 이야기도 할 수 없고 재미있는 장난도 칠 수 없잖아요. 뿔뿔이 흩어지잖아요. 세월호 때문에 두려워서 친구들과 우정 쌓을 수 있는 기회를 많이 못 만든 것 같아 아쉬워요. 친구랑 있을 때 세월호 얘기를 잘 안 했어요. 괜히 분위기만 흐려진다고 생각하고. 또 그런 얘기를 할 기회도 별로 없고 할 얘기도 없고… '슬픔은 나누면 줄어들고 행복은 나누면 배가 된다'라는 말이 있잖아요. 근데 저는 그렇지 못한 거 같아요. 슬픔을 나누는데 어떻게 줄어들어요. 둘 다 슬프지. 그냥 둘 다 슬플 뿐이지. 그러니까 그냥 힘들어도 나만 힘들고 말지, 다른 사람들까지 힘들게 하고 싶지 않았어요. 그랬는데 친구들도 제 앞에서 조심스러웠던 거예요. 친구들도 말을 꺼내면 제가 힘들까봐 말을 안 했던 거예요.

그 사실을 알고 마음이 많이 가벼워졌어요. 굳이 남한테 내가 힘들다는 것을 밝히지 않아도 남들은 내가 힘들다는 것을 다 알고 있다는 생각이 들었어요. 딱히 내가 남들한테 표현을 안 해도 내가

힘들다는 것을 알아주는 주변 사람들이 있으니까… 마음이 좀 편안해진
거 같아요. 그런 고민하느라 친구들과 많이 못 놀았다는 게 아쉽죠.
돌이켜보면 그 시간마저 아깝죠.

힘든 일을 한번 겪으니까 다른 힘든 일이 와도 대처하는 게
수월하다고 해야 하나? 엄청 고된 일을 하고나서 덜 고된 일을 하면
별로 안 고된 일처럼 느껴지잖아요. 그런 느낌이에요. 해결할 수 있는
힘이 더 커진 것 같아요. 그래서 능숙해진 거 같고… 좋은 일이지만 슬픈
일이기도 한 거죠.

빨리 어른이 되고 싶어요. 친구들 만나서 놀 때도 학생 신분 때문에
많이 억압이 되잖아요. 성인으로 책임을 지는 건 다를 것 같아요. 한번
느끼고 싶어요. 어른일 때 느낌이 궁금해요.

/ 형의 방이 생겼어요

형이 좋아하는 게 치킨너겟이에요. 슈퍼마켓에서 파는 거 말고
롯데리아 그런데서 파는 거 있잖아요. 그런 걸 되게 좋아했어요. 치킨도
좋아하고… 그거 사서 추모공원에도 가져갔어요. 포카리스웨트도 정말
좋아해서 그걸 사서 집 냉장고에 두개씩 넣어놔요. 하나를 제가 먹으면
하나는 무조건 남겨놔야 돼요. 그리고 또 하나 사오면 새 거는 놔두고
원래 있던 것은 제가 먹어요. 그래가지고 형 거는 항상 남겨둬요.

저희가 이사를 했어요. 부모님은 제 교육을 생각해서 신도시로
가려고 했는데 제가 반대해서 형과 추억이 있는 같은 동네로 이사를

했어요. 이사 문제로 고민을 하니까 담임선생님이 어머니 아버지도 형
추억을 잊으려고 하는 것이 아니라 형에 대한 추억을 좀더 보존하고
다시 시작하기 위해서 보금자리를 바꾸는 거라고 그렇게 말씀해주셔서
조금 시선이 바뀌었죠. 이사 간 집은 방이 하나 더 늘었어요. 사실상
엄마 방인데 형 방이라 지칭해두고 엄마가 거기서 생활하세요. 침대도
있고 다 있어요. 책꽂이 있잖아요. 거기에 형 사진 같은 거 있고
세월호 반지랑 팔찌 같은 게 있어요. 다 정리해놨어요. 그런 물건들이
보이니까 그래도 뿌듯해요. 100퍼센트 좋다고 할 순 없지만 형이
있다고 생각하니까 기분이 좋아요. 그래도 형이 없으니까 허전한 게
있지만요. 추억이 제일 많은 게 엄마일 거예요. 형이 엄마가 한 요리를
좋아했다 했잖아요. 그거에 대해서 되게 칭찬을 아끼지 않았어요.
그거를 엄마가 굉장히 좋아하셨단 말이에요. 형이 맛있다고 해주는
것을 굉장히 내심 뿌듯해하시고 좋아하셨는데 그거를 좀 그리워하세요.
제가 좀 살가워지긴 했지만 그런 칭찬이 안 되잖아요. 하라면 하겠지만
자연스러운 게 아니잖아요. 인위적인 거지. 그래서 너무 마음이 아프고…

구술 정수범, 세월호 희생학생 정휘범의 동생 | 기록 김순천

친구를
잃는다는 건

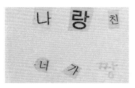

"너 먼저 올라가." 서로 막 다 먼저 올라가라고.
바닥에 디딜 데도 없고 올라가려면
잡을 데가 있어야 하는데.
그러니까 서로 어깨 밟으라고 하면서 올려주고.

버스 아저씨가 〈겨울왕국〉을 틀어주셨는데 노래 나올 때마다 다 같이
따라 부르고, 되게 부푼 마음으로 출발했어요. 1학년 때 반이 섞여서
서로 친구는 아니지만 얼굴은 다 알잖아요. 친해지는 데 그렇게 어려운
건 없었어요. 제주도에 유채꽃 필 때라 반 애들이랑 단체사진 찍어야지
그 생각만 하고 갔어요.

/ 기우뚱

인천에 도착했는데 30분 기다리래요. 애들이랑 핸드폰 하다가, 또
지연됐대서, 또 기다리다가 그때는 너무 심심하니까 모여서 사진 찍고
수다 떨고 그랬는데, 또 지연이 됐어요. 그때는 아무 생각 없이 앉아
있었어요. 반장들끼리 회의를 했는데 우르르 나오더라고요. "어떻게
됐어? 우리 가는 거야, 마는 거야?" "간대." "아, 가는 거야?" 그런데 밖을
보니까 밤이고 안개가 완전 많았어요. "야, 우리 무슨 일 나는 거 아니야?
너무 무섭다." 불안한데, 간다고 하니까 설레기도 했어요.
　되게 늦게 잤어요. 애들이랑 모여서 베개싸움도 하고 빙 둘러앉아서
서로 첫인상 이야기도 했어요. "너 되게 말없을 것 같고 순해 보였어."
그런데 놀다 보니까 제가 까분대요. 많이 친해지는 시간이었어요.
처음이라 좀 어색했던 친구들도 있었는데 무서운 이야기 하면 옆에서

서로 귀 막아주기도 했어요. 애들끼리 단합이 잘돼서 재밌게 놀았어요. 다음날 아침밥 먹고 와서 방에 있는데…

배가 원래 좀 기우뚱거리잖아요. 그런데 그거랑 차원이 달랐어요. 기우뚱─기우뚱─기우뚱─기우뚱, 진짜 심하게 기우뚱거리다가, 팍 넘어가는 거예요. 깜짝 놀라서 손에 힘도 안 들어가고 애들도 다 패닉 상태였어요. "애들아 괜찮아? 너 괜찮아? 다친 사람 없어?" 점점 더 기우니까 혹시라도 물 들어오면 전기 감전될까봐 코드 다 뽑았어요. 제 핸드폰이 저한테 없고 방바닥에 굴러다니니까 애들이 찾아줬어요. 부모님한테 연락을 했죠. 배가 갑자기 기울었다고.

아빠는 조금 기운 줄 아는 거예요. "아빠가 바다 살아봐서 아는데 괜찮아." 저를 안심시키려고 그런 건지 진짜 기운 걸 몰라서 그런 건지 모르겠는데 아빠가 계속 괜찮다고 해줘서 좀 진정이 됐어요. 그런데 나아질 기미가 안 보이는 거예요. 그리고 기울어질 때마다 물이랑 가까워지니까 핸드폰이 잘 안 터져요. 핸드폰 없는 애들한테 빌려줬는데 부모님이 걱정한다고 안 하는 애들도 있었어요. 그때 네이버에 기사가 떴어요. "야, 우리 뉴스 떴어, 네이버에." "진짜?"

/ 문

구명조끼를 꺼내서 던져주고 입혀주고 그러면서 계속 가만히 있었어요. 배에서 가만히 있으라고 해서… 가만히 있어야지, 왜냐면 저희보다 그 사람들이 더 잘 알 거 아니에요? 방송에서 돌아다니지 말라고, 특히 단원고 학생들은 거기 가만히 있으라고 해서, 가만히 있었어요. 그런데 바다로 조금씩 물이 들어왔어요. 발이 너무 시렵고, 애들은 막 울고, 그런데도 가만히 있었어요. 무서운 줄을 모르고.

갑자기 천장에서 물이 파바박 쏟아져나왔어요. 엄청 빨리 들어왔어요. 한순간에 물이 막 차올라서 애들이 물 때문에 다 한쪽으로 몰렸어요. '이제 나가야 된다. 여기서 못 나가면 진짜 큰일난다.' 다행인 게, 복도로 나가는 방문이 열려 있었어요. 두꺼운 철문이라 닫혀 있었으면 못 나갈 뻔했는데. 그런데 문이 저 위로 갔잖아요. 원래 옆에 있던 건데. 우리는 물에 둥둥 떠서 목만 내밀고, 밟을 것도 애매해서 겨우 있었는데.

"너 먼저 올라가." 서로 막 다 먼저 올라가라고. 바닥에 디딜 데도 없고 올라가려면 잡을 데가 있어야 하는데. 그러니까 서로 어깨 밟으라고 하면서 올려주고. 그래도 안 닿아서 겨우 올라가고. 먼저 올라간 애가 밑에 애 끌어올려주고. 애들 손이 다 멍들고.

그렇게 복도로 나오니까 옆에 또 문이 있었어요. 우리 숙소가 배 끝쪽이라 마침 문이 있어서 그걸 열고 나갔어요. 이미 눈높이에 바다. 그냥 뛰어내리면 바다. 앞에 보트 탄 분이 보여서 뛰어내렸어요. 그분이 우리를 끌어올려서 한명씩 고기 잡는 배로 옮겨주셨어요.

배에 정신없이 앉아 있는데 다른 애들이 안 나오는 거예요. 마지막으로 나온 친구가, 물이 갑자기 휙 들어왔다고⋯ "애들아! 애들아!" 뒤에 애들은 못 나왔어요. 배가 점점 가라앉으니까 저희 배는 가더라고요. 핸드폰 살리려고 휴지로 닦고 배터리 빼서 말리는데 옆에 아저씨 핸드폰이 되더라고요. 그거 빌려서 부모님한테 연락한 다음엔 그냥 패닉 상태였어요.

/ 미확인

조금 더 큰 배로 옮겼고 서거차도로 갔어요. 서거차도에서 주민
분들이 집을 내주셨어요. 저희 쉬라고. 신발 안 신고 나온 애들도 많고
저도 안 신었는데 슬리퍼 같은 것도 주셨어요. 일단 너무 추우니까 방도
따뜻하게 데워주셨어요. 한쪽 방에 들어가서 이불 덮고 드라이기로
따뜻한 바람 쐬면서 TV를 켰는데 저희 이야기가 나왔어요.

탈출해서 바로 진도로 간 애들이 있었거든요. 누가 진도로 갔는지는
모르고 있었는데 TV에서 애들이 빠져나오는 영상을 보여주는
거예요. "아, 쟤 살았구나!" "아, 쟤 살았다, 다행이다." 그러다가 갑자기
'전원구조'가 딱 보이는 거예요. 다른 출구로 애들이 나간 거구나! "아
애들 다 나간 거였어. 진짜 다행이다."

긴장 풀렸죠. 거기서 끓여주신 라면 먹고 편한 마음으로 옷 말리고
있었는데 진도로 가야 돼서 또 배를 타야 된대요. 배 안 탄다고 우기다가
어쩔 수 없으니까 배를 또 타고 갔죠. 진도 와서 배에서 내리는데 진짜 다
기자. 다 제 얼굴 찍고 아직도 그게 잊히지 않아요. 그때 제가 나오다가
다쳐서 천막에 들어가 치료를 받는데 갑자기 제 얼굴에 카메라를
들이대고 찍어요. 너무 놀라고 화나고 당황스럽고, 그냥 온몸에 힘이
없었어요.

저는 바로 앰뷸런스 타고 병원 갔어요. 그런데 분위기가 좀… 무슨

관계자처럼 보이는 아저씨들이 계속 안절부절못하고 표정도 안 좋고, 뭔가 큰일 난 분위기. 뭔가 슬퍼서 그냥 계속 울었어요. 응급치료 끝나서 깁스 감고 나왔는데 진도체육관 애들이 너무 궁금한 거예요. 아빠 차 타고 한시간 걸려서 체육관 갔는데 아비규환. 사람들 다 울고 한쪽에는 다 기자들. 너무 정신없었어요.

체육관 한쪽에 누구누구 올라왔는지 큰 종이에 쓰여 있었어요. 누구 확인, 누구 미확인 이렇게 반별로요. 그거 보고 울다가 나와서 고대안산병원으로 갔어요. 아, 그래도 오겠지. 애들 오겠지, 애들 돌아오겠지. 계속 그런 생각만 하고 다른 생각은 안 했어요.

제 전화가 먹통이니까 친구들이 부모님한테 전화했어요. 통화하는데 울컥 너무 무섭고 애들 걱정되고. "난 괜찮아, 그런데 누구누구 어떡해." "괜찮아, 돌아올 거야." 안산으로 올라오는 차 안에서 계속 울어서, 중간에 얼음찜질도 했는데 가라앉을 만하면 또 울고 계속 울어서, 눈이 부은 게 일주일을 갔어요.

그날 기억은 거의 다 선명해요. 기억할 수 있을 때까지 기억할 거예요.

/ 실감

애들도 다 병원으로 왔어요. 병원에서 미리 색깔별로 준비해놨어요. 괜찮으면 노란색인가 초록색 주고 좀 심각한 애는 빨간색 줘서 바로 치료받게 했어요. 저는 빨강색 받고 여기 꿰맸어요.

사람이 너무 큰일을 당하면 실감이라는 게 안 나요. 시간이

친구를 잃는다는 건

지났는데도. 아, 애들이 오겠지, 살아 있겠지, 그래도 누구는 오겠지. 너무 실감이 안 나서, 배에서 못 나온 애들끼리 잘 있고 우리는 여기 그냥 있는 거라는 생각만 계속 가지고 있었어요. 한 애가 시신이 발견됐다고 뉴스에서 난리가 났는데 그래도 저는 실감이 안 나서, 그래도 누구는 오겠지, 계속 그러고 있었어요.

저희가 페북을 하니까 친구들이 물에서 올라오면 누구누구 장례식이 어디고 언제인지 다 올라와요. 하루는 아침에 핸드폰을 열었더니 저랑 제일 친한 친구가 올라왔다는 거예요. 부모님들도 다 있는데 너무 크게 울어서 옆에 다른 부모님까지 와서 세윤이 괜찮냐고. 그때부터 조금씩 실감이 났어요.

제가 제일 한이 되는 건 친구들 장례식 못 간 거예요. 병원에서 못 나가게 했거든요. 그때까지도 붕 뜬 느낌이었는데 완전 실감이 난 건, 병원에서 나와서 애들이랑 분향소 갔을 때… 들어가자마자, 애들 사진이랑 선생님들 사진이 착착착 있으니까, 꽉 채워져 있으니까, 딱 실감이 났어요. 아, 진짜 애들이 죽었구나. 우리가 사고를 당했고, 애들은 못 돌아왔고…

연수원은 진짜 너무 답답했어요. 집에 가서 쉬고 싶은데 밖에 못 나가게 하고, 막판 돼서야 애들 장례식 한명 두명 가는 정도밖에 못 갔어요. 우리가 나쁜 생각을 할 줄 알고 그러셨을 것 같은데 그래도 집에는 보내주지. 프로그램은 되게 재미없었어요. 너무 시간이 아까웠어요. 강의도 너무 싫었어요. 상담은 지루했어요. 친구들하고 놀 때 훨씬 더 좋아지는 걸 느끼니까 상담을 별로 안했어요. 낯설고 잘 모르는 사람들이랑 있는 것보다 애들이랑 있는 게 훨씬 더 편한데 왜 내가 여기서 감정소모를 하고 있어야 하나.

애들이 다 같이 밝게 지내려고 노력을 되게 많이 한 것 같아요. 일부러 슬픈 일 생각 안 하고 밤새 수다 떨고 같이 그냥 있으면서 슬픈 걸 좀 없애려고 했어요. 저 혼자 있을 때는 되게 우울한데 애들이랑 같이 모이면 안 우울하단 말이에요. 그래서 계속 애들이랑 붙어 있었어요. 애들 우는 걸 본 적이 없어요. 같이 있을 땐 웃고 친구들도 혼자 있을 때 울었겠죠. 저도 혼자 있을 때는 좀, 울었어요. 울면 조금 마음이 편해졌어요.

/ 명찰

"너 어디 학교니?" 하고 물어보면 어떻게 말을 해야 할지 모르겠어요. 사고 난 이후로 단원고인 걸 숨기게 됐어요. 영화관 가면 학생증을 보여주고 할인을 받는데 그때마다 괜히 찔리는 거예요. 애들이랑 이미지 사진 찍을 때도 교복 입으면 뭔가 신경 쓰이고. 택시 타면 아저씨들이 어디 학교냐고 물어보세요. 단원고라고 얘기 안 하고 주변에 있는 다른 고등학교라고 얘기했어요. 학교 지각할 것 같아서 택시 타면 또 몇 학년이냐고 물어보세요. "1학년이에요." 이러면서 말 안 해요. 사람들 많은 곳에서 제가 단원고라고 하면 "어머, 단원고?" 하고 큰소리로 얘기하는 분도 있어요. 그때마다 당황스러워요.

진짜 화나는 게 하나 있는데 사고 나고 얼마 안 돼서 학교 돌아왔을 때예요. 버스 타고 집에 가는데 어떤 아저씨가 제 명찰을 보시더니

"세윤이는 몇 학년이야?" 물었어요. 거짓말 할 수도 있었는데, 학년마다 명찰 색이 달라서, 제가 사실대로 말해버렸어요. "그럼 세윤이 수학여행 갔어?" 멍청하게 막 다 대답을 했죠. "그럼 세윤이 그 배 탔겠네?" 사람들이 다 쳐다보더라고요. 너무 밉고 뭔가 창피하고 울고 싶고. 사람들 다 있는데서 솔직히 말하기 싫잖아요. 버스에서 내리자마자 울었어요. 집에 오는 내내.

단원고 학생이라고 안 밝히는 이유 중 또 하나가, 주변에 아예 남은 아니고 저희 도와주시는데 저를 모르는 분들 있잖아요. 누구냐고 물어보시면 말을 안 할 수도 없으니까 말씀드렸는데 제 손을 붙잡으시더니 "아이구 어떡해. 앞으로는 힘내고 어쩌고저쩌고 살아야 해" 이래요. 좋은 말씀이긴 한데 그게 너무 듣기가 싫은 거예요.

저는 아무 말도 안 듣고 그냥 아무 생각 없이 살고 싶었거든요. 사고 이후에 너무 생각이 많아지고 스트레스 받으니까 생각할 건 생각하고 생각 안 할 건 생각하지 말자 그랬어요. 현재 하고 있는 생각에만 집중하고 다른 불필요한 생각은 안 했어요. 그런데 모르는 분들이 갑자기 말씀하시면 그게 안 되잖아요. 속에서 되게 복잡해요. 말 안 하면 그냥 편해요. 저한테 신경 안 쓰니까 밝히는 것보다 훨씬 편하죠.

/ 스트레스

연수원 있다가 집으로 돌아왔을 때, 그날 살면서 처음으로 가위눌렸어요. 처음이라서 깜짝 놀랐어요. 제가 스트레스도 많이 받고 몸에 힘이 안 들어가서 그런지 그 뒤로도 자주 가위눌렸어요. 애들이랑 같이 생활할 때는 생각이 잘 안 났는데 돌아와서는 계속 악몽 꾸고. 제가 학교에 있으면 갑자기 학교에 물이 확 차서 애들이 꼭대기로 도망가는 꿈, 방이 있으면 다른 데는 다 괜찮은데 제 방만 기울어서 막 올라오려고 하는 꿈, 배에서 사고 나기 전에 제가 '애들아, 위험하니까 밖으로 나가' 하고 대피시키는 그런 꿈.

스트레스를 받는 게 워낙 많다 보니까 감기가 자주 와요. 잔병치레가 더 많아졌어요. 저희 사고 난 거 스트레스랑 다른 것들도 다 섞여서 엄청 스트레스예요. 학교에서도 계속 저희 사고문제로 시끄러우니까, 아무튼 스트레스가 다양하게 와요. 예를 들면, 엄마아빠가 친척집에 가자고 하면 제가 저 혼자 찔려요. 단원고 생존자니까. 그래서 안 가겠다고 하면 엄마아빠는 왜 안 가냐고 가야 된다고 해요. 친척 어른들이 아무렇지도 않게 대해주실 텐데 왜 그러냐고. 그럴 때마다 나는 진짜 너무 스트레스 받고.

부모님한테 자세히는 말 안 해요. 스트레스를 못 참겠으면 제 나름대로 표현하죠. "엄마 나 힘들어. 그냥 나 좀 괜찮다고 말해줘." "나 지금 너무 힘드니까 제발 나한테 뭐라고 하지 마." 사고 있고 나서는 집보다 애들이랑 약속 잡고 나가서 노는 시간이 더 많아요. 부모님은 뭐라고 안 하세요. 그게 좋은 것 같아요. 저를 되게 풀어주셨어요. 놀러 나간다고 했을 때 한번도 나가지 말라 한 적 없어요.

가끔 좀 잡아줬으면 좋겠다는 생각이 들기도 해요. 너무 게으름 피우고 있을 때, 계속 방 안에만 있으면서 하루 종일 자고 핸드폰 할 때. 당시에는 모르는데 시간이 지나면 알잖아요. 어제 하루 날렸구나. 그럴 땐 좀 잡아주면 좋겠는데.

/ 동반자

같은 반 친구들이랑 말하면 스트레스가 풀려요. 되게 속시원해요.
힘든 일 기쁜 일 겪으면서 오니까 끈끈한 게 자연스럽게 생겼어요. 많이
안다고 할 수는 없는데 딱 봐도 애 기분이 어떻고 쟤 기분이 어떤지,
누가 울상이면 왜 울상인지 눈치가 빨라졌어요. 괜찮아 보여도 괜찮지
않다는 걸 아니까. 아, 쟤도 그렇구나. 괜찮아. 토닥토닥. 그냥 아무 말
없이. 그 이상은 제가 해줄 수 있는 게 없으니까요.

합창대회 연습할 때가 제일 즐거웠어요. 수학여행 다녀온 다음에
합창대회 했거든요. 그때 〈인연〉이랑 신나는 곡 하나 했는데 〈인연〉을
부르면 우리끼리 뭔가 힐링되는 게 있었어요. 언니오빠들 졸업식 할 때
불렀는데 안에서 뭐가 확 올라와서 노래 끝나자마자 나가면서 애들이
다 울었어요. 언니오빠들도 저희 아픈 거 같이 공유했던 사람들인데,
친구들을 기억하는 사람들이 학교를 떠난다는 게 너무 속상하고.
퇴장하는 쪽 출구에서 다 울었어요.

저희 졸업식 즈음엔 신경질이 많이 났어요. 갑자기 왜 그런지
모르겠는데 뭔가 싱숭생숭했어요. 애들이랑 추억도 많으니까 학교를
떠나기 싫었어요. 졸업식 날에는 별일이 없었어요. 선배들 졸업식
때 엄청 어수선했는데 이번에는 외부인 출입을 막아서 기자들도 안
들어오고 조용하게 잘 마무리한 것 같아요. 반 아이들이랑 단체사진을

못 찍은 게 아쉬워요. 밤에 막 생각나요. 학교에서 같이 놀았던 거랑 재밌었던 거. "나 계속 우리 졸업하기 전이 생각나." 친구도 그렇대요.

사고 이후로 많이 성숙해진 것 같아요. 이전에는 생각없이 애같이 굴었다면 지금은 좀… 제일 크게 얻은 건 친구들. 우리 단원고등학교 친구들. 서로 안 친한 애들 없이 진짜 잘 지냈고 내숭 떠는 것도 없고 말도 잘 통하고 애들도 다 착하고. 무엇보다 큰일을 같이 겪었으니까. 아, 애네는 평생 갈 친구들이구나, 애네 얻었다. 내 인생의 동반자! 앞으로도 지금 애들처럼 깊숙한 관계를 가질 친구는 없을 것 같아요.

/ 소원

영화 보면 소원 들어주는 거 있잖아요. 딱 하나 들어주겠다고 하면, 저는 그거 볼 때마다 왜 한개만 바랄까, 세개 네개 백개 아니고 왜. 그런데 이제 왜 하나만 말하는지 알게 됐어요. 너무 간절하니까. 딱 한번만이라도 이뤄졌으면 하는 거. 친구들을 다시 만나는…

저는 애들 보고 싶으면 분향소 가거나 추모공원에 가요. 교실이 허전한 게 보기가 싫어서 교실에는 잘 안 가게 돼요. 추모공원은 멀어서 자주 못 가니까 보고 싶을 때는 핸드폰 사진을 봐요. 아니면 애들 페이스북 들어가서 '보고 싶어' 이렇게 글 남기고 나오거나.

선생님들도 생각나요. 2학년 올라오고 얼마 안 됐는데, 제가 청소할 때 담임선생님이 "세윤아" 하고 이름을 불러주셨어요. 그렇게 빨리 애들 이름 불러주는 분이 많지 않은데. 아, 벌써 우리 이름이랑 얼굴을 알고 계시는구나. 다른 선생님들도, 썰렁한 농담하고 우리가 계속 놀리고 수업시간에 말장난했던 것도 계속 생각이 나요. 배에서 밤에 애들 다 모여서 노래 부르고 폭죽놀이도 하고 신나서 사진도 찍고 그랬는데, 제가 방에 뭐 두고 올 게 있었어요. 그때 그걸 맡아주셨던 선생님. 그게 마지막이라서 되게 기억에 남아요.

제 다른 학교 친구들한테 정말 고마워요. 중학교 3학년 때부터 같이 몰려다니는 친구들이 있었거든요. 저만 오게 되니까 미안할 때가 있어요. 고등학교가 갈라져도 맨날 붙어다녔는데, 다 같이 와야 될 친구들이 있는데, 걔네는 못 오고 저 혼자 가니까. 저도 그랬지만 애들도 친구를 잃은 건데, 되게 힘들었을 텐데 우리 눈치 보느라 표현 못 한 것 같아서 너무 미안하고. 힘든 거 내색하지 않고 챙겨준 거 너무 고마워요.

길거리 다니다가 노란리본이나 배지를 가방에 달고 다니는 사람들 볼 때도 너무 감사해요. 잊지 않는다는 거니까. 같이 기억한다는 거니까. 그게 그냥 힘이 돼요.

/ 내 일

처음이에요. 가족 중에 작은할머니 돌아가신 이후로 처음인데 그때랑은 느낌이 완전 달라요. 이건 내 일, 완전 내 일, 전혀 실감도 안 나고, 그냥 파바바바박, 그런 게 나한테 덮쳐오는 것 같은 느낌이에요. 제가 감당해야 될 일. 애들하고 웬만하면 다 털어놓고 지내는데, 말하기 뭐한 게 있잖아요. 뭐랄까, 얘네도 힘든데 내가 또 힘들다고 하면 얘네도 스트레스 받지 않을까? 그래서 말 못하고 저 혼자 삼키는 감정들이 있어요.

친구 부모님하고 관계를 다시 맺는 것도 어려워요. 사고난 후에 처음 친구 부모님 만나러 갈 때도 만나기 직전까지 간다 안 간다 고민을 진짜 많이 했어요. 내가 여기 가도 될까. 괜히 가서 마음 아프게 해드리는 거 아닐까. 친구 부모님도 예전처럼 "세윤이 왔어?" 이렇게 안 되시니까. 옛날과 분위기도 다르고 친구 없이 부모님 만나려니까 되게 슬프고 괜히 죄송하고 계속 그랬어요.

계속 생각이 나요. 내가 어물쩡거리지 말고 빨리빨리 움직여서 같이 나왔으면, 그때 그랬으면 하는 생각 때문에 죄책감이 와요.

도보행진이나 시청 가서 추모제 할 때는 제가 애들을 위해서 이런 행동을 한다는 것 자체가 좋았고 그때만큼은 죄책감이 좀 사라졌어요. 그런데 그때 잠깐이에요. 이제는 혼자서 해보려고요. 전에는 생각을 정리할 엄두도 안 났는데 이제는 조금씩 저 혼자. 시간이 좀 걸리겠죠. 뭐가 필요한지 모르겠지만⋯ 제 몫이 있는 것 같아요.

구술 반세윤, 세월호 당시 단원고 2학년 | 기록 미류

슬픔이 저를
조금씩 갉아먹는
느낌이 들어요

저는 나이를 먹고, 진웅이는 나이가 멈췄으니까.
제가 조금씩 나이를 먹어가면서, 중간중간
심각한 고민이 있을 때 진웅이라면 '어떻게 생각했을까'라고
머릿속에 떠올려볼 거 같아요.

아, 만약 진웅이가 있었으면 같이 술 한잔 했을 텐데, 얼마 전에 그런
생각을 했어요. 제일 친한 친구를 만나서 술을 마시기로 했는데, 그
친구가 동생을 데려왔더라고요. 한살 어린… 걔네도 연년생이에요.
형제끼리도 이렇게 술을 마시는구나, 진웅이가 있었으면 넷이
함께하면서 즐거웠을 텐데…

언젠가 진웅이랑 커서는 서로 조언도 해주고, 경제적인 부분도
도와주자고… 그런 재미있는 약속을 했거든요. 그런데… 진웅이가
떠나고 나니까 갑자기 무서워지는 거예요. 이젠 그럴 수 없으니까요.
물론 지금은 부모님이 계시지만, 나중에는 진웅이와 상의하면서
살아가려고 했는데… 제가 나이를 먹어도 진웅이는 고등학교 2학년
그대로잖아요.
형제지만 저는 나이를 먹고, 진웅이는 나이가 멈췄으니까. 제가 조금씩
나이를 먹어가면서, 중간중간 심각한 고민이 있을 때 진웅이라면 '어떻게
생각했을까'라고 머릿속에 떠올려볼 거 같아요.

아버지, 새어머니, 여동생은 따로 살고… 할머니하고, 진웅이하고,
저하고만 살았어요. 진웅이 여덟, 아홉살 무렵부터요. 그때부터
부모님과는 자주 안 만났어요. 많이 만나야 한달에 한번… 아니면
두달에 한번. 그래서인지 제가 진웅이한테 너무 권위적이었던 것 같아요.

'너는 안 되는 건 안 돼. 지킬 건 지켜야 돼' 자꾸 이런 걸 강조했던 거 같아요. 너무 과하게요.

아버지와 어머니가 이혼하시고, 같은 동네지만 따로 살게 된 아버지는… 자책을 많이 하셨죠. 사실 처음에는 용서하기가 힘들었어요. 아버지께서 많이 변하려고 하시니까… 한편으로는 용서하기 싫어도, 이번 사고를 계기로 가족의 거리감을 없애야겠다 싶어서… 아버지도 노력을 많이 하시고, 저도 노력을 많이 하죠.

저희는 기독교 집안이에요. 제가 교회에 자주 나간 건 아닌데… 그래도 하나님과 예수님은 있다고 생각했어요. 진웅이가 그렇게 된 이후에는 '아, 신은 없는 거 아닌가? 신이 있다면 이런 일은 없지 않았을까' 이런 생각이… '하나님이 있다면 저 애들을 다 보내지는 않았을 텐데, 이런 건 아니다…'

그날 1교시가 체육이었어요. 체육 끝나고 계단에서 땀 흘리며 올라오는데, 친구가 "야, 너 동생 어제 제주도 가지 않았냐? 그 배가 어떻게 됐다던데…" 그때는 심각성을 몰랐죠. 다 탈출했다고 하니까. 그때 제가 휴대폰을 학교에 압수당한 상황이라서 친구 휴대폰으로 인터넷을 보니까 다 탈출했다고… 거기까지는 괜찮았어요. 근데 시간이 지날수록… 점점 뒤통수가 아려오는 거 있잖아요. 뭔가 상황도 조금씩 이상해지고. 그래도 그날 하루는 학교생활을 다 하고…

그때 생사확인을, 전화로 할 수 있는 시간이 있었어요. '몇반 누구'라고
말해주면 구조자 명단에 있는지 확인해주는 거죠. 근데 진웅이가
계속 없다는 거예요. 그때 제 친구가 단원고 다니는 후배와 친해갖고,
어쩌다가 제 동생이 살아 있다는 소리를 들었다고 했어요. 오해가
있었던 거죠. 그래도 저는 거기에 희망을 걸었어요.

다음날에는 학교를 못 갔어요. 시간이 지날수록 희망이 사라져가서…
아버지랑 할머니가 진도로 내려가셔서 일주일 동안 집에 혼자 있었어요.
그냥 텔레비전 뉴스만 틀어놓고 있었죠. 조금씩 희망이 없어지고…
현실을 받아들이게 되는… 그 일주일은 정말 기억이 안 나요. 어떻게
밥을 먹고, 어떻게 지냈는지…

많이 도와주려고 했어요, 친구들이… 상황이 상황인지라 펑펑 울 수밖에
없어서, 차라리 혼자 있는 게 편했어요. 여전히 희망도 있었지만, 점차
마음의 준비를 했거든요. 진웅이가… 힘들겠구나…

그러다가 추억을 되살려보려고 한번은 컴퓨터를 탁 켰어요. 진웅이는
윤민수와 신용재가 부른 〈인연〉이라는 노래를 좋아했어요. 친구들
만나도 많이 부르고 그랬던 것 같아요. 컴퓨터로 그 노래 들으면서 많이
울었어요.

지금도 컴퓨터를 켜면 진웅이의 흔적들이 남아 있거든요. 진웅이가
하던 게임… 한번 접속만 해봤어요. 괜히 진웅이가 하던 일들을 하면 더

슬픔이 저를 조금씩 갉아먹는 느낌이 들어요

생각이 날 거 같고… 그때마다 힘들지는 않은데요. 슬픔이 조금씩 저를 갉아먹는 느낌이 들어요.

진웅이 물건을 모아놓은 함이 있는데, 그건 아직 한번도 안 열어봤어요. 일기장 같은 거… 동생이 꼬박꼬박 썼거든요. 진웅이가 공부했던 교과서도 있어요. 그것도 못 열겠어요. 지금은 못 열겠어요. 진웅이가 어떻게 살아왔나, 그리고 '학교생활은 어땠나, 얘가 공부는 어떻게 좀 했나' 진웅이가 살아온 발자취를 한번 보고 싶다 생각할 때는 열어볼까도 싶은데… 물론 추억을 되새기면서 마음의 안정을 얻을 수도 있겠지만, 반대로 되게 울적할 것도 같고… 두가지 생각이 공존하다 보니까 열지 못하고 있죠.

저는 혼자 진웅이에 대한 추억을 되새기고, 조금씩 스스로 치유해가는 방법밖에 없다고 생각해요. 이야기해봤자 다른 사람에게 슬픔만 줄 뿐이니…

사고 난 날 제가 너무 침착해서, 소름 돋을 정도로 냉정해서 너무 무서웠어요. 왜 내가 슬퍼하지 않지, 너무 냉담한 거 아닌가, 슬픈 거는 맞는데 너무 표현을 안 하는 게 아닌가… 지금은 이게 제가 이겨내는 하나의 방법이라고 생각해요.

'그 일'이 있고 나서 직접 목소리를 내고 그러기에는… 심리적 부담감이 컸던 것 같아요. 마음속으로는 다 슬프고 그런데, 표현이 조금 더딜

뿐인데⋯ 그걸 조금 바꿔보려고요.

진웅이 주변 사람들과는 더 친밀한 관계를 맺고 싶어요. 진웅이 중학교 때 친구들하고 게임도 한번 같이 했어요. 아마 그 친구들에게도 치유가 될 거라고 생각해요. 서로 진웅이에 대한 추억을 이야기하면서⋯ 그런 일이라면 하고 싶어요. '해야 한다'보다는 '하고 싶다'에 가까워요. 생존학생들을 만나서 진웅이의 학교생활이나 사고 당시 상황을 물어보고도 싶은데⋯ 그런 이야기를 하면 더 힘들 아이들이잖아요. 직접 겪었으니까.

세상을 좀 비관적으로도 봤지만, 우리가 살아갈 세상인데⋯ 진웅이를 위해서라도 억지로 열심히 하려고 했어요. 그래서 대학에 가서⋯ 고등학생 때까지 공부를 안 하고 놀기만 해서⋯ 대학생 때에는 꼭 열심히 할 거예요, 진웅이를 위해서⋯ 저를 위한 일이기도 하니까. 진웅이도 제가 잘 되는 걸 원할 테니까.

진웅이가 고집은 있었지만, 좋은 고집에 집중했던 거 같아요. 자기 주관이 뚜렷했어요. 미용을 하고 싶어했죠. 그런 부분에서는 주체적인 아이였어요. 미용실 갈 때마다 '진웅이가 있었다면 직접 잘라줬을 텐데' 그런 생각을 해요. 그런 상상도 해봤어요. '나중에 제가 만약 부자가 된다면 진웅이 이름으로 미용실 하나 해보고 싶다.' 요즘 미용실은 다 그렇잖아요. '누구 헤어' 이런 식으로 가게를 열잖아요. 그게 이뤄질지는 제가 잘될지에 달려 있기는 한데⋯

슬픔이 저를 조금씩 갉아먹는 느낌이 들어요

사람들에게 바라는 거요? 잊지만 않아줬으면 좋겠어요. '아, 세월호참사가 있었구나, 거기서 친구들이 죽고 하늘나라로 갔고, 그런 일이 있었구나…' 너무 오래 질질 끄는 거 아니냐는 얘기도 많이 나오는데 우리 입장에서는 진상규명이 안 됐으니까요. 다른 사람이 보기에는 '너무 물고 늘어지는 거 아니냐' 그렇게 생각할 수 있다는 거 이해합니다. 이해해요. 이해하는데, 그래서 '잊지만 말아달라' 그것뿐이에요.

구술 김진철, 세월호 희생학생 김진웅의 형 | 기록 박현진

이 형아가
너 살릴게

사람을 끌어올리다 보면
언젠가 힘이 딸리고 아파요.
근데 몰랐어요. 여기 여기 팔뚝에 빨간 줄이
다 생겼더라고요. 너무 힘을 써서.
저도 당황스러웠어요.
'핏줄이 터지는구나… 다쳤나?'

의심을 하면 안 되는데 의심하게 되더라고요. 현명한 토끼가 세개의
굴을 파듯이, 하나하나 그 굴을 확인해보는 거예요. 내 이야기를
털어놓을 수 있는 사람인가. 이 사람이 정말로 원하는 게 맞나. 내
이야기를 받아들일 준비가 되어 있나. 준비가 안 되어 있는데 괜히
말해봤자 미안하기도 하고. 이 이야기를 지금 꺼내도 되나, 아니면
나중에 해야 하나. 어려워요. 사람을 만나서 서로 배울 게 있어서
이야기를 하는 건지, 그냥 내가 힘들어서 이 이야기를 하는 건지 그것도
잘 판단해야 되고요.

슬픔을 통해 내가 무엇을 했고 그 일을 통해 어디까지 왔나… 이런
이야기 하는 건 처음이에요.

/ 세 글자

그때 기억이 사라지지 않아요. 길을 가다 어린아이를 보면 그
남자애가 보여요. 뉴스를 보면 여동생이 혼자서 오빠 찾고 있고 내가
그 오빠를 알고 있고 그 오빠의 마지막을 알고 있고… 오빠 소식을
모르니까 그 여동생한테 알려주고 싶더라고요. 편지를 썼는데 보낼 수는
없었어요. 너무 미안해서… 제가 살인자 같은 거예요. 살인자의 편지를
받는 거니까 많이 힘들겠다, 그냥 가지고 있는 게 낫겠다. 살아가는 데

그런 거 있잖아요. 여동생은 오빠를 믿고 살아가고 오빠는 또 여동생을 믿고 살고. 그런데 그 애들은 더이상 그럴 수 없으니까.

수고했다, 살아와서 고맙다, 네 잘못이 아니다. 그런 말들이 너무 고마웠어요. 그런데도 자꾸만 저를 원망하게 되더라고요. 누군가를 원망하면서 산다는 건 너무 괴로운 일인데, 그러면 안 되는데… 이제 스무살이 되니까 조금은 엷어져요. 언젠가는 잊혀지겠구나. 그래도 죄책감이라는 세 글자, 그건 잊지 못할 거 같아요.

/ 구조

마지막 순간에 그, 머리 미신 화물기사분. 소방호스 던져서 사람들 구하신 분. 성함은 잘 생각이 안 나는데… 아, 네, 맞아요, 김동수 아저씨. 제가 그때 옆에 계속 같이 있었거든요. 나중에 제 기사가 나온 걸 봤어요. 친구들을 구했다고. 그 기사 지워달라고 했어요. 제 마음이 많이 힘들어서… '힘을 내라' 그런 댓글 달아주신 건 고마웠는데…

9시 1분인가 2분인가. 방에서 핸드폰을 보고 있는데 배가 기우뚱 기우뚱 하는 거예요. 그때 다 같이 나갔으면 아마 다 살았을 거예요. "움직이지 마십시오." 그 소리를 듣는데 제 상식으로는 너무 안 맞는 거예요. 반 아이들한테 '일단 배가 뒤집힌 상황이면 나가야지 가만히 있으라는 게 말이 되냐, 한번 확인해보겠다' 하고 나갔어요. 친구들 두세명하고 같이 문을 열었어요. 안 열렸거든요. 우여곡절 끝에 문을 열었어요. 문을 열고 보니, 복도 소파 쪽에 자판기가 있었어요. 그쪽에

여학생 네명이랑 어린아이들이 있었어요. 남자애*가 보이더라고요. 그
여섯살짜리 오빠. 다섯살짜리 여동생은 소파 뒤쪽에 좀 멀리 있고. 그
남자애가 울고 있는 걸 보고 제가 올라가서 보살폈어요. 그 어린애가
"형, 우리 죽어요?" 가슴이 찡하더라고요. "형아가 너 살릴게."
한 여자분이 "구명복 입으십시오" 하더라고요. 애들이 구명복을 알아서
배분했어요. "여기 구명복 없어요." "여기도 없어요." 받아서 그 애를 먼저
입혔어요. 마지막 하나 남은 게 있어서 제가 입게 되었어요.

　김동수 아저씨가 위에서 소방호스를 던졌어요. "그걸 잡고 올라와라."
경사가 심해서 올라갈 수 있는 힘이… 힘이 딸리는 순간 그냥 내려가요.
그럼 밑에 있는 사람들이… 입에 담을 수 없는 일이 벌어져요. 제가
군인이 되려고 준비했기 때문에 팔힘이 어른 못지않게 셌거든요.
그 아이까지 같이 올라갈 수 있을 정도로 힘이 있었는데 어른들이
말렸어요. "안 된다. 너 혼자 올라가라." 어른 말을 믿고 올라가서,
소방호스를 기둥에다 묶었어요. 그럼 사람들이 올라올 때 덜 위험할 것
같아서… 그걸 타고 올라오는 사람들은 어른들이었어요. 여학생들도
힘겹게 올라오고. 사람들이 올라올 때마다 손으로 잡아 끌어올렸어요.

　물이 급속도로 차오르더라고요. 그때 사람들이 어디 있었는지 다
기억나요, 하나하나. 그게 아직까지 기억에 남아요. 흐읍. 학생들이
물 안쪽으로 빨려들어가다시피 했거든요. 선생님들도 거의… 남윤철

---

* 이 남자아이는 미수습자 아홉명 가운데 하나인 권혁규 어린이(당시 나이 여섯살)를 말한다.
혁규 어린이는 이날 여동생, 부모님과 함께 세월호에 탑승했다. 네 가족이 고생 끝에 마련한 제
주도의 새 보금자리로 이사를 가던 길이었다. 어머니 한윤지 씨는 주검으로 돌아왔고, 혁규 어
린이는 아버지 권재근 씨와 함께 아직도 차가운 바닷속에 있다. 네 가족 가운데 다섯살 여동생
만 홀로 구조됐다.

선생님도 봤고 다른 선생님들 얼굴도 봤고. 물이 목까지 차오르는데 그 여자애 손을 제가 간신히 잡았어요. 잡고 표정을 봤거든요. 다행히 그 애는 끌어올렸어요. 근데 그 남자애는 자판기 뒤쪽에 있고 저를 계속 보고 있고… '여기가 지옥일까. 이게 할 짓인가 이게…' 끝까지 살린다, 살리겠다라는 생각밖에 없었어요. 어른들 몫까지… 구명조끼 입고 얼굴만 간신히 동동 떠갔고 있는데 물속도 어느정도는 보였어요. 그 남자애가 보이더라고요. 근데 손이 안 닿아요. 손이…

그 순간에 그런 생각이 들더라고요. '가족환경 때문에, 아버지에 대한 두려움 때문에 다시 돌아가도, 살아 돌아가도 똑같은 폭력을 겪을 거고, 힘들었고, 아 포기하고 싶다…' 가만히 있었어요. 손을 가만히 놓고. 그러다 한 여학생을 봤어요. 구명조끼 잠그는 데가 고장이 나 있더라고요. '나는 이런 가정에서 너무 많은 걸 겪었기 때문에 죽는 게 두렵지 않다, 나는 힘든 걸 겪었지만 이 사람들은 겪지 않았으면…' 하는 마음이 생기더라고요, 그 순간에. '나보다는 저 사람이 더 중요하다.' 그 여학생을 뒤에서 안고 올라왔어요. 다행히 그 여학생도 살았고 저도 마지막으로 나왔어요.

나오다가 여기저기 부딪히잖아요. 근데 몸이 다치는 거는 상관이 없더라고요. 사람이 더 중요하니까. 사람을 끌어올리다 보면 언젠가 힘이 딸리고 아파요. 근데 몰랐어요. 여기 여기 팔뚝에 빨간 줄이 다 생겼더라고요. 너무 힘을 써서. 저도 당황스러웠어요. '핏줄이 터지는구나… 다쳤나?'

버스를 타고 가다가도 죽을 수도 있겠다, 이런 생각 엄청 많이 했어요. '버스가 전복되면 어떻게 해야 할까. 사고를 당하면 사람들을 구하고 나오겠다.' 극단적인 생각이죠. 그 세월호 경험이 책임감, 사명감 이런 걸 불어넣었다고 생각해요. 모든 게 제 탓인 것 같고. 이제 내가 해야 되겠다, 내가 더 강해져야 되겠다, 그런 마음으로 운동도 열심히 하고. 잊을 순 없어요. 친구들 기억을 간직하고 그 친구들 몫까지. 그 순간에 해경처럼 겉만 번드레하게 그렇게 하진 않겠다. 사람들이 올라오는 걸 받아 챙겨갖고는 구했다? 정말…

주위 동생들 보면 아무리 철이 없더라도 다 받아주고 싶어요. 그 마음이 정말 커요. 동생이니까. 그룹홈*에 같이 사는 동생들이 잘 따라줘서 고맙죠. 덥거나 그러면 아이스크림 사가요. "야, 아이스크림 먹어!" 애들 다 뛰어나와요. 그 모습 보면은 정말 좋아요. 가족 같고 화목하고. 먹을 거 사갔을 때 동생들 얼굴이 너무 좋아서. 저는 누나밖에 없어서 동생이라는 걸 몰랐거든요. 그 애들한테 뭔가 해주고 싶다…

이 이야기를 사람들한테 거의 하지 못했어요. 많이 해봤다면 더 조리있게 했을 텐데 긴장도 되고 해본 적이 없어서, 으흐… 이런 이야기를 하는 제가 낯서네요. 그래도 이렇게 얘기할 수 있어서 감사해요.

/ 친구

아버지가 술을 너무 많이 드세요. 어려서부터 유치원 때부터

* 여러 이유로 원가족의 보살핌이 어려운 만 18세 미만의 어린이·청소년에게 제공되는 공동생활공간. 가정과 유사한 주거환경에서 최대 7명이 함께 생활하며 보육사 혹은 복지사가 함께 거주한다.

맞았어요. 엄마한테도 누나한테도 폭력을 쓰고. 그 영향을 받잖아요, 어린아이가… 그때는 제가 이성을 갖고 있다는 생각이 안 들었어요. 생각을 안 하다시피, 그냥 하고 싶은 대로. 그렇게 길을 잘못 들었었는데 초등학교 6학년 되니까 군인의 꿈을 갖게 됐어요. 아버지를 떠나고 싶다… 그래서 군인이 되고 싶었는데 중학교 때 선균이*를 만났어요. 내가 군인이 된다고 하니까 선균이는 "와! 군인이 되고 싶냐? 멋지다" 칭찬해줬어요. 공부도 잘하고 워낙 사교성도 좋고 친구들과도 관계가 좋아서 저한테는 정말 아까운, 아, 아까운 친구였죠. '이 친구를 위해서도 군인이 되어서 친구를 지키고 주위 사람들도 지키고 싶다.' 친구의 기대에 부응하고 싶어서 계속 운동을 했어요. 태권도를 배우고, 몸을 강건하게 해야 다른 사람을 지킬 수 있으니까. 그렇게 중3이 됐고 고등학교를 가게 됐고 단원고에 진학하게 됐고.

　단원고도 선균이를 따라갔어요. 제가 10킬로그램 되는 가방을 365일 중학교 3학년 때부터 지금까지 계속 메고 다녔어요. 선균이가 저보고 한번씩 "와! 대단하다"고. 새로 만난 고등학교 친구들한테도 '얘가 이런 애'라면서 저를 소개해줬어요. 다른 사람과 연결시켜주는 중심고리처럼 많은 친구들을 만날 수 있는 계기가 됐죠. 그 노력이 빛을 발했던 거고. 근데 그때는 제가 너무 완고하게 내가 다 맞다는 식으로 행동했기 때문에 그게 친구들이랑 싸움의 불씨가 되기도 하고 그랬어요.

　선균이한테는 처음부터 부모님에 대한 이야기를 했어요. 어머니도

---

* 단원고 희생자인 박선균 학생. 평소 로봇 조립이 취미였고 과학 동아리 '다이나믹스'(Dynamics)에서 활동하는 등 공학에 관심이 많았던 그는 참사 25일 만에 뭍으로 나왔다.

정신지체 장애시고 아버지도 어떠시다고. 선균이가 제 이야기를
진심으로 들어줬고 그때부터 친구로 다가왔던 것 같아요. 토요일,
일요일만 되면 자기 집으로 부르거나 아니면은 자전거 타러 어디 가자고
얘기하고. 그런 친구는 태어나서 처음이었어요, 생전… 그 친구가 있었기
때문에 제가 있었던 거죠.

　요한이**는 초등학교 때부터 알았어요. 토요일, 일요일 거의 같이 놀고
요한이 따라 교회도 한달 정도 꾸준히 다녔었는데 그 사건 이후로는…
'하나님이 요한이를 데려간 걸까', 그런 화를 누르지 못해서… 교회를
다니면 믿음 같은 게 있잖아요. 교회 다니는 사람은 뭔가 안전할 것 같고.
그 믿음이 깨져버렸어요. 아무도 믿지 않는다…

　걔네가 생각이 깊었어요. 제가 걔네들 영향을 받은 게 아닐까, 친구들
덕분에 나쁜 짓을 하지 않게 된 것 아닐까. 그 친구들이 세상을 떠나니까
의지할 사람도 없고 말을 건네주는 사람도 없고 부담이 되게 컸어요.
추모공원 가서 하염없이 쳐다만 보고 왔어요. 믿음이 있었는데 사진을
보니까 실감하게 됐어요. 어디 살아 있는 게 아니라 죽었다는 걸…

　보고 싶어요. 만약에 꿈을 이룬다면, 군인이 되고 그러면 그
친구들한테 알려주고 싶어요.

　저는 심리치료 거부했어요. 확고한 꿈이 있고 하니까 그렇게 낙담하게
되진 않더라고요. 소중한 친구들을 잃어버린 건 맞는데 그 친구들
생각하면서 살아가야 한다는 걸 이미 알고 있었기 때문에 심리치료가

** 단원고 희생자인 임요한 학생. 그는 아버지처럼 목사가 되는 것이 꿈이었다고 한다. 교실 책
상 위에 '굴곡없이 행복하게 살기'를 인생목표로 써놓았던 그는 참사 20일 만에 뭍으로 나왔다.

무슨 소용인가 했어요. 사회적인 그런 것도 있잖아요. 심리치료 받은 사람들에 대한 편견 같은 거. 그런 무서움이 있으니까 내가 안 받아도 이렇게 멀쩡한데 받을 필요가 있냐 싶기도 했고.

'한 말은 책임을 져야 하고 그 말을 지켜야 한다. 한번 내뱉은 말을 어길 시에는 내 모든 게 무너질 수 있다. 아직까지 배울 게 많다. 다른 어른들처럼 안이하게 대처하지는 않겠다.' 아, 고등학교 때까지는 그랬는데 지금 성인이 되고 나니까 확신이 좀 흔들려요. 모든 책임을 제가 져야 하잖아요. 고등학교 때는 누가 지켜주거나 선생님들이나 아니면 친구들이 많잖아요. 근데 친구들이 다 뿔뿔이 떠나가니까, 혼자 남았다는 생각…' 사회에 나갈 때 보통 부모님이 도와주고 어떻게 해야 한다고 피드백 주고 그렇게 하는데 저는 그런 게 아니니까.

/ 고립

항구에 도착하고 체온이 급격하게 떨어져서 의식을 잃었어요. 깨어나 보니까 진도의 어느 병원. 기자들도 엄청 와 있고 정신은 하나도 없고. 안산고대병원으로 왔을 때, 제가 마지막에 데리고 나온 여학생이 저를 보더니 울더라고요. 좀 얼떨떨했죠. '얘가 왜 이러나.' 그 친구가 병원에 와서 저를 찾았나봐요. 찾아도 제가 안 보이니까 아직 배에 있는 줄 알고 울었나봐요.

병원에서는 뭐가 뭔지 하나도 모르겠더라고요. 친구들한테 얘기를 해야만 살 수 있을 것 같은데, 친구들도 없고. 왜 움직이지도 나가지도 못하게 할까. 친구들 장례식장에 가기도 두려웠지만 못 움직이게 하니까 미치겠더라고요. 제가 자꾸 그러니까 아버지가 술을 먹고 들어오셔서 저한테 협박을 하시더라고요. '너 자꾸 그러면 죽여버리겠다, 병원 나가면 치료 당장 중단하고 집으로 데려가겠다.' 제가 화가 나서 링거 뽑고 치료도 여러가지를 받아야 되는데 거부했어요. 괜찮다고 상담도 빨리 끝내달라고. 아버지에 대한 두려움 때문에 '그냥 죽어야겠다'만 몇번, 몇십번을 생각했어요. 아직도 마음속에 남아 있는데… 그땐 심리가 정말 불안정했어요.

원래 엄마가 폭력을 많이 당하셨고 구박 받으시고 장애인이라고 무시당하고. 제가 아버지한테 대들었어요. '좀 그만해라. 엄마도 사람이다.' 아버지가 술 드셨을 때 아버지를 방으로 밀고. 후회는 안 해요. 그 대신 엄마랑 누나가 피해를 입지 않게 됐으니까. 제가 타깃이 됐으니까.

'이대로는 집으로 절대 안 가겠다.' 그때부터 생각했죠. '어디로 가야 하나. 내가 살아갈 가치가 무엇일까.' 병원에서 주치의 선생님께서 제 이야기를 듣고 아동보호기관 같은 데 신고를 넣어주셨어요. 덕분에 그룹홈이라는 데를 알게 돼서 여기로 오게 됐어요. 연수원에 있을 때 다른 애들은 부모님이랑 같이 방을 썼거든요. 아침에 눈 뜰 때 부모님이 애들 깨우는 소리가 들리고, 저는 혼자서 핸드폰 알람 하나로 일어났죠. 혼자 씻고 혼자 일어나고 혼자 밥 먹고 그렇게 두달 가까이… 외롭게 지낼 수밖에 없었어요. 그때는 아버지가 없는 것만으로도 좋았으니까. 혼자 티비 보고 혼자 라면 먹고 혼자 운동하고. 그때는 모든 전화를 다 차단했어요.

고립됐다는 느낌… 사람이라는 게 외롭잖아요. 나는 부모가 없나. 가족이 없나. 누구를 위해서 살아가야 하나. 내가 그런 사고까지 겪고 그럴 때 제일 바라는 게 가족한테 인정받는 건데 그걸 받지 못하니까. 사람이라는 게 행복하고 싶고 힘이 나는 이야기를 듣고 싶어하는 마음이 있잖아요. 근데 그런 마음을 쉽게 꺼낼 수가 없었어요. 상처가 될까봐. 그런 생각을 해봤자 통하질 않을 테니까. 그러면 오히려 더 힘들어질 것이다…

1년 동안 아버지를 안 보다가 그룹홈 선생님들이랑 대표이신 목사님이랑 같이 만났어요. 아버지가 집에 오라고. 처음엔 너무 무서웠어요. 내가 왜 거길 또 가냐. 곰곰이 생각하다가 바로 그날 집으로 갔어요. 흐, 치킨 사들고 박카스도 사들고. "아버지, 나 왔어요." 아빠도 그 자리에서 긴장하셨을 거예요.

제가 해줄 수 있는 게 안아드리는 거였어요. 그때 처음으로 아버지를 안았어요. 어머니를 안았고. 누나는 뭐 쑥스럽다고 "왔냐" 그러면서 악수하고. 누나, 엄마한테 미안하더라고요. 나 혼자 나왔다는 미안함…

예전에는 아버지가 뭐라 하시면 바로 자리를 피했어요. 아버지는 겉과 속이 달라요. 그랬는데 좀 바뀌었더라고요. 예전보다 술을 적게 드세요. 집에 가니 벽에 칠도 새로 했고. 가족들이 그렇게 오순도순 살면 얼마나 좋을까.

그냥 나는 행복하고 싶었던 건데… 술을 좀 줄이고, 마셔도 화목하고 그런 게 진정한 가족 아닌가. 아들을 존중하고 딸을 존중하고 아내를 존중하고. 꿈이지만, 꿈이라도…

/ 책임

어른들이 잘못됐다 이런 얘기 많잖아요. 너무 많은 희생을 치렀기 때문에 누구를 원망하게 되는 게 자연스러운데 저는 원망하고 싶지는 않아요. 그 선장님이 사형선고를 받아야 된다는 종이에 이름을 쓰라고 할 때도 차마 못하겠더라고요.

손이 벌벌 떨려서 종이를 뚫어져라 봤어요. '잘못을 했으니까 죽어야 마땅하다?' 그 사람이 아무리 죽을 짓을 했더라도 내가 이 사람을 죽여야 되겠다고 사인하는 게 너무 두려워서… 내 친구들을 그렇게 만든 사람인데 화가 안 났다면 거짓말이죠. 근데 '내가 화를 낸 후 그걸 감당할 수 있겠느냐' 생각했을 때, 아직은 아니다… 화를 내봤자 또다른 불의가 생기니까. 그걸 방지해야 할 사람들이 좀더 열심히 하는 게 좋지 않을까요. 잘못을 뉘우치도록 도와주는 게 맞는 게 아닌가.

지금 나도 어른이 됐는데 이왕 어른이 된 거, 나 자신은 미워하더라도 모든 사람을, 모든 어른을 미워하진 말자. 어른이 되면 어떻게 행동할까. 책임감을 가져야지. 어른들이 못했던 걸 내가 해야지. 죄를 뉘우친다는 생각을 갖고 살아가야죠. 보여주고 싶어요, 책임지는 모습.

/ 스무살

지금까지 한번도 안산을 떠난 적이 없어요. 이번에 지방에 있는 대학교에 면접 보러 간 게 안산을 떠난 처음이에요. 원서에 어느 고등학교인지 다 쓰여 있잖아요. 면접관들이 의아해하셨을 거예요.
'여기는 특별전형도 없는데 굳이 올 이유가 뭘까. 다른 학교도 있는데
왜 굳이 멀리 여기까지 왔나.' 큰 의미는 없어요. 사람이라는 게 너무
편한 데를 가게 되면은 해이해져요. 밑바닥으로 내려가고 거기서부터
차근차근 쌓아서 올라가야만 배울 게 더 많아요. 그래서 더 힘든 데를 간
거죠, 흐흐.

면접시간 맞추려면 그 전날 밤에 미리 내려가 있어야 했어요. 처음엔
역 화장실에 가서 한시간 있다가 대합실 의자로 나와서 한시간.
문 닫아야 한다고 나가라고 해서 시내로 가서 찜질방을 찾았는데
"97년생은 안 받는다. 내년에 와라" 하더라고요. 그 건물 복도에
쪼그리고 앉아 아이패드 켜놓고 한시간. 새벽 다섯시가 되어서야 사우나
문이 열려서 거기서 두시간 자고, 그 컨디션으로 가서 면접 보는데 미칠
것 같은 거예요. 못할 줄 알고 갔는데… 다행히 면접을 잘 봤어요. 면접관
님들도 좋은 분이셨고 저를 잘 보신 것 같고. 면접 들어가면서 생각했던
게 그거예요. '거짓 없이 면접에 임한다.'

스무살이 됐으니까 이제 뼈대는 만든 것 같아요. 거기다가 시멘트를
딱 바르고. 지금은 공사 중이에요, 흐흐. 안 좋은 생각은 장롱 아니면
금고 속에 넣어두고. 냉장고 안에는 여러가지 마음 보관해두고.

아직은 멀었어요. 근데 실패를 하더라도 일단 해보고 싶어요. 실패해도
그걸 발판 삼아 하나씩 하나씩… 넘어지는 법은 이미 알고 있으니까
이제 일어서는 법을 알아야죠.

그런 말 있잖아요. 신은 인간에게 살아가면서 견딜 수 있는 만큼의
무게를 공평하게 주신다는 그런 얘기. 사람마다 물론 견딜 수 있는

무게가 다르겠죠. 근데 저한테 너무 많은 고통을 주셔갖고… 오, 오, 이게 참 분간이 안 가요, 흐흐. 그 일이 있고 나서, 내가 이런 큰일을 겪었는데 무엇을 해야만 하나, 어떤 삶을 살아야 하나 생각을 많이 했어요. 사람이 태어난 이유, 목적이 다 있는 거니까. 희망을 주는 사람? 나는 희망을 주기 위해서 태어난 게 아닐까. 지금은 확신이 없지만 나중에는 누군가를 도울 수 있는… '다른 사람의 말을 들어주거나 해결해주거나 아님 같이하고 싶다.' 그냥 사소한 거예요. 그런 꿈을 갖고 있는 거예요.

　저는 받은 게 너무 많아요. 사람들이 걱정해주고 생각해주고. 여기 그룹홈에 있으면서, 참 고마워요. '아버지가 나에게 그런 폭력을 휘두르지 않으셨더라면…' 그런 부정적인 생각을 접어야겠다는 생각을 하게 됐고. 소중한 걸 알게 됐고. 한가지만 생각했는데 이제는 두가지? 그렇게 폭넓게 생각할 수 있게 됐고. 받은 게 너무 많아서 이걸 어떻게 돌려드릴까… 사회에 나가면 다른 사람들의 말을 듣고 이야기하고 배워야죠. 배워야 제가 받았던 걸 되돌려줄 수 있지 않을까.

　행복할수록 눈물이 나고
　슬플수록 남을 존중한다

　요즘 제가 되새기는 말이에요. 사고를 겪고 지난 시간들을 돌아보면 행복을 느끼는 매순간에도 늘 슬픔이 동행했던 것 같아요. 그래도 슬픔과 고통도 뭉치면 더 강해지지 않을까. 고통을 이겨낸 만큼 더 남을 이해할 줄 아는 사람이 되지 않을까. 그러고 싶어요, 그럴 거예요.

．
．

구술 조태준, 세월호 당시 단원고 2학년 | 기록 배경내

언니한테
카톡을 보내요

그렇다고 잃어버린 것들에 대해서
억지로 채우거나 그러고 싶진 않아요.
잃어버린 시간들은 어쩌면 언니와 저를 위해서
남겨둘 수 있는 시간인 거 같아요.

언니들과 미래를 상상하면서 같이 하기로 한 일도 많았는데 이제는 할수 없어요. 나중에 동물 기르자, 우리 결혼하면 애기들 서로 돌봐주자, 그런 얘기도 많이 했는데… 언니가 그렇게 되다 보니까 앞으로 미래가 불확실한데 섣불리 뭔가를 판단할 수 있을까 싶어요. 어른들도 가만히 있으라, 이런 얘기를 하고선 그렇게 큰 사건이 생겼으니… 내가 믿을수 있는 게 누굴까. 이러면서 혼자서 밤마다 고민하고 슬퍼하고 그랬던거 같아요. 한 순간에 그 일을 겪어보니까 현실이 약간 멀게 느껴져요. 그래서 어떤 것을 해야 될지도 잘 모르겠고… 가치관이 변한 거 같아요.

/ 아무리 뒤져봐도 언니 반은 늘 여덟명인 거예요

그날 안개가 많이 껴 있었어요. 학교에서 줄넘기 연습을 해야 된대서밖에 있었는데, 갑자기 애들이 소란스럽게 단원고 침몰한다는 얘길했어요. 갑자기 심장이 내려앉는 느낌. 너무 멍해서 그 자리에 계속서서… 친구들이 괜찮을 거라고 위로해줘서 간신히 교실로 올라왔는데속보가 나왔어요. 전원구조. 그러고 있는데 다시 오보래. 또 심장이 쿵하고.

집에 와서 뉴스를 검색했어요. 언니한테 전화만 몇십통을 한 거같아요. 통화음이 가다가 뚝 끊기고. 신호가 가는 것만도 의미가 있다는 생각이 들어서 계속 전화하고. 계속 언니 이름을 검색했어요. 그런데 아무리 뒤져봐도 언니 반은 생존자가 늘 여덟명인 거예요. 언니 이름은 없고. 엉엉 울면서 엄마한테 전화를 했는데, 할 일은 하면서 기다려보자고 해서 학원에 갔어요. 아빠와 통화했는데 아직 못 찾았다고… 주저앉아 엉엉 울었어요. 학원 선생님들이 집에 가서 기다리라고 해서 집에 왔어요. 멍하니 혼자 있다가 감정을 추스르다가 다시 폭발했다가 울다가 계속 반복하면서 첫날을 보냈던 거 같아요. 다음날부터는 최대한 밝게 언니를 기다리자는 생각으로, 밝게 있으려고 노력을 했어요.

/ 언니가 나를 도와줬구나

언니가 보고플 때나 힘들 때는 언니한테 편지도 쓰고 카톡도 보내요. 저희 언니 핸드폰을 아직 없애지 않았거든요. 저 혼자 하는 말이긴 한데 그 카톡으로 제 고민도 얘기하고 어떻게 지내냐고 묻기도 하고. 혼자서 얘기를 되게 많이 해요, 언니랑 카톡방에서. 엄마는 모르실 거예요. 뭔가 성취를 했을 때, 그때마다 '언니가 나를 도와줬구나!' 이런 생각을 많이 해요. 제가 언니 일을 겪고 나서 되게 힘도 빠졌지만 그렇기 때문에 더 열심히 하려고 노력했거든요. 그래서 '내가 이렇게 한 건 다 언니 덕분이야' 이런 생각을 많이 하는 거 같아요.

큰언니랑은 다섯살 차이고 작은언니랑은 세살 차이라 작은언니랑 많이 얘기했었거든요. 큰언니는 고등학교 때 기숙사에 있었으니까 집에선 대부분 작은언니랑 많이 있었어요. 그러다보니 언니가 엄마 같았어요. 제가 집에 들어오면 "손 씻어. 손 씻었어?" 이러고. 냉장고 가면 반찬이나 김치 먹을 때 "덜어내지 마" 이러기도 하고. 저만이 아니라 큰언니한테도 그랬으니까. 엄마도 "어우, 쟤는 왜 이렇게 잔소리가 심하니" 이러면, 작은언니는 큰언니랑 나한테 "내가 나 때문에 이러냐? 너희 좋으라고 그러지" 하고. 요즘도 큰언니하고 작은언니의 횡포를 얘기 나누면서 웃어요. 그때는 그런 게 그리울지 몰랐어요.

언니 가고 나서 언니 친구들한테 들기론 언니가 학교에서 되게 과묵하고 친구들을 챙기는, 그렇게 아우르는 게 있었다고 하는데 정말 제가 아는 언니하고 매치가 안 돼요. 집에서는 언니가 장난도 많이 치고 그랬거든요. 제가 엎드려 있으면 발목을 잡고 들어서 막 찌르고. 후후. 언니랑 뒤구르기 하다가 목이 꺾이기도 하고. 과묵하다기보다 약간 재밌었으니까. 그 얘기 듣고 제가 알고 있는 모습이랑 너무 달라서 〈지킬 앤 하이드〉인가, 뭔가 신기했어요. 그 마음 뒤에 또… 조금만 더 같이 있을 시간이 있었다면 내가 그 모습을 봤을 수도 있었을 텐데… 그런 생각도 많이 들고. 항상 무슨 얘기를 하건 끝에는 아쉬움, 슬픔이 오는 거 같아요.

그렇다고 잃어버린 것들에 대해서 억지로 채우거나 그러고 싶진 않아요. 이게 또 시간이 지나고 이러다 보면 채워질 수도 있고. 뭐라고 할까? 잃어버린 시간들은 어쩌면 언니와 저를 위해서 남겨둘 수 있는 시간인 거 같아요.

/ 아픔은 있지만 보듬어주고

엄마아빠가 그렇게 열심히 싸우고 다니실 때 도와드리고 싶은데
도와드리지 못해서 미안하고 너무 슬펐던 거 같아요. 우리가 왜 이렇게
힘들어야 할까… 우리는 그냥 다른 사람이랑 마찬가지로 평범한
사람들이었고 평범한 가정이었는데… 사건 나고 팽목항에 있는 엄마를
처음 봤을 때, 보자마자 엄마가 힘들다는 걸 느꼈어요. 얼굴도 새까맣게
탔는데 표정도… 그때부터 지금까지 쭉 엄마는 힘들 거라고 생각해요.
자식과 형제는 좀 다른 의미니까 제가 감히 알 수 없고 판단할 수
없으니까. 그 슬픔이 저보다 훨씬 크고 세상을 잃은 기분이 아닐까
생각은 하는데 제가 뭐라고 말은 못할 거 같아요.

가끔은 약간 서운할 때도 있었어요. 뭔가 중요한 저만의 이야기를
꺼내놓으려고 하면 엄마가 신경을 안 쓰는, 그런 느낌이 들 때… 전 그때
고등학교 진로와 직업에 대해 많이 고민하고 있었으니까. 엄마가 다
같이 힘든데 너 혼자만 생각하느냐, 지금 그럴 시기냐고, 이런 식으로
말씀하시면 엄마도 많이 힘드셔서 그러는 거 아는데 그게 너무 상처가
된 거 같아요. 엄마가 그렇게 말씀하시면, 괜히 '알았어, 신경 쓰지 마'
하고 문 닫고 들어가고. 짜증내고 툴툴거리고. 어느 순간에는 이걸
말해야지 했다가도, 엄마아빠 힘드니까 '내가 이걸 뭐하러 얘기하지'
그러고 속에 묻어두기도 하고.

그 일이 있기 전에는 엄마랑 아빠는 저희를 먹여 살려야 되니까
일하느라 저희랑 시간을 그렇게 많이 가질 수가 없었어요. 그 일이
있고 나서 가족 전체가 소중함을 알게 됐으니까 옆에 있는 사람한테

좀더 배려하고 시간을 많이 보내려고 애써요. 서로 힘드니까 그런 거겠지, 이해하려고 많이 노력하는 거 같아요. 두분 다 직장을 관두셔서 시간이 많이 생기니까 엄마아빠가 서로 가까워진 느낌이라고 해야 하나. 작은언니와 함께, 가족 다섯명이 있었을 때가 가장 행복했지만 지금도 그러려고, 그렇게 될 수는 없지만 그렇게 하려고 노력을 많이 해요. 옛날에도 많이 화목하긴 했는데 더 화목하려고. 다들 생각하는 것도 성격도 많이 바뀐 거 같아요, 뭔가 성숙해진 느낌. 서로 아픔은 있지만 그걸 보듬어주기 위해서 더 밝게 하려고 노력하는 편이에요. 큰언니랑 둘이서 엄마가 완전 진짜 힘드니까 우리가 좀 열심히 해보자, 괜히 엄마한테 투정부리지 말자, 이렇게 얘기했는데 결론은 똑같은 거 같아요. 하하.

/ 이제는 어떤 걸 섣불리 정할 수가 없어요

저는 제일 크게 달라진 게, 밤에 자기 전에 옛날에는 '아, 내일 아침엔 뭐해야지, 내일 아침엔 뭐할까' 이런 생각하면서 잠을 잤어요. 그랬는데 그 일이 있고 나서는 내일이 불확실한데 내가 지금 할 수 있는 게 뭐가 있을까, 내일이 있을까, 이런 생각도 많이 하고. 미래의 내 모습이 불투명하게 느껴져서 그럴 바에는 아무것도 안 하는 게 낫지 않을까 싶기도 하고. 부정적인 생각을 하면서 잠드는 일이 많은 거 같아요. 아침을 맞이할 때도 좋게 일어나지 못하고. 안 좋은 생각에 빠져서 잠이 드니까 당연히 그 상태로 잠을 깨게 되고. 너무 갑자기 급격하게 예상할 수 없이 왔으니까. 정말 우린 아무것도 할 수 없이 바라보고 있을 수밖에 없었으니까. 이제는 어떤 걸 섣불리 정할 수가 없어요. 내가 뭘 정했어도 나중에 잘못되면 어떡하지, 쓸데없는 걱정도 많이 늘고. 모든 게 다 불확실해진 거 같아요. 하루를 이렇게 보낸다고 해서 의미가 있을까? 내일 어떤 일이 어떻게 일어날지 모르는데 나는 왜 여기서 늘 똑같은 시간을 보내고 있지? 학교에서도 그런 생각 많이 들고.

그런 생각은 들지만 현실에선 다들 경쟁을 하고 있는데 저 혼자 뒤처지면 안 그래도 불투명한 미래가 아예 보이지 않을까봐 그냥 참고. 결국에는 그 무리에 속하려고 하는 거 같아요. 10대라는 말 자체가 너무 힘든 거 같아요. 어떻게 보면 10대는 생각이 들어설 때고 주체적으로 뭔가를 할 수 있는 나이인데 그 나이에 묶여서 공부를 하고 경쟁을 해야 한다는 게 힘듦 그 자체인 거 같아요. 추억을 쌓아야 하고 어쩌면 공부보다도 인간성 그런 걸 중요시해야 할 거 같은데, 우리나라는 성공이 중요하고 학생이니까 공부가 중요하고… 졸업을 앞두니까 더 불안한 거 같아요. 이제 중학교라는 산을 딱 넘었는데 더 큰 산이 앞에 있으니까 괜히 쓸데없는 고민을 하게 되고. 이러다가 고등학교 인생을 망치면 어떡하지? 제가 보기엔 작은언니가 고등학교 생활을 잘했던 거 같은데 나는 그만큼 따라갈 수 있을까?

/ 얘기할 때도 지나치게 주의를 해요

때로는 친구들을 배려해서 일부러 재밌게 웃고 떠들었어요. 그랬더니

'너는 괜찮아 보여서 다행이다' 이러는 거예요. 사람들은 정말 보이는 것만 믿는구나, 그걸 알게 됐어요. 내가 한번 잘못 행동하면, 내 속사정을 살피지 않고 보이는 대로만 믿어버려서 모든 가족들에게 해를 입히거나 우리 가족을 욕 먹일 수 있겠구나. 그래서 일부러 조용하게 지내려고 노력했어요. 밖에 나가서도 장난은 치는데 튀지 않으려고 하고. 얘기할 때도 지나치게 주의를 해요. 큰언니하고 저는 밖에서 세월호 얘기만 꺼내도, 서로 "조용히 좀 말해" 그러면서 남을 의식하고. 단원고 얘기만 해도 누가 들을까봐 "좀 조용히 해" 그러고. 우리가 자연스럽게 작은언니 이야기를 하는 걸 혹시 듣고 우릴 욕하면 어떡하지, 그런 것도 심해졌고. 노란리본도 항상 달고 싶어도 가끔씩만 달고 다녀요. 유가족이라고 티내는 것 같기도 하고 애들이 좋지 않게 볼 수도 있어서요. 저희는 학교에서 상담도 하고 수업시간도 빠질 때가 있었으니까.

/ 약간 비참하다고 해야 하나

작년에 엄마들이 시위를 하는데 경찰들이 무력으로 밀었대요. 엄마들은 여경들이 밀고. 한번은 아빠도 시위에 참여하셨대요. 그랬는데 경찰들이 둘러싸고 꼬집고 발 밟고 머리 뒤에 탁 치고. 아빠들 모두한테 막 그랬다는 거예요. 그 얘기 듣고 정말 어이가 없었어요. 이게 가능한 일인가, 경찰들이 누구를 위해 존재하는데 우리한테 그럴 수 있냐는 생각이 들고. '안전' 하면 항상 경찰들을 떠올리고 경찰들로부터 보호받는다고 생각하는데, 그런 일을 겪고 나선 경찰을 믿는다고 무조건

언니한테 카톡을 보내요

안전하진 않다는 걸 알게 됐어요. 자기 스스로 안전을 지킬 수 있는 게 중요할 거 같아요.

우리가 그런 일을 겪었는데도 이렇게 취급받는 현실이 약간 비참하다고 해야 하나. 저희가 피해자인데 사건을 일으킨 사람들을 감싸는 사람들도 있으니까 힘들었던 거 같아요. 그래서 괜히 어른들이 밉고 그랬어요. 그냥 어른이 아니라 한국의 어른들이요. 무조건적으로 외국이 옳다는 건 아닌데 한국에선 10대, 20대 사람들에게 강요를 하고, 가끔씩은 좀 답답한 거 같아요. 평등하게 의견을 맞춰볼 수 있어야 되는데 그렇지 않으니까. 이 일을 겪고 나라에 대해 좀 비판적이게 됐어요.

큰언니랑 둘이서 빨리 돈 벌어서 엄마아빠 데리고 외국으로 뜨자고 했어요. 그냥 빨리 한국을 뜨고 싶어요. 가끔씩 보면 엄마부대라고 나와선 우리를 욕하고. 일부이긴 하지만 목소리가 큰 거 같고. 어른이 돼서 바꾸라고 하기에는 우리가 힘이 너무 약한 거 같아요. 그냥… 현실이 마음먹은 대로 되지 않는 걸 너무 일찍 알았다고 할까.

/ 그때 제일 힘이 많이 된 거 같아요

친구들 덕분에 많이 힘이 났어요. 다른 세월호 가족들은 동생 친구들도 데려와서 인사도 시켜주고 그랬나봐요. 저는 원래 나서는 걸 좋아하지 않기도 해서 별로 알리지 않았어요. 한번은 어머니가 언니 생일에 네 친구들 좀 데려올 수 있겠냐는 거예요. 다 같이 함께

축하해주면 좋지 않겠냐고. 그래서 제가 알겠다고, 애들한테
물어봤어요. 그랬는데 애들이 다 좋다고, 너네 언니인데 내가 왜 안
가냐고, 열몇명이 우르르 다 온 거예요. 어머니가 언니 친구보다 네
친구가 더 많이 왔다고 되게 좋아하셨어요. 하하. 애들이 다 같이
울고 서로 안아주고 그래서 그때 제일 힘이 많이 된 거 같아요. 제가
말하자마자 바로 와준 것도 그렇고 같이 울어준 것도 그렇고.

추모제 같은 데서 사람들이 촛불 들고 꽉 차 있는 모습 보면 되게
뭉클해요. 어떻게 보면 남의 일이잖아요. 그런데도 이렇게 많은 사람이
함께 위로를 하고 있구나, 함께 슬퍼하고 있구나 싶어서 감사하고. 저렇게
남의 슬픔에 공감할 수 있는 게 진정한 어른이지, 그런 생각도 들고.

저희를 보고 같이 슬퍼해주고 울어주는 건 아무렇지도 않은데
불쌍하게 보는 건 왠지 좀… 별로인 거 같아요. 눈빛이 진짜 공감해서
찡한 거랑 불쌍해서 그런 거랑 달라요. 괜히 그러는 거 아닌가 하는
생각도 들고. 가끔은 학생들이 팻말 들고 있는 모습을 보면 막연하게
슬퍼져요. 언니도 학생인데 또래에게 왜 추모를 받아야 하나 싶어서.
이런 일이 벌어져서는 안 됐는데…

/ 별이 됐다는 표현을 좋아해요

여러 말들 중에서 언니나 오빠들이 천사가 됐다는 말이나 별이
됐다는 표현을 좋아해요. 단순히 죽었다, 이런 식으로 직설적으로
표현하면 상처를 받는 느낌이랄까? 그게 사실이긴 하지만 우리 언니는

내 생각에 아직 살아 있고 내 곁에 있는 것만 같은데… 그렇게 말을
해버리면, 언니는 아무 것도 아닌 존재가 돼버린 것처럼 느껴져요. 그냥
여행을 갔다거나 별이 됐다거나 그렇게 표현하면 위로받는 거 같아요.
별은 뭔가… 되게 어감도 귀엽고 사랑스럽잖아요.

세월호참사에 대해 저래선 안 돼, 저건 잘못된 일이야, 이렇게만
기억되지 않았으면 해요. 잘못된 일이니까 이렇게 고쳐야 돼, 이런
식으로 기억에 남았으면 좋겠어요. 학생들이 어른들이 말하는 걸 그냥
그대로 받아들이지 않았으면 좋겠고. 안전에 대한 생각도 달라졌으면…
좀더 안전한 나라가 되었으면 해요.

지금 제가 느끼는 감정과 커서 느끼는 감정이 다를 거고, 또 많은 일을
겪으면서 지금의 제 기억을 잃어버릴 수 있고 그렇겠죠. 혼자 숨기고
있는 거보다 여러 사람이랑 공유하는 게 좀더 마음이 가벼워지는 거
같아요. 이렇게 기록을 하면 옛날 일을 되돌아볼 수도 있고, 그러면 제가
잘못 나아가더라도 바꿀 수 있지 않을까 싶어요.

구술 이정민. 세월호 희생학생 이지민의 동생 | 기록 명숙

제가 무뎌졌으면
좋겠어요

저 혼자서 사람들 사이에서 받는 상처가… 뭐랄까…
여러 사람에게 쌓인 게 있으니까 한번 올 때마다
더 크게 받아요.
그게 좀 무뎌지면 좋겠어요.

기억이 안 나요. 과거에 제가 어땠는지 어떤 생각을 했는지 기억이 안 나고… 좀 이상하긴 해요. 사람들한테는 생생히 떠오르는 기억도 저는 잘 모르겠으니까. 그냥 뭔가. 그 일 전이 흐려지는 것 같은 기분이 자꾸 들어요. 제가 어땠는지 모르겠고 애들한테 어떻게 대했는지 모르겠어요. 뭔가 흐릿해요.

사람들한테는 그 이름이 익숙한가봐요. 그 배 이름. 저는 피할 때까지 피하고 싶거든요. 페북에도 자주 뜨는데 최대한 안 보려고 계속 넘기고. 말할 때도 '그때' '그 사건'이라고 해요. 가족들은 제가 아무렇지 않은 줄 알아요. 그 단어 듣고 싶지 않다고 말 못했어요. 타이밍도 없었고. 제가 말을 하면 당연히 '아~ 그래'가 아니라 '왜?'가 나올 거 같은 생각 때문에요. '어째서?'라고 하면 저는 거기서 또 벙쪄요. 왜 이걸 이해 못 해주지? 말 안 해도 알아주길 원하는데.

/ 여름휴가

저번 여름에 갔던 휴가도 망했어요. 아빠가 이제 괜찮아졌냐고 물어봤거든요. 그때 애들이 한창 바다 가서 물에 발 담그고 노는 사진을 찍어 올리길래 저도 괜찮겠지 싶었어요. 저보다 심한 애들도 있었는데 이제는 괜찮구나 싶어서. 아빠한테 저도 괜찮을 것 같다고 했어요. 그래서 여수로 잡았거든요. 쫙 전망이 잘 보이는 숙소로. 딱 갔는데 진짜 아닌 거예요. 진짜. 진짜. 저도 놀랐어요.

여수에 왔으니까 밖에서 놀자는 거예요. 바다에서. 저도 오빠랑 노는 거 좋아해서 그러자고 했는데. 그런데 아닌 거예요. 오빠는 바닷가 해수욕장을 찾는데 저는 계속 불안하고. 가면 안 될 것 같은데, 계속 불안한데 입은 안 떨어지고. 구경 가자고 그러는데 울 것 같았어요. 엄마한테 "나 안 가면 안돼? 못 갈 것 같은데" 그러니까 대충 눈치를 챘는데.

일단은 나가자고 해서 차타고 가는데… 가는 길 내내 아까 참았던 눈물이 나는 거예요. 아휴. 바다를 지나가는데 또 보일까봐. 완전 고개 숙여서 핸드폰만 보고. 도착을 했다고 하는데 저는 '안 되는데 안 되는데' 그때 엄마가 "마음이는 그냥 차에 있겠대"라고 말해서 차 안에 있었어요. 가족들이 바다에서 한참 있다 올 줄 알고 차에서 좀 울고 있을라고 막 그러는데 또 금방 돌아온 거예요. 바닷가 갈 때 아빠랑 오빠도 대충 눈치 챘더라고요.

숙소 바로 앞에 작은 섬이 있었어요. 긴 다리를 건너면 갈 수 있었는데, 어휴, 거기도 못 가겠는 거예요. 걸어가면서도 계속 '무슨 핑계 대지…' 생각하고. 어쩔 수 없이 가면서 혼자 뒤처져서 계속 걷다가, 아빠가 손잡아줘서 같이 걷고. 섬에 들어가서는 다행히 바다가 잘 안 보였어요. 사진 찍고 좀 놀다가 겨우겨우 다시 돌아오고.

저희 가족이 활동적이거든요. 그런데 숙소에만 계속 있으니까 할 것도 없고 심심하잖아요. 저녁에 치킨 시켜놓고 영화를 보려는데

〈연평해전〉이 있었어요. 오빠가 그걸 보고 싶다고. 오빠가 잘
몰랐나봐요. 엄마가 오빠 다리를 툭 쳐서 딴 영화 보고. 휴가인데, 오빠도
놀고 싶잖아요, 집에 가기 직전에 보트 한번만 타면 안 되냐고… 그거,
바다에 막 돌아다니는 보트요. "난 안 탈게. 셋이 타"라고 했더니 오빠가
저 안 타면 안 타겠다는 거예요. 그 마음은 고마운데… 하지만 타기
싫은데 어떡하지 어떡하지 그러다가. 솔직히 이틀 동안 저 때문에 못 논
거 아니까 꾹 참고 타자 싶었는데, 마침 보트 운영시간이 끝났더라고요.
제가 괜찮다고 했지만 다신 가고 싶지 않아요. 아후… 모르겠어요.
망했어요. 저 때문에 여름휴가.

/ 기억

저는, 뭔가… 특히… 사고 나고 1년 가까이? 뭐라 해야 하지? 잘
몰랐어요. 처음에는 음… 그렇게 슬퍼하지도 않았어요. 잘 몰랐고. 엄청
혼란스러웠어요. 진짜 있는 일인지 혼란스러울 때도 많고. 뭐라고 해야
하지? 여기 왜 있지? 하는 생각도 들고. 그냥 그렇게 뭉텅뭉텅 시간이
흘러갔던 것 같아요. 제대로 인지가 안 됐어요. 무슨 일이지는 알고,
겉으로는 되게 뭔가 슬픈 거 같은데, 깊숙이는 잘 모르겠는 거요. 이제야
뭔가, 점점 더 올라오는…
　가끔… 한번씩 떠오를 때가 있어요. 버스타고 학교에 가고 있을
때 졸려서 눈을 감으면 갑자기 그게 보일 때가 있어요. 그럴 땐 얼른
눈을 떠요. 뭐지? 하고 눈 떠도 그 모습이 또 나올 때가 있어요. 꿈은

아닌데 갑자기 확. 되게 아무렇지 않게 지내는 일상에서 순간 그래요.
어… 뭐지? 바다가 이제는 너무 싫어요. 전에는 예뻐서 자주 놀러가고
그랬는데 많이 꺼림칙해요. 이제는 보는 거 싫어요. 바다랑 배랑.

　흐음… 그때 전… 생각보다 쉽게 나왔어요. 아침 먹고 4층 로비에서,
과자 먹으면서 피곤한 애들은 방에 들어간 다음에 네명이 남아
있었어요. 그때 꼬마애 두명이 막 놀고 있길래 귀엽다고 쳐다보다가
애기를 불렀거든요. "애기야 일루와봐." 애기가 처음 보는 사람에게도
잘 오는 거예요. 남자애, 여자애였는데. 저한테 와서 남자애가 안기고
그때 바로 기울었어요. 그 순간 '다행이다', 제가 안 불렀으면 애들이 다
굴러 내려가는 거였으니까. 배가 금방 돌아올 줄 알았어요. 기울어진
상태에서 애가 위험하니까 옆에 복도로 애 데려가라고 보내고. 소파가
바닥에 붙어 있어서 우린 거기에 기대고. 구명조끼를 받고 그러는데
갑자기 자판기 두대 중에 한대 고리가 빠져서 저희한테 왔어요. 천장이
약해서 뚫린 거예요. 그래서 막았는데 그중 한명이 다리가 꼈어요.
갑자기 확 내려왔으니까.
　그래서 자판기를 붙잡고 있는 상황이었어요. 아니면 3층 로비로
굴러 떨어지니까. 계속 잡고, 팔 부들거리도록 잡고 있는데 방송이
나오고. 그러다 버티고 있던 남자애들 떨어지고… 밑을 봤는데 남자애랑
선생님이 있었어요. 막 물이 보이는 거예요. 뭐지 싶었는데. 방송으로
구조하러 금방 온대요. 아우. 빨리 오라고 여기 자판기 내려왔다고 막
소리 지르다가. 또 봤는데 물이 찬 거예요. 막 발밑에 찰랑거리는데
선생님이랑 남자애들이 그대로 있는 거예요. 왜지? 바로 옆에 나가는

길이 있는데 왜 안 나가지, 생각하다가… 물이 차고, 애들이 둥둥
떠다니는 거예요. 방송에서는 해경이 온다고 계속 가만히 있으라고 하고.
불 다 꺼지고 그러다 한번 더 기울어졌던 거 같아요.

그러다가 어… 헬기 소리가 났던 거 같아요. 소방 호스랑 기둥이랑
묶어서. 어떤 아저씨가 있었는데 두명이 먼저 갔어요. 제가 제일 안쪽에
있어서 자판기를 건너야 하는 상황이라. 위험한 상태에서 건너서
가는데. 아래층에서 올라오는 어른들은 막 피 묻고 상태가 심했어요.
사람이 많아서 저희 순서가 밀렸어요. 복도가 완전 벽이 돼버려 발을
못 디디는 거예요. 떨어지니까. 두명이 남았는데 못 나갈 거 같다고.
물차는 거 봐서 나가려고 했는데 엄청 빨리 찼어요. 소파까지. 금세 물이
차가지고 복도에 있던 애들이 나오고. 바깥 복도 문으로 해서 저도 겨우
넘어왔어요.

그 남자애… 아직 안 왔는데… 누군가 "여기 애기 있어요, 받으세요"
하는데 아무도 안 받는 거예요. 제가 받으려고 했는데 나가려는
사람들이랑 진행 방향이 달라서 제가 방해가 되는 거예요. 그래서
일단 나가야겠다 싶어서 나왔어요. 다 나올 줄 알았어요. 뒤에 애들이
되게 많았거든요. 경찰 배로 옮겨 탔는데 그때 뉴스를 했어요. 전원
구조했대요. 어떤 애가 너무 떨길래 괜찮다고 엄청 웃으면서 "괜찮아,
괜찮아" 하면서 달랬는데.

그리고 체육관 왔는데 아무도 안 나오고. 저희는 계속 기다렸죠.
다음에 버스가 한대 더 올 거래요. 계속 기다리는데 버스는 너무
안 오고. 왜 안 오냐고, 안 오냐고 물었는데. 그게 마지막이었어요.
저 오고 그 다음 버스 오고 끝. 무슨 일인지 몰라서 어리둥절해하고

있는데 부모님들 태운 버스가 왔어요. 다들 울면서 들어오시는데 너무
소름끼치는 거예요, 그 상황이. 그때부터 난리였어요.

/ 오해

솔직히… 부모님에게는 잘 얘기 못하죠. 영화 같은 거 볼 때
가족들에게는 우는 거 좀 숨기고 그러잖아요. 그래서 상담하러 갈 때도
엄마랑 가지 않으려는 건데. 엄마는 제가 상담이 싫거나 박사님 만나러
가기 싫은 거라고 생각하시는 거 같아요.

저는 반항기가 없었어요. 흔히들 중2 때 난리를 치는데 전 그런 게
없었거든요. 오빠도 그렇고, 조용히 살아왔으니까. 그런데 그 사건으로
제가 좀 변한 거 같고. 엄마는 그런 저를 대하는 게 낯선 거 같아요.
엄마가 아는 전, 알아서 잘하는 애니까. 학교 선생님들이 힘드신데
너라도 선생님들한테 잘해라 그래요. 제가 다른 사람들한테 예의를
갖추길 원하시는 거죠. 저는 제가 힘든 걸 알아줬으면 하는 건데…
엄마도 처음 겪는 저의 반항에 어떻게 대처해야 하는지 방법을 모르시는
거 같아요.

엄마는 저를 강인한 애로 봐요. 그래서 이번 사건도 잘 이겨낼 거라고
생각하셨나봐요. 뭔가 활동에도 잘 참여할 거라고 생각했고. 그래서
엄마가 의아해하셨던 거 같아요. 애가 안 그러니까.

확실히 제가 좀 변한 거 같긴 해요. 지금껏 망설였던 거, '뭐 어차피
좀 하면 어때?' 라는 생각이 커진 거 같아요. 머리도 원래는 단발로
자른 적이 한번도 없었는데 그 이후에 단발로 자르고, 앞머리도 잘 안
잘랐는데 자르고. 그냥 그런 것들. 옛날에는 막 억눌렀던 게 많았는데
지금은 더 억눌러지지도 않고 '내가 왜 그래야 돼?' 그런 생각도 드는
거죠.

사람 대할 때도 좀. 저한테는 기분 나쁜 거를 숨기고 사람을 배려해야
된다, 그런 게 있었거든요. 그래서 제가 기분 나쁘더라도 그러려니
넘어가고. 그게 더 관계에서 편하잖아요. 그런데 그 일 있고 나서부터는
왜 그래야 하나 싶은 거예요. 내가 기분이 안 좋은데 왜 신경 써야
하나. 그래서 엄마가 외부 사람들과의 관계에 대해 걱정하셨어요. 제가
엄마아빠한테는 짜증을 많이 내는데 계속 이런 식이면 애들이랑 관계도
안 좋아질까봐요. 엄마는 그런 얘기 많이 해요. 가족대책위 모임하면서
엄마들끼리 끝나고 나서 얘기 나누시는데, 다른 집들도 똑같나봐요.
우시는 부모님들도 계시고 힘들어하신다고.
　저도 엄마아빠한테 막 못되게 하는데. 그래도 음… 예전 습관이 많이
남아 있는데. 사실 그렇게 확 변한 것도 아니고. 제 선에서 쪼금쪼금
넘어선? 스트레스가 쌓이다 보니까 집에서 틱틱거리고. 알긴 알거든요.
저도 알긴 알아요. 근데 진짜 안 되니까.

가끔 병원에 가고 싶은 생각은 있어요. 심하게 급 완전, 완전 다운될 때가 있고 그게 화가 될 때가 있거든요. 그리고 잠이 안 올 때나 가끔 이상한 꿈을 꿀 때도 다운돼요. 기억도 안 나는 아주 사소한 일로 그렇게 될 때도 있어요. 사소한데. 사소한 것에서 시작해도 그 후부터 저에게 들어오는 말이나 모든 게 다 엇나가고. 엇나가게 생각되고 기분 나쁘게 들리는 거예요. 그게 쌓이면 가슴이 답답해요.

그럴 땐 퍼즐도 하고 친구한테 얘기도 해요. 퍼즐 500개는 금방 맞추는데, 맞추면 엎고 다시 맞추고. 일주일 내내 계속 그런 적도 있어요. 좀 한 자리에 앉아서 오래하는 거 좋아해서 고민거리가 있을 때 그냥 퍼즐 펴놓고 맞추면서 계속 생각해요. 이 생각했다가 자연스럽게 다른 생각으로 넘어가고. 왔다가 갔다가 계속.

처음에 든 생각은 이해를 못한다, 다른 사람들은 이해하기 어렵겠다는 생각이 들더라고요. 제가 낯가림이 있어서 상담사 분들이랑 얘기할 때도 처음엔 말을 많이 안 해요. 여러번 보다가 괜찮다는 생각이 들면 얘기를 많이 하고요. 그런데 순간 어긋날 때가 있어요. 이 사람이 내 얘기를 듣는데 관심이 없다거나 집중을 안 하는 것 같다는. 그런 게 느껴지면 멀어지고 망설여지거든요. 항상 제가 다른 사람에게 기대했던 것보다 안 나와서 그랬던 거 같아요. 속마음을 얘기하는 그런 거를 잘 못 말해요. 소심해서. 그런 거를 말하면 어색해지고 서먹해질 걸 아니까요. 이야기하기 전에 심장이 엄청 뛰어요. 저는 상대방이 자연스럽게 알아주기를 바라는데 그건 힘든 일이니까…

제가 무뎌졌으면 좋겠다는 생각이 들어요. 저 혼자서 사람들 사이에서
받는 상처가… 뭐랄까… 여러 사람에게 쌓인 게 있으니까 한번
올 때마다 더 크게 받아요. 요즘 따라. 그게 좀 무뎌지면 좋겠어요.

/ 우리

사고 초기에 병원에서 연수원으로 가고 학교로 갔잖아요. 저는 이동할
때마다 싫었어요. 계속 장소를 옮기는 게 싫었거든요. 아직은… 계속
피하고 싶었나봐요.

병원에서도 태아가 된 기분이었어요. 공부에 대한 생각도 안 하고,
아무 것도 안 하고 애들이랑 새벽까지 얘기한 적도 있고. 애들끼리
얘기해보면 그때는 진짜… 그렇게 공부 생각 안 해본 적 처음이에요.
아무 생각도 안 했어요.

애들 대부분은 빨리 집에 가고 싶다고 그러는데 저는 가기 싫었어요.
연수원에서 집에 간다고 했을 때도 '너무 일찍 가는 거 같은데, 좀만
더, 좀만 더 있다가 가지' 그런 생각이 들었고 뭔가 가기 싫었거든요.
연수원에서 주말마다 집에 가게 해줬는데 빨리 가고 싶어하는 애들은
금요일 저녁에 몰래 나가요. 저는 거의 토요일 오후 늦게. 완전 저희가 맨
마지막으로 나가고 그랬어요. 연수원에서 맨날 애들이랑 붙어 있고 밥도
같이 먹고 잘 때도 같이 자고. 그때 엄청 웃긴 사진도 많이 찍었어요.

잘은 모르겠는데 일단 친구들이랑 있어서 좋기도 했고 그거 말고도,
그냥 일상으로 돌아가기 싫었던 것도 있어요. 뭐지? 집이 더 익숙하지

않은. 집에서 더 오래 살았는데 뭔가 그랬던 거 같아요.

크리스마스이브 때마다 모이는 학교 친구들이 있어요. 학교 갔다가
끝나면 짬뽕이랑 피자 먹고 크리스마스에 관련된 로맨스 영화 보고.
그러곤 카페에 갔다가 집에 가거든요. 매년 똑같은 코스로요. 1학년 때는
〈어바웃 타임〉을 봤는데. 2학년 때는 뭐 봤더라? 음… 1학년 때부터 같이
놀던 친구들이에요. 근데 2015년엔 한명이 약속 이틀 전에 안 된다고
해서. 에휴. 미리 말해주지. 그날 노는 거는 특별한 의미가 있거든요.
원래는 네명이었는데… 이제 세명만.

저는 그날을 특별하게 생각하고 노는 건데. 친구들은 그게 아닌가
싶어서 서운하고 그랬어요. 아, 2015년에는 친구한데 약속을 엄청
까였어요. 진짜 많이. 친구랑 놀기로 했는데 애가 전화도 안 받는 거예요.
나중에 그 애 집에 가서 엄마한테 들으니까 애가 에버랜드에 가 있고. 또
학교 친구 열명 정도가 다 같이 놀러 가기로 했을 때도 제일 친한 친구
두명이서 자기들끼리 간다고 하고.

음. 그래도 친구들은 괜찮아요. 같은 일 겪은 우리 애들끼리만
얘기 통하고, 서로 이해가 되는 게 있어요. 겪은 거랑 감정이랑 거의
비슷하니까 얘기하다보면 되게 잘 맞아요. 똑같이 화내고 슬퍼하고
위로하고. 속마음 얘기는 친구들한테 해요.

앞으로 살면서도 고등학생 때가 제일 촘촘한 시간이 아닐까…
그렇잖아요. 제일 많은 걸 느끼고 경험하고, 재미도 있었고 제일 안
좋기도 했고요.

2학년 시작하면서 제가 YMCA에서 전국 중부권역 회장을 맡기도

했었거든요. 전혀 생각하지 않았다가 이런 큰 활동을 하게 되니까 학교에서는 임원 활동은 절대 안 해야지 생각했어요. 그냥 학교는 안식처다 생각을 했거든요. 근데 학생회에 좋아하는 애가 있어서 결국 학생회 활동도 하게 됐어요. 시작은 그랬는데 하다 보니 재밌었어요. 아침에 조금만 더 잘까 하다가도 학생회 일이 있으니까 바로 일어나서 학교 가기도 하고. 고등학교 때 많은 변화가 있었던 거 같아요. 모르겠어요. 하지만 활동을 한 건 좋았어요. 또 친구, 애들도 많이 알게 됐고. 음. 솔직히 그 사건이 없었다면 전 그냥 평범하게 살았을 거예요.

/ 바람

그 사건이 지금은 저한테 어떻게 남아 있는지… 잘 모르겠어요. 저는 솔직히 사는 거에 대해 미련이 없어요. 그렇다고 지금 당장 죽고 싶다는 건 아닌데. 언제 죽어도 별로 예전보다는 두려움이나 뭐, 싫다는 게 덜한 느낌. 그런 거요. 어차피 애들 보러 가는 거라는 생각이 들거든요. 그리고 앞으로 살면서 행복하고 싶다기보다는 내 맘대로 하고 싶다는 게 좀더 큰 거 같아요.

단원고 나왔다고 말했을 때 사람들이 그냥 모른 척 하는 게 제일 좋아요. 그런 얘기를 하면 눈빛이 변하는 사람이 있어요. 슬픈 눈빛으로. '아~' 이런 식으로. 그냥 아무렇지 않게 대하면 좋겠어요. 알지만 모른 척 넘어가는. 굳이 말해야 하는 상황이 벌어지지 않는 게 제일 좋지만… 근데 항상 상대방의 궁금증이 너무 많죠.

웹툰 중에 〈닥터프로스트〉라고 있어요. 저희 사건을 얘기해준 게 있는데, 아무래도 댓글을 안 볼 수가 없어요. 근데 진짜 충격 먹었던 게. 그… 뉴스에… 옆에 숫자가 뜨잖아요. 실종자 수, 생존자 수, 사망자 수. 누가 자기한테는 그 숫자가 일종의 게임 같은 거였다는 거예요. 그냥 재미로 보는. 저희한테는 그 하나하나 느는 게 진짜 힘든 건데. 그 사람에게는 게임이었다는 게 너무 충격이었어요. 그 댓글 보고 밤에 혼자 엄청 울었어요. 그 정도까지 생각할 줄은 몰랐어요.

사람들한테 뭔가 행동을 해달라는 것은 솔직히 너무 바라는 거구요. 생각해보니 기억해달라고 한 것도 너무 바란 거 같더라고요. 왜냐면 저는 그 사고를 당한 당사자니까 그 날짜라든지 사건이 어떤 건지를 알고, 잊을 수 없는데. 다른 사람들은 아니잖아요. 저희도 다른 사건을 기억 못하면서 저희 사건을 기억해달라고 하는 게 좀 이기적인 거 같아요. 그래서 대구지하철참사하고 천안함사건 날짜를 기억하려고 해요. 각자의 방식대로 기억하고 욕하지 않았으면 좋겠어요. 그 정도만.

그래도… 자기가 잘못한 거는 인정하는 세상이었으면 좋겠어요. 자기가 잘못한 거를 안 밝히려고 급급하잖아요. 그게 뭔가, 나이를 먹을수록 심한 거 같아요. 쪽팔리기도 하고 또 욕먹을 게 무섭고 하니까. 미안하다고 말해야 할 때가 있는데 그때를 놓치면 더 힘들어지잖아요. 용기를 가졌으면 좋겠어요. 인정하고 미안하다고 말했으면 좋겠어요.

.
.

구술 고마음, 세월호 당시 단원고 2학년 | 기록 고은채

역사를 왜
배우느냐고요?

정부는 계속 말 안 할 것 같아요.
저는 그냥, 진실만 밝혀지고
그것만 인정받으면 될 것 같아요.
지원 같은 건 별로 필요가 없는데.

다른 사람이 세월호 이야기를 꺼내는 걸 별로 안 좋아해요. 안 좋은 얘기를 할 것 같아서요. 고등학교 샘들이 가끔씩 수업 때 관련된 게 나와도 세월호에 대해선 이야기를 못한다고, 유가족이 있을지 혹시 모르니까… 근데 그런 것도 싫어요. 언급하는 자체가 싫어요.

저를 유가족이라고 아는 것도 쫌, 꺼려지긴 해요. 친구들 같은 경우는 살짝 시선이 바뀔 것 같은. 어차피 아는 친구들은 아니까. 굳이 얘기를 해야 하나…

이 인터뷰는 진짜 엄마가 '할래?' 하고 물어보자마자 일초의 망설임도 없이 '그래' 하고 대답했어요. 그러게요, 정말 왜 그랬을까요? 그냥 오빠와 관련된 거라서 그랬던 것 같아요.

오빠와 관련돼 있으니까.

엄마가…
가끔 술 마시면 오빠 방에서 울 때가 있어요…
그때가 제일 힘들어요. 제가 방에서 자는 줄 아니까…
전 이어폰 꽂고… 있어요.
엄마가 힘들어해요, 저보단… 엄마가 더 힘들어요.

아빠는 잘 모르겠어요. 아빠랑 눈을 마주칠 일이 거의 없으니까.
아빠가 퇴근하면 제가 그 시간에 학원에 가고, 학원 끝나고 오면 저는
씻자마자 방으로 들어가서 애들이랑 톡하고 자니까.

아빠는 항상 티비만 봐요.

담임 샘이 쉬는 시간에 교실로 들어오셨어요. 그러더니 형이나 누나
중에 단원고에 다니는 사람 있냐고 물어보셨어요. 물어본 순간부터 되게
불안해서 울었어요.
오빠는… 4월 20일에 찾아서 21일에 장례 시작하고, 23일에…
근데 22일이 제 생일이었어요. 그날 오빠를 봤어요.

세월호 일어나기 훨씬 전에 꿈을 꿨는데, 그 꿈에 나왔던 장례식장이
오빠 장례식장이었어요. 그 꿈이 되게 생생하게 기억나는데, 생각해보면
저랑 사촌동생은 있었는데 오빠만 없었어요.
장례식 때 어른들이 다 저 볼 때마다 이제 네가 잘해야 한다고…
알고 있는데 계속, 한두분도 아니고 계속 그러니까 그 말이 제일
힘들었어요… 알고 있는데, 그걸 굳이 그렇게 상기시켜줘야 하나.

반 애들은 그 얘긴 안 하고 그냥 보통 때같이 대해줬어요. 담임 샘도
잘해주신 것 같아요, 1년 내내. 엄마아빠 잘 계시는지도 물어봐주시고.

음… 일단 보고 싶고,

엄마가 우니까…

미웠어요. 먼저 가버려서.

기분 안 좋을 때, 우울할 때

그냥 오빠가 있으면 좋을 것 같은데…

오빠가 돌아오면 오빠는 컴퓨터하고

저는 티비 볼 것 같아요.

예전과 똑같이.

지금 생각하면 오빠한테 되게 미안해요. 제가 오빠한테 엄청 뭐라고

했거든요. 오빠한테 이것저것 좀 시켰어요. 오빠는 저한테 화도 안

냈어요. 장례식장에서 오빠 중학교 담임 샘한테 들었는데, 오빠가 담임

샘한테 제 칭찬 많이 했대요.

장례식 이후에 단원고 온 게 처음이었어요. 하늘공원으로만 갔었거든요.

생각을 못했어요, 학교를…

오늘… 오늘 학교 빠진 게…

오빠 책상에 국화 놓으러 가는 거 때문이 아니라 오빠 졸업식 때문에

빠진 거였으면 좋겠다…

분향소에서 학교까지 걷는 내내…

음…

보고 싶었어요…

(형제자매들이 진상규명을 요구하는 기자회견과 도보행진을 했는데) 그런 게 있었어요? 전혀 몰랐어요. 엄마아빠가 안 알려줘요. 학생이 아니라면 뭘 했을지는 모르겠지만 제 성격상 뭐든지 했을 것 같아요.

우린 잘못한 게 없는데, 오히려 피해자인데 피해자가 욕먹는 상황이고. 진실은 자기들이 잘못했으니까 말을 안 하겠죠. 정부는 계속 말 안 할 것 같아요. 저는 그냥, 진실만 밝혀지고 그것만 인정받으면 될 것 같아요. 지원 같은 건 별로 필요가 없는데…
전에는 사회문제에 전혀 신경을 안 썼어요. 요즘은 좀 달라졌어요. 위안부문제에도 관심을 갖게 됐고,
국정교과서에도 관심을 갖게 되고.
역사를 왜 배우느냐고요? 유리한 건 다 넣고 불리한 건 다 빼는 거잖아요. 오빠 일 아니었으면 보고도 관심을 안 가졌을 것 같아요. 근데 대통령이 바뀐다고 달라질까요?

구술 허민영. 세월호 희생학생 허재강의 동생 | 기록 유해정

책임이라는 게
엄청 무거운 거잖아요

역사에는 단순히 20만명이 죽었다고만 쓰여 있는데,
그 20만명의 사람들이 어떤 삶을 살았는지는
제대로 알지 못하잖아요.

배 안에서 물이 차오를 때… 아, 예전 일상생활로는 못 돌아가겠구나,
어떻게든 내 인생이 달라지겠구나, 그런 생각을 했어요. 제가 서 있던
복도에만 한… 반 세개? 100명 가까이가 있었어요. 그런데 여섯명밖에
못 나왔어요. 저 포함해서… 홀에 물이 차오르고… 거기 홀에는 이미
몇십명이 있고… 그 몇십명이 "살려주세요, 살려주세요" 이런 식으로
하면서 목소리가 울리는 거예요. 물이 홀 쪽에서부터 차올랐는데, (홀을
가로질러야 입구로 갈 수 있어서) 못 나가는 거죠. 기다리는 것밖에 선택권이
없었어요.

물이 차올랐는데, 구명조끼를 입고 있으니 떠서 천장에 머리가 닿는
거예요. 그래서 입구로 잠수해서 나왔는데, 나오다가 어디에 걸린
거예요. 빨리 떠올라서 공기를 마셔야 되는데, 안 떠오르는 거죠. 눈은
아무것도 안 보이고… 그래서 어떻게 해서 밀고 떠올랐다가, 다시
걸렸어요. 거기서는 조금 무서웠죠. 숨은 벌써 막히는데… 한번 더
걸리면 못 나가겠는 거예요. 그래도 또 올라갔는데, 다행히 (눈앞이)
밝아져서… 팍 나왔어요. 어디서 배 하나가 와서 저를 건져가고…
해경 배에 탔어요. 해경 배에 탔다가 애들 모아서 어선으로 올라타서,
진도체육관으로 갔죠.

정말로 많이 달라졌죠. 제 주변 친구들도 떠나갔고, 가려던 학교도

바뀌었고, 성격도 바뀌었고… 다 바뀌었죠. 친구들은 제 생활의
일부였거든요. 매일 학교 끝나면 네시인데, 학원이 일곱시부터니까…
그 사이에는 항상 PC방을 가거나, 늘 함께 어울렸죠. 친구들
장례식장에서는… 그냥 애들이 보고 싶다… 중학교 때 친했던 친구들은
다른 학교에 다니거나, 떨어진 곳에서 살아요. 그래서 평일에는
못 만나니까… 주말에는 그나마 괜찮은데… 평일에는 조금 많이
외로웠어요.

저는 원래 주변 사람들에게 속마음을 잘 안 털어놓아서… 말을 해봤자
달라질 게 없을 거라고 생각해서 그렇기도 하고… 또 쓸데없는 말 하는
거 별로 안 좋아하거든요. 쓸데없는 말을 하거나, (같은 이야기를) 두번
하거나… 그래도 저희 가족끼리는 예전부터 사이가 좋았어요. 여행도
자주 다니고…

희생된 애들 욕하는… 사람들, 네티즌들? 걔들이 뭔 죄가 있다고 욕을
해요. 저희는 욕먹어도, 상황에 따라 다르겠지만… 적어도 개네들은
욕먹을 이유가 없잖아요. 희생된 애들은 욕하면 안 되는데, 욕을
하니까… 그게 좀 슬펐죠. 그런 사람들은 무시하는 게 맞는 방법인
거 같아요. 보고 잊어버리면 끝이니까… 어차피 그 사람들은 저하고
만날 사람들도 아니고, 제 인생에 어떤 영향 끼칠 사람도 아니고,
그냥 댓글 남긴 사람들이니까… 저하고는 아무런 인연도 관계도 없는
사람들이잖아요. 그냥 약간 무시하면 그 댓글은 제 세계, 제 인생에서
사라지는 거잖아요.

친구들을 위해 할 수 있는 게 이 정도 선이라서… 글쎄요. 제가 좀더
노력했으면 많은 애들이 살 수도 있었을 텐데… 그런 책임감이 있어요.
그리고 친구잖아요. 친구로서의 책임감도 있고요. 제가 사고 당시에,
배에서 나올 때, 두세명 정도 같이 나오고 있었거든요. 손을 잡고…
나오다가… 물이 갑자기 쑥 들어와서 손을 놓치고… 그다음부터는
아이들을 잃어버려서, 손을 놓쳐버려서… 제 잘못은 아니었어도, 책임
정도는 있지 않을까요. 죄책감이라기보다는 그때 친구들을 도와주지
못했으니까, 지금이라도 무언가를 해야겠다, 도와줘야겠다…

어쩌면 제가 과도한 책임을 진 거 같기도 한데요, 제 친구들은 지금
아무도 책임져주지 않으니까요. 저라도 책임을 져야지, 누가 제 친구들을
위해 힘을 써주겠어요. 원래는 책임져야 할 사람들… 그 사람들이 책임을
져야 하는데.

사고 이후에 우리와 관련한 모든 일을 부모님들이 결정하는 건 조금
불만이었어요. 하지만 부모님이 대신 선택해주는 게 맞는 거 같기도
하고… 잘 모르겠어요. 청소년은 아직 자기 결정에 대한 책임을 안 지고,
부모님이 지잖아요. 책임지는 사람이 결정하는 게 맞는 거 같기도 하고,
당사자가 결정하는 게 맞는 거 같기도 하고…

역사를 배우고 싶어서 사학과를 갔고, 만약에 제가 더 공부하고
연구하고 싶다면… 교수를, 할 수 있을지는 모르겠지만… 도전을
해보겠고… 아니면, 그걸 활용해서 다른 직업을 찾겠죠. 뭐 먹고 살지…

책임이라는 게 엄청 무거운 거잖아요

언뜻 떠올린 건데 박물관 큐레이터를 하고 싶어요. 박물관에는 제가
좋아하는 것들도 다 모여 있고… 큐레이터가 되면 제가 좋아하는 걸
누군가에게 설명할 수도 있잖아요. 제가 발음은 그렇게 좋지 않지만…

역사에 관심이 있는 게 근현대사 중 민중탄압사… 국민보도연맹 사건,
광주민주화운동 그런 거 말이에요. 저희들이 겪은 역사도, 전쟁사를
예로 들면, 많은 사람들이 죽었다고 해도 그 개개인을 기억해주지는
않잖아요. 그런 개개인의 이야기에 끌린다고 해야 하나? 관심, 막 관심이
가요. 국민보도연맹 사건에도 역사에는 단순히 20만명이 죽었다고만
쓰여 있는데, 그 20만명의 사람들이 어떤 삶을 살았는지는 제대로 알지
못하잖아요. 20만명의 사람에게는 20만가지의 이야기가 있다… 기억은
언젠가는 사라지잖아요.

저는 예전부터 권리는 누리면서 그에 걸맞은 책임은 안 지려는 사람을
좀 나쁘게 봤어요. 책임이라는 게 엄청 무거운 거잖아요. 자기 스스로
지켜야 하는 거고… 그래서 저는 그런 거에 좀 엄격한 거 같아요.
저 스스로 엄격하고 딴사람한테도 엄격하게 보고 있고. 사람은 누구나
잘못을 할 수 있잖아요. 그러니까 사람인데… 저는 그 잘못에 대해
책임지는 사람? 양심있는 사람이 되고 싶어요.

진상규명은 저희가 했어야 되는데… 저희가 학생이고 그러다 보니까
부모님이 대신하신 거였지, 그 일은 저희가 해야 하는 일이라고
생각해요. 세월호참사가 우리 사회의 전환점이 됐으면 좋겠어요. 책임

질 사람은 책임지는 그런 전환점… 여태껏 책임질 사람이 책임 잘 안 졌잖아요. 서로 떠넘기기만 했지… 이 사람이 잘못하면 딴 사람이 딱 사퇴하고… 정말로 책임질 사람이 책임지는 사회가 되는 전환점이 됐으면 좋겠어요. (한숨) 사과만 하면 끝날 일인데, 버티고 있는 것도 이상하고. 사람들이 너무 막 싸우는 것도 이상하고.

구술 박준혁, 세월호 당시 단원고 2학년 | 기록 박현진

엄마가 울 때는,
그냥 가만히,
방에 있어요.

제 겉옷이 하나 있는데, 빌려달라고 빌려달라고 하는데
안 빌려줬거든요. 계속… 계속… 그 생각이.

주민등록이 나왔을 때 시간이 벌써 이렇게 됐구나… 순간순간은 너무 길다 싶은데, 되돌아보면… 너무 빨리 온 것 같고… 그랬어요.

4월 16은 나에게 음… 그러게. 뭐라 해야 되지. 이걸… 음… 그냥… 없었으면 하는 거…

그날이 아직도 기억이 생생한데… 며칠 안 된 거 같애… 그날 영어 듣기시험 날인데 시험 전에 소식을 들었거든요… 저도 모르게 막 울다가, 연락도 안 되고 그러니까 울다가 시험 치고, 그러다 밥 먹다가 밥도 안 들어가서 그냥 밥 버리고 버스 타고 막 집으로 왔어요… 음… 그러고… 그러고 집에 왔더니, 삼촌 와 있고… 방송으로 계속 보고 있고, 방송뉴스에 나올까 계속 며칠 밤을 새고, 밥도 못 먹고…

쌍둥이 동생이랑은 그냥… 사이가 안 좋은 편? 모르겠어요. 그냥 어느 순간부터 사이가 안 좋았어요. 성격이 안 맞는 것도 있고… 그냥 어, 뭔가 안 맞았어요.

걸리는 거… 참 많은데… 걔 수학여행 가는 날 아침에 제 겉옷이 하나 있는데, 빌려달라고 빌려달라고 하는데 안 빌려줬거든요. 그걸… 계속 그걸… 빌려줄 걸, 계속… 계속… 그 생각이… 근데 이런 얘기, 다른 사람이랑은 딱히 안 해…

뭐라 그러지… 빈 자리가 느껴지는 거. 매일매일 같은 방에서 잤으니까.
방에 혼자 누워 있을 때도 그렇고, 아침에 밥 먹을 때, 학교 갈 때,
문득문득… 떠오르면 울컥해지는 때가… 가끔 있죠. 울 때도 있는데…
아무도 모를걸요.

엄마가 본 적은,

없을 걸요.

엄마가 울 때는,

그냥 가만히, 방에 있어요.

엄마아빠를 보면,

어쩌다 이렇게 됐지… 싶어요.

학교는 그냥… 중간 중간 빠지긴 했는데… 그냥 다니려 했어요. 그래야
뭔가… 주변이 시끌시끌하니까. 수업도 거의 못 듣긴 하는데… 그러는 게
나을 것 같아서…
그때 반 애들이 착해서 그런가, 학교 전체 분위기가 그래서 그런가, 반
애들이 막 잘 도와줬다고 해야 하나. 티내고 해주고 이런 건 아닌데.
이 일 터지고 팽목항에 구호물품 같은 거 모아서 보냈었거든요.
근데 반 애들이 다 같이 모아서 보내고. 전화랑 문자로 챙겨주기도
하고. 보충수업 신청 이런 거 있으면 제가 잘 모르니까 그런 걸

챙겨주기도 하고 그랬어요. 저희 학교엔 유가족이 학년별로 한명씩
있었는데 학생회에서 세월호 관련해서 서명도 알아서 받고, 저희 학교
학생회장이었던 오빠는 세월호 행사 하면 앞에서 사회도 보고요.
학교 선생님들도 세월호 배지 다시는 분도 많고, 티도 입고 다니시는
분들도 많았고. 나쁘게 말하시지도 않았고… 또 나쁘게 말하면
학교에서 오히려 이상하게 보이지… 좋게 보는 것 같지는 않았죠. 그래서
딱히 선생님들이 세월호 얘기 하는데 '싫다' 뭐 이런 느낌은 없어요.

졸업하는 건 싫어요. 그냥 고등학교만 다니는 게 좋은 거 같아요. 학교에
나가서 그나마 덜 힘들었는데 졸업하니까.

상담은 그냥 그랬어요. 어색한 것도 있고 별로 하고 싶지도 않고… 딱히
싫은 것도 아닌데, 도움이 되진 않았던 거 같아요. 상담선생님이 몇번
바뀌었는데 대체로 괜찮았는데, 어떤 선생님은 너무 부담스럽다고 해야
하나… 자꾸 반으로 찾아오고… 좀 그랬어요. 갑자기 너무 사람들이
낯설게 특이하게 잘해주고.

이런 사람은… 음… 뭔가 과시한다고 해야 하나. 내가 이렇게 착하다,
이런 걸 과시하면서 친한 척 하기도 하고… 뭐 그런 느낌이 드는…
그러면, 아, 이 사람은 아니구나.
저희가 쌍둥이라는 거 때문에 관심 갖는 사람들이 많아서 불편해요.
갑자기 모르는 사람들이 페북에 친구신청을 막 하고, 안됐다고 하고, 제
글 막 퍼가고… 그래서 내려달라고 했어요.

엄마가 울 때는, 그냥 가만히, 방에 있어요.

사람들이 "네가 부모님을 잘 챙겨야지" 그럴 때? 음… 그냥 흘려들어요.
속으로는 엄마아빠가 아프하면 내가 알아서 챙길 텐데 왜 저러지.
그러면서 겉으로는 내색 안 하고… 그냥… 네…
우리도 생각보다 많이 알고, 알아서 할 수도 있는 나이인데, 자기들이
해라 해라 하는 틀에 맞추라고 하면서, 너희는 그것 밖에 못한다 하는
그런 느낌…?

형제자매들이 나가서 활동하는 걸 보면 나도 좀 참여해야 되나. 매번
그렇긴 한데, 하면 뭔가 문제가 생길 것 같아서… 제가 성격이 욱 해서,
막 되게 여기저기 잘 싸우고 그래서… 싸우다가 뭔가 이해되지 않으면
그냥, 일을 낼 것 같아요. 그래서 그냥… 조용히 있었던 거 같아요.

대학교 가서 함부로 얘기하는 사람이 있으면 싸워야죠!
전에 싸워본 적도… 학교에 잠깐 오셨던 한 선생님하고… 응… 무슨
뭐라더라… 아이들이 뀌는 방귀냄새를 포탄에 비유하시며 "방귀포탄을
맞느니 차라리 세월호에 타는 게 낫겠다" 그러시는 거예요. 너무
어이가 없어서… 소리 지르고. 어떻게 그런 말을 할 수 있냐고. 밖으로
나왔거든요. 그런 정도. 그날 하루종일 저는 밖에서 울고 있었고.
담임선생님이 제가 밖에 나가 있는 동안 그 선생님하고 얘기하고, 결국
그 선생님이 반 애들한테 사과하고.

이제 저는 학교 근처에서 자취해요. 방 구했어요. 둘째는 학교가 멀어서
이모네 있을 거구, 저도 대학 가고 없게 되면 막내 동생이 혼자… 있는 게

좀 걸리긴 하죠.

친구는 동생이 23일에 나오고, 하루 전인 22일에 나왔어요. 중1 때부터 친했던 친구인데… 오늘은 친구 생일이라서 하늘공원 다녀왔어요.

우리 사회를 떠올릴 때? 아, 생각했던 거보다 더 쓰레기다…

사람들이 알아줬으면 하는 거? 아직도 그 일로 인해서 아파하는 사람이 있다, 그런 거.

어른들에게 하고 싶은 말은 뭐라고 해야 할까. 너무 묶어둔다고 해야 하나. 가둬둔다고 해야 하나. 그러지 않았으면 좋겠다. 그냥 그 자체로 존중해줬으면 좋겠어요. 장래희망 같은 거 고를 때에도 직업의 기준을 세우잖아요. 이것은 좋고 이것은 나쁘고, 돈 많이 벌고 적게 벌고, 그런 잣대를 대고 보지 않았으면 좋겠어요. 그런 걸 대는 것부터 시작해서 점점 한가지 틀에 가둬둔다고 해야 하나, 그런 게 있잖아요.

416이 내 삶에 준 것은 할 말은 다 하고 사는 거, 하고 싶은 거 다 하고 살아야겠다는 거… 당장에 안 하면 후회할 것 같은 거. 내일은 못할 거 같으니까. 나중에 후회 안 하게… 그냥… 놀러가고 싶으면 놀러가고 그러는 거…

엄마가 울 때는, 그냥 가만히, 방에 있어요.

구술 유하은, 세월호 희생학생 유예은의 언니 | 기록 정주연(루트)

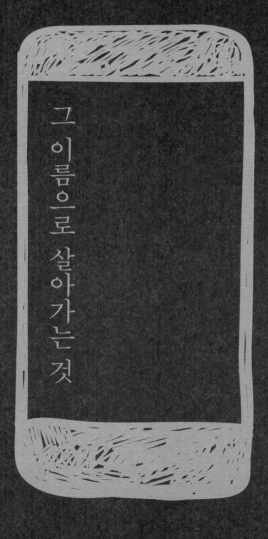

그 이름으로 살아가는 것

두번째 이야기

이름의 무게

제가 '유가족입니다' 해도

희생자 가족 신분증
학생 : 2-5 박 성 호
부 : 박 윤 오
누나 : 박 보 나
발급번호 : 4

지금 어른들이 하는 거랑은 다르면 좋겠어요.
'유가족이네' 하는 눈초리는 안 받고 싶어요.
'아직도 우냐' '어떻게 웃냐' 이런 감정의 억압도
당하고 싶지 않고.

휴학하고 활동 시작할 때는 2학기에 복학할 줄 알았어요. 시간이
지나도 문제가 그대로더라고요. 이 일 끝내고 다 해결되면 복학해야지…
내년에는 복학할 수 있겠지? 안 그렇더라고요. 그냥 복학을 했어요.
길어질 것 같아서.

재작년에는 활동하면서 계속 '저 유가족입니다' 하고 다녔고, 작년에는
복학하면서 유가족 아닌 척 다니려고 했는데… 이제 졸업을 하고 다시
'유가족입니다' 하고 다녀야 하는 상황이네요.

/ 목욕도 시켜주고

제가 맏이라 어릴 때부터 동생들을 돌봤어요. 예나는 한살 차이니까
엄청 챙겨주지는 못했는데 성호랑 막내는 목욕도 시켜줬어요. 막내는
저한테 엄마라고 부르기도 했어요. 성호는 어릴 때부터 기저귀
갈아주려고 하면 엉덩이 드는 아이였어요. 씻겨줄 때도 알아서 손들고
다 씻으면 다른 손 들고. 어릴 때 겁이 많아서 잘 울기도 했는데 크고
나니까 약간 남자다워지면서 듬직해졌죠.

막내 태어나고 세살 됐을 때부터 엄마아빠가 계속 맞벌이를
하셨거든요. 늦게 들어오시니까 제가 거의 장을 봤는데 성호를 짐꾼으로
데리고 다녔죠. 고등학교 때 야자하느라 늦게 들어오면 성호가 데리러

오고, 대학 간 후에 서울에서 늦게 들어오게 될 때도 계속 마중 나와줬어요. 피곤하다고 가끔 투정부리기도 했지만 거절한 게 세번? 든든하고 듬직한 동생이었어요.

그날 학교에서 수업하고 있었는데 친구가 소식을 알려줬어요. 동생이 수학여행 가기 전에 핸드폰을 잃어버렸거든요. 사고 전날 수학여행 못 가게 됐다는 전화나 다시 가게 됐다는 전화나 다 제가 받았는데, 그때 와 있던 다른 친구 폰 번호로 전화 계속 걸어보고, 연락 기다리면서 안산으로 왔어요.

엄마아빠는 진도 내려가고 있었고 예나는 단원고로 갔어요. 생존자 명단 확인하면서 계속 기도하고 있었는데 네다섯시쯤 엄마가 전화를 했어요. 진도체육관 명단에 성호가 없다는 거예요. 엄마는 계속 우시고. 저는 TV 계속 보면서 거기 상황 듣고, 막내 재우고, 예나한테는 자지 말자고 하면서 같이 기도하고. 씻을 때도 나 혼자 따뜻한 물로 씻으면 안 될 것 같았어요. 몸에 물이 닿는 것 자체가 슬프더라고요. 4월이라 좀 추울 때였잖아요. 성호는 이불도 못 덮고 있겠구나 생각하니까 미안해서 보일러를 못 켰어요.

3일째 되는 날 이모가 걱정된다고 집으로 오셨어요. 5일쯤 지나서는 엄마아빠도 챙겨야 할 것 같아서 진도에 내려가려고 준비했어요. 주말에 다 같이 내려갔어요. 체육관 입구 옆에 아버님들이 다 담배를 피우면서 엄청 많이 계셨어요. 들어가니까 완전 돼지우리 같고 사람 사는 데가 아닌 것 같고. 1층에 카메라가 쭉 있는데 제대로 안 내보내는 걸 이미 알았으니까, 가서 카메라 보이는 거 다 째려보고. 저는 아예 짐을 다 챙겨서 내려갔는데 부모님이 여기 사람 있을 데가 못 된다고, 다 올라가라고 하시더라고요. 동생들도 챙겨야 하니까 그냥 올라왔어요.
그 뒤로 계속 소식 보고, 내려가 있던 친구한테 상황 듣고, SNS에 계속
올리고.

/ 엄마 챙기려고 나갔어요

성호 장례 치르고 나서 엄마가 바로 입원했어요. 그 후에 아빠도
너무 힘들어서 입원했고. 저희는 아예 계속 병원에 있었어요. 막내만
낮에 학교를 갔어요. 다른 부모님들도 아이 올라오고 나면 대부분
입원하셨어요. 다들 몸이 안 좋은 상태라 입원한 건데 정신과 의사가
와서 진도 얘기를 해주면 거짓말인 줄 알아요. "설마요. 어떻게
국가가 그래요? 진짜요?" 시청에서 파견된 사회복지사들도 다 그런
반응이었어요. 병원에 있어도 몸 상태가 달라지지 않고, 진짜 부모님에게
맞는 처방을 하는 것 같지도 않고. 답답해서 퇴원했어요.
　퇴원하시고 엄마는 바로 활동하러 나가셨어요. 엄마가 거의 분향소
나가시니까 저는 엄마 챙기려고 나갔어요. 분향소 나와서 보면
부모님들이 더운 날에도 피케팅 계속 하시고, 대단하시다는 생각이
들었어요. 분향소 나올 때는 더 잘해야겠다고 노력하게 되기도 했어요.
　솔직히 부모님들도 받아들이기 힘든 시간이었잖아요. 내가 왜
유가족이 돼야 하지? 저도 분향소에 가긴 하는데 유가족 대기실 문을
여는 거, 거기 앉아서 쉬는 거 다 싫었어요. 내 또래들이 분향하러 오는데
내가 대기실에 있는 것 자체가… 돌아보면 형제자매는 약간 다른 게

있는 것 같아요. 이별을 겪어보거나 죽음에 대해 알거나 이런 때가
아니다 보니까. 받아들이는 데 부모님과 다른 부분에서 시간이 필요했던
것 같아요. 그런데 그런 시간이 없이 그냥 엄마를 챙겨야 해서 나갔던 것
같고, 계속 그 공간에 있다 보니 유가족이라는 게 주입된 것도 같아요.

　제가 부모님들 밴드에도 들어가 있었거든요. 아빠 핸드폰이 안 돼서
가족대책위 밴드에 제가 들어가 있었어요. 부모님들이 인터넷 기사를
챙겨 보기 어려웠잖아요. 제가 기사들 옮기면서 상황 공유하기도 하고.
그러다가 비방글에 대응하는 일을 하게 됐어요.

/ 안 할 수 없겠구나

　페북에서 '안산 쓰레기 동네에 어차피 쓰레기 될 애들'이라는 글을
봤어요. 처음 본, 희생자를 욕하는 글이었어요. 그게 페이스북에
떠도니까 비방글 고소해야 되지 않겠냐고 반톡에 올렸어요. 반대표
아버님이 변호사 분들과 고소를 하려고 했고, 변호사님은 제가 처음 본
글이니까 저도 같이하자고 하셔서 시작하게 됐어요.

　그러다가 가족대책위에서 아예 모니터링 팀을 꾸려야겠다고 얘기가
나왔나봐요. 부모님들이 인터넷 활동을 많이 못하시니까 해줄 수 있냐고
저한테 연락이 와서 5월 말부터 하게 됐어요. '비방글이 없어지면 좋은
거니까 힘들지만 해볼까?' 그때 가족대책위 일하던 분이 여기 일하다가
나중에 취직 안 될 수도 있다고 겁 줘서 고민도 좀 됐지만, 그래도 애들
위한 일이니까 시작했어요. 제 동생만이 아니라 단원고 후배들이랑 저를

가르쳤던 선생님들 일이기도 해서.

모니터링 하면서 댓글을 다 봐야 하는데 그게 이삼백개 되니까, 어쩔 수 없이 감정적이 돼요. 많이 걸러내고 냉철하게 보려고 노력하지만 계속 보다 보면 힘들어요. 이런 거 하기 싫다고 혼잣말도 했어요. 고소를 하는 것도 걱정이 됐어요. 나중에 보복하러 오는 거 아닌가 무섭기도 하고. 그러다가도 분향소 가서 애들 사진 보면, 애네를 이렇게 욕하는데 가만히 놔둘 수 없겠구나, 내가 이 일을 안 할 수 없겠구나, 더 열심히 해야겠구나, 이런 생각이 들고.

제가 모니터링 한다는 게 알려지고 나서는 생존자 친구들이 제보도 하고, 단원고 1학년이나 3학년 애들한테서도 연락 오고 그랬어요. 특히 SNS에 보수 페이지들이 갑자기 많이 생겼는데 애들은 SNS를 많이 하니까 애들이 더 상처받을까봐 걱정이 됐죠.

하면서 많이 단련되긴 했어요. 하는 얘기가 다 똑같고 같은 아이디로 똑같은 글 남기는 사람도 있고. 나쁜 비방글이 갑자기 생겨난 게 고위층 사람이 '시체장사 한다'는 얘기를 꺼냈을 무렵부터예요. 처음에는 이게 진짜 여론인가 싶어서 많이 좌절하기도 했는데 계속 보면 이게 한 개인의 생각이라고만 볼 수 없다는 게 자꾸 느껴졌어요. 분노가 더 커졌어요. 내가 더 강해진 느낌? 그래도 온라인에서만 보던 걸 광화문에서 직접 볼 때는 충격이었죠.

이 일은 혼자 하고 있었어요. 가족대책위에서 사람을 더 구해주시지도 않았고. 제가 너무 힘들어서 다른 사람한테 도움을 부탁하고 싶은데 차마 동생한테도 못 시키겠고 제 친구한테 시킬 수도 없고. 초반에 거의 집에서 하다가 사무실에 나가게 됐는데 옆에 다른 부모님들이 계시니까 그것도 되게 힘들었어요. 모니터링한 내용을 보실까봐.

그리고 처음이었잖아요. 처음 하는 작업이다 보니까 어떤 걸 고소해야 하는 건지 판단하기도 어려웠어요. 누가 같이하는 것도 아니고 변호사님은 다른 일도 바쁜데 시간 내서 해주시는 거라 초반에는 막막했어요. 경찰 사이버수사팀 도움도 받았는데, 나중에 보면 고소할 게 아니었던 것도 있어요. 수위를 판단하느라 우왕좌왕했죠. 비방글이 너무 많아서 모니터링 작업도 오래 걸렸어요. 모니터링을 열심히 해도 바로 처리가 안 되니까 답답하고. 제보하면 바로 바로 처리가 돼야 애들이 조금이라도 속이 풀릴 텐데.

페이스북에 어떤 사람이 비방글을 올려서 동생이 '나 유가족인데 그런 거 아니다' 하면서 댓글이 오간 적이 있어요. 그 사람이 계속 말장난을 하니까 동생이 충격받고 힘들어했는데, 저는 너무 열받지 말라고 얘기하게 돼요. 걔네는 일부러 더 그렇게 하는 거니까 그냥 넘기라고, 잘 참으라고. 대응하면 똑같은 사람이 되는 거라고 진정시키기도 했는데… 저도 답답했죠.

제가 비방글 모니터링 한다고 공개 발언을 하고 나서는 많은 분들이 걱정도 해주시고 응원도 해주셨어요. 비방하는 댓글만 보다가 안 그런 사람들이 많다는 걸 알게 되니까 저한테는 그게 많은 치유가 됐고 힘도 얻었어요. 그래도 제 동생이 언론에 나간다거나 하면 말리고 싶은 마음은 남았어요. 광화문 가면 사람들이 "저 보나 씨 알아요" 하는데 저는 모르니까 불편하기도 하고. 일베에서 제 페북을 캡처해서 욕을 하기도 했고. 페이스북이 제 일상을 올리고 친구들과 소통하고 성호랑도 소통했던 공간이었는데 그런 공간이 아니게 되니까 제 공간이 사라지는 것 같기도 했어요.

/ 조직이 원래 이런 건가

엄마를 챙기려고 나갔던 건데 제 일이 생기면서 고민이 많았어요. 엄마가 여기저기 다니셔도 제가 같이 있을 수 없고 언제 쓰러질지 불안하고. 엄마랑 저랑 둘 다 활동을 하긴 하는데 둘 다 어디 있는지 모르고. 그래서 부모님들이 왜 엄마 안 챙기느냐고 묻기도 하시고. 일을 하면서는 저를 챙긴 것도 아니고 부모님을 챙긴 것도 아니고 동생들은 아예 챙기지도 않고… 엄마가 계속 나가 계시면 저라도 좀 집에 있어야 하는데 집에 와서 거의 잠만 자고 바로 나왔으니까.

가족대책위에서 제게 맡겨진 일을 하긴 하지만 완전히 회사나 조직 같지는 않잖아요. 초반에 부모님들이 저를 자식같이 생각하셔서 핸드폰 서투른 걸 저한테 많이 부탁하셨거든요. 제가 일이 많이 급해서 지금 못 해드릴 것 같다고 하면, '우리 애는 해줬는데 그것도 못해주냐'면서 서운해하시는 분도 있었어요. 저를 보면서 '우리 딸도 컸으면 저렇게

제가 '유가족입니다' 해도

컸을 텐데' 이런 생각하실 것 같아서 신경 쓰이기도 했고요. 제가
처음 일을 하는 조직이다 보니, 조직이 원래 이런 건가, 하는 생각도
들고. 많이 헷갈렸다고 할까. 맡기시는 역할이 계속 바뀌니까 그것도
혼란스러웠고요.

힘든 걸 말씀드리진 못했어요. 상황이 정신없이 돌아가니까 잘
모르겠는 것도 있고, 답답한데 의견을 낼 수 있는 상황도 아니었고,
제가 얘기한다고 되는 것도 아니었고요. 부모님들이랑 일할 때 감정을
표현하지 말자고 생각하기도 했어요. 엄마아빠 앞에서 울면 안 된다고
생각했던 것처럼… 제가 울어야 할 때 안 운다고 답답해하시는 분도
있었어요.

/ 등돌리는 모습들

국회에 있을 때 일반인 유가족들도 있었잖아요. 많이 오시진 않았지만
그래도 거의 계속 계셨어요. 서로 어울리지는 못했어요. 초반에 서툴렀던
것도 있고, 워낙 밖에서 갈라놓은 것도 있으니까. 그리고 그분들은
서운한 게 있잖아요. 단원고 부모님들 인터뷰는 많이 했어도 그분들
인터뷰하는 경우는 많지 않았거든요. 그런 과정에서 소외되는 것도
있고 그런 감정을 제가 듣기도 했어요. 저는 그분들이랑 이야기하고
더 챙겨드리려고 애썼어요. 그때는 그냥 나오신 것만으로도, 함께할 수
있다는 것 자체가 좋았거든요.

그리고 알바생들이 저랑 동갑이었어요. 세월호에서 아르바이트

하다가 희생된 친구들. 저도 알바를 했었고 제 친구들도 많이 하잖아요. 그러니까 내 친구가 희생될 수도 있었고, 내게도 일어날 수 있었던 일이라는 게 느껴져서, 일반인 유가족들이 더 크게 와닿았던 것 같아요. 그때 그 어머님이랑 이야기를 나누기도 했는데, 어머님도 자식을 잃으신 거니까 되게 힘들어하시고 '알바'라는 단어 자체가 트라우마가 됐더라고요.

그러다가 입장이 갈라졌잖아요. 좀 많이 실망했고, 답답했어요. 아예 등 돌리는 모습들이 저한테는 상처였던 것 같아요. 가끔은 부모님들 사이에서도 갈등이 생기잖아요. 달라지는 모습들도 보이고. 약간 마음이 불안할 때도 있어요. 외부에서 분열을 시키려고 하는 것도 있지만, 피해자들 내부에서 갈리는 게, 뭔가 답답해요.

일반인 유가족 분들을 한참 못 보다가 부산국제영화제에서 〈다이빙벨〉 상영할 때 만났어요. 저한테 인사를 하셨는데 저는 인사를 안 했어요. 그때는 저희만 남아서 사람들한테 단원고 유가족이 무슨 벼슬이냐는 얘기를 듣던 때라 마음이 안 열리더라고요. 그래도 다시 만나면 좋겠어요. 생존자 중에 제 또래, 사건 있고 얼마 안 돼서 바로 군대 간, 그 친구 걱정도 되고요.

제가 참사 백일 때 편지를 읽고 시집을 두권 받은 게 있거든요. 그중에 한권을 일반인 유가족에게 드리려고 했는데 아직 못 드렸어요. 그걸 전해드리고 싶어요. 마음에 계속 남아요.

해가 바뀌고 복학을 했어요. 일을 시작하면서부터 계속 할 수 없을 거라고 이야기 드렸고, 연말에 많이 아프기도 했어요. 416TV 하면서 전국을 돌아다니고 계속 일하느라 바빴거든요. 일을 못할 정도로 아픈 건 그때가 처음이었어요.

일하면서 계속 부족한 걸 느껴서 더 배워야지 하는 생각도 있었어요. 기록이나 인권에 관한 공부도, 고소를 제대로 하는 것도 다 배워야 할 필요성을 엄청 많이 느꼈어요. 아무것도 모르는 상태에서 하는 거랑 어느정도 알고 하는 거랑 다를 테니까요. 배워야 할 게 눈에 보이고 그걸 꼭 배우고 싶었어요. 그런데 그냥 닥친 일들 하다 보니까, 공부할 시간도 없고 가족 챙길 시간도 없고 슬퍼할 시간도 없고, 막상 복학할 때는 내가 잘하는 게 뭔지, 배우고 싶은 게 뭔지도 잘 모르겠더라고요.

복학할 때 고민이 많이 됐어요. 그만둔다고 얘기를 해놨으니까 부모님들은 만날 때마다 "너 이제 복학한다며?" 그러시는데, 시간이 지나도 사건이 해결되는 것 같지는 않고 일이 계속 많잖아요. '일을 손놓고 그냥 공부만 해도 될까? 앉아서 제대로 공부할 수 있을까?' 학교를 안 힘들게 다닐 수 있을지도 걱정이었어요. 4월 16일 그날 학교에서 소식을 들어서, 그게 힘든 거예요. 복학하고서도 처음 소식을 들었던 장소는 아예 안 갔어요. 계단 지나가면서도 잘 안 보고 일부러 피하고.

유가족인 걸 알아봐도 상관없다고 생각하면서 다녔는데 점점 두려워졌어요. 다른 애들이 초반에 겪었던 걸 그제서야 느낀 것 같아요.

'뭐 이상하게 물어보지 않을까? 아예 말을 안 하는 게 낫지 않을까?'
말을 하면 위로보다 세월호에 대해 이것저것 물어볼 것도 걱정되고.
원래 알던 사람 중에도 일베였던 사람이 있어서 충격을 받았는데 새로
만나는 사람도 그럴 수 있으니까. 너무 유가족으로만 살아와서, 복학하고
다시 일상으로 돌아오긴 했는데 저는 없는 것 같은 느낌이었어요.

/ 우리도 주체적으로 목소리를

복학한 후로는 일을 안 했는데, 사실 일이 들어오기도 하고 그냥
시키시는 일이나 부탁하시는 일들을 하게 되긴 했어요. 3월에는
적응하면서 조금씩 하다가 4월에는 너무 답답해서 그냥 학교만 다니진
못하겠더라고요. 학교 끝나고 기자회견 준비하고, 인터뷰 요청 들어오면
하고, 주말에는 도보행진 가고, 그러면서 수업을 제대로 못 듣게 되고
체력은 방전되고.

형제자매들이 1주기에 따로 성명서를 낸 건 기적이었어요. 형제자매들
이름으로 입장을 밝힌 건 처음이었거든요. 유가족 중에서도 형제자매들은
유가족이라는 프레임 안에 들어가는 걸 더 부담스러워했어요.
형제자매들끼리 만나서 소개할 때도 누구 동생이라고 얘기하는 것 자체를
힘들어한 친구도 있었어요. 74명이나 서명 받아서 성명서 낼 때 저희는
기적이라고 생각했어요. 중학생 이상인 형제자매의 절반 이상을 받은
거거든요. 그 후로 희망이 조금 있다는 생각도 들었는데, 형제자매들이
어떻게 해야 할지는 잘 모르겠어요.

형제자매들이 모이게 된 건 국회농성을 하면서부터예요. 그때만 해도 대학생들이 국회에 지지방문 오면 '내가 왜 저 자리에 있지 않고 유가족 자리에 있을까' 하는 생각이 있었어요. 괴리감이라고 해야 되나. 그런데 형제자매들을 만나니까 다른 친구들이랑 못 나누는 이야기를 나누게 되잖아요. 아, 이 사람들과는 이런 얘기를 할 수 있구나. 연대감, 소속감 이런 게 있었죠. 점점 친해지니까 원래 알던 친구들보다 가까워진 느낌도 들고, 진짜 이런 모임이 꼭 필요하다는 생각이 들었어요.

시간이 좀 지나면서 형제자매들에게 도움 주고 싶어하는 분들이 많았어요. 치유 프로그램이나 문화 지원 같은 거. 형제자매 중에 알려진 사람이 많지 않아서 초반에 주로 제가 카톡방에 공지를 했어요. 그러면 제가 뭔가 일을 시키는 사람이 된 것 같아서 불편하고 형제자매들한테 미안하기도 했어요. 저도 전에는 형제자매들을 더 끌어와야 한다고 생각했는데 생각이 좀 달라진 게 있거든요. 다그치는 게 될 수도 있고 폭력이 될 수도 있다는 생각이 들어요.

저희가 답답한 건, 하고 싶은 이야기를 할 수 있는 곳이 없다는 거. 우리도 주체적으로 목소리를 내고 싶을 때가 있잖아요. 가족대책위에는 형제자매들 연락처가 따로 정리돼 있는 것도 없어요. 유가족이 아닌 것도 아닌데. 제가 가족대책위 일을 할 때도 목소리 내는 게 쉽지 않았어요. 그런데 또 형제자매들이 많이 오면 좋겠다고 이야기는 하시고.

겨우겨우 학교 다니고 겨우겨우 졸업하는 느낌이었어요. 원래 졸업하면서 편입하려고 했던 건데, 작년에 안 했어요. 더 달리기는 힘들어서.

복학하면서부터 사실 걱정이었어요. 졸업 시즌이 편입 준비하는 기간이잖아요. 근데 동생 졸업식이 1주기, 2주기 이런 날처럼 너무 크게 다가오는 거예요. 되게 무겁고. 그때는 생존자 친구들이랑 같이 졸업하는 것도 얘기되고 그랬으니까, 동생 졸업식을 생각하면서 '그때라도 많이 울어야겠다' 그랬는데…

교실존치 문제가 불거지기 전까지는 돌아가는 상황을 정확히 몰랐어요. 저희는 부모님들 하시는 회의에 참석을 안 하니까. 명예졸업식을 안 하게 된 것도 속상한데 할 수 있는 상황도 아니었고. 상황이 되게 복잡했잖아요.

동생 중학교 졸업식을 준비만 하다가 못 갔어요. 졸업식이 알려준 시간보다 너무 일찍 끝난 거예요. 가족들이 다 준비하고 막 가려는데 동생이 집에 왔어요. 저희도 동생한테 미안하고 동생도 되게 서운해 했어요. 둘째가 단원고 졸업할 때도, 성호 졸업식 때는 어떻게 할지 생각하고 이랬는데. 중학교 때가 마지막 졸업식이 돼버린 거니까… 그때 못 간 게 엄청 더 미안하고.

/ 후배들한테 미안해요

사건 이후에 제가 수학여행 갔던 사진도 미안해서 못 봤고 내가 단원고 졸업한 거 자체가 너무 미안해서 졸업했던 사진도 못 봤어요. 후배들한테 미안해요. 교실 지키자고 싸워야 하는 상황인 것도 미안한데 못 지키면 그것도 미안하고.

사고 있고 나서 후배들 만나러 단원고에도 가고 같이 얘기도 하고 그랬거든요. 근데 학교가 하나도 안 달라지는 거예요. 애들은 '가만히 있어라' 이런 게 더 심해진다고 얘기하고, 학생들한테 물어보지도 않고 매점을 없애버렸다고 하고. 리모델링을 했다는데 급식실이나 도서관 같은 건 안 달라져 있고, 상담실이 많이 만들어졌다는데 사용하는 애들이 별로 없다고 하고. 그런데 교실까지 없앤다는 건 계속 가만히 있으라는 거잖아요.

저는 졸업생의 입장에서 교실문제를 보게 되는 것 같아요. 후배들도 다 피해자잖아요. 친구를, 선배를, 후배를 잃은… 아무 일도 없었던 것처럼 예전 같은 교육을 받을 수는 없잖아요. 세월호가 아직 해결된 것도 아니고, 다시 이런 일이 없을 거라고 확신할 수도 없는데. 제 친구들이 단원고에서 선생님이 될 수도 있는데 뭘 가르쳐야 할까요? 제일 끔찍한 건 앞으로 졸업하는 후배들 중에 가만히 있으라는 어른이 나올 수도 있다는 거. 같은 학교에서 두 유형의 사람들이 나온다는 거.

교실문제는 가만히 있으라는 교육을 종식시켜달라는 거니까 저희 세대를 위한 것이기도 해요. 그런데 유가족이 너무 이기적인 거 아니냐고 생각하는 분들이 많아요. 제 친한 친구도 서명해달라니까, 서명은

하는데 잘 모르겠다고 하더라고요. 한 사람 한 사람 얘기할 때마다
엄청나게 많은 얘기를 해야 이해를 하고, 그 과정 하나하나에 크게 힘을
내야 하고. 사람들 설득하기도 쉽지 않고 갈등은 점점 커지고. 다른
일들은 끝이 안 보여서 힘들었는데, 교실존치 문제는 하나하나 다가오는
게 다 힘들어요. 끝이 좋을 거라고 예상하면서도.

/ 세월호세대의 배려가 필요해요

사고 있고 나서 학교에 휴학계를 내러 갔을 때 거기 처장님을
만났어요. "어른들한테 화나지?" 절 보자마자 이렇게 말하시더라고요.
그러면서 공부 열심히 해서 인맥도 넓히고 그래야 앞으로 이런 일
안 당한다고 얘기하시더라고요. 그런데 우리가 괜히 분노하는 게
아니잖아요. 그전에 참사나 불의를 보고도 가만히 있었기 때문에 일어난
사고라서 그런 거잖아요. 갓 어른이 된 저한테도 화가 나는데, 어른들에
대한 신뢰를 잃고 분노하게 되는 게 당연하잖아요. 내 동생이 죽을
때까지 왜 가만히 있었는지.

그런데 제 또래의 세월호세대도 점점 잊어가는 것 같아요. 세월호
이전 경주 마우나리조트 참사가 대학생에게 일어났던 거라, 세월호참사
다음은 중학생이냐 하는 얘기까지 나왔잖아요. 그런 청소년들
사이에서도 저희들에 대한 편견이 더 심해지는 것 같아요. 인터넷
비방글을 보면서 뭐가 옳은 건지 모르겠다는 청년들도 많고. 세월호를
통해서 '나도 죽을 수 있구나' 하는 걸 느끼고 점점 살기 힘들어져서

'헬조선'이란 단어까지 나오고 그러는데도… 저희랑 같은 처지여도 다른 이야기를 하게 되는 거예요.

작년 2월에 일본으로 평화기행을 다녀올 기회가 있었어요. 조선이 해방된 다음에 조선인들이 고국으로 돌아오려고 엄청 많이 배를 탔는데 폭풍우로 난파된 사건이 있었대요. 시신을 맨땅에다가 그냥 암매장해버린 곳이 있었는데, 그걸 기억하고 추모하기 위해서 사람들이 묘지를 만들었어요. 하나하나 다 싸우면서. 울타리 두르고 계단 내고 추도비에 단어 넣는 것 하나하나. 그렇게 만들기 전까지는 그냥 땅이니까 아무도 몰랐는데 기억하게 된 거예요. 그때 일본에서 뵌 분이 죽은 자의 인권에 대해서도 이야기해주셨어요. 저는 비방글들 많이 봤으니까, 한국은 희생자에 대해서 함부로 하고 산 자나 죽은 자나 인권이 제대로 지켜지지 않는 상황인데, 그런 얘기 들으니까 와닿더라고요. 많이 배웠어요. 다 싸우면서 이뤄내셨다는 것도, 그리고 아직 싸우고 있다는 것도, 문제를 어떻게 알리고 어떻게 행동할지 계속 고민하시는 것도. 우리 싸움이 엄청 오래가더라도 포기하지 않고 더 해야겠다…

세월호세대의 배려가 필요한 것 같아요. 세월호세대랑 저희는 계속 같이 살아가야 하잖아요. 제가 '유가족입니다' 해도 유가족이 되기 싫을 때가 있어요. 하지만 평생 유가족이잖아요. 배려까지는 아니더라도, 지금 어른들이 하는 거랑 세월호세대는 다르면 좋겠어요. '유가족이네' 하는 눈초리는 안 받고 싶어요. '아직도 우냐' '어떻게 웃냐' 이런 감정의 억압도 당하고 싶지 않고. 끝까지 같이 싸워주지는 못하더라도, 저한테까지 가만히 있으라고는 안 했으면 좋겠어요.

구술 박보나, 세월호 희생학생 박성호의 큰누나 | 기록 미류

내가 진심으로
원하는 것

세월호 재난을, 희생된 사람들을, 살아 있는 사람들을,
고통을 겪고 있는 사람들을 잊지 말아달라는 것입니다.
한국과 안전한 세계를 위해 기도해주세요…

— 프란치스코 교황에게 보낸 편지

요즘 제가 무슨 일을 하고 있는지 잘 모르겠어요… 그냥 기분이 이상하다고 할까… 뭔지 모르겠는데 그냥 말로 하기도 어려운… 그냥 기분이, 실감이… 처음 사고 났을 때처럼 좋아하는 그림에도 흥미가 없어지는 것 같아요. 그래서 그림(만화)도 안 그리고 있어요. 입시문제 때문에 그런 것도 아니고 눈이 많이 와서도 아닌 것 같아요. 졸업식을 앞둬서 그런 것 같지도 않아요. 뭐랄까… 설명하기가 어려워요.

/ 병원

저는 다른 친구들보다 병원에 오래 있었어요. 별로 밖으로 나가고 싶지 않았어요. 좀, 병원이 편했어요. 누가 방에 안 오고 혼자 있어서 좋았고 다른 분들도 다 친절하시고 많이 도와주시니까 그것도 힘이 되는 것 같기도 하고… 어디 세상의 위험으로부터 보호받고 있으니까 좋았던 거 같아요. 제 병실이 11층 복도 쪽에 있었는데 커튼을 딱 치면 저만의 공간이 만들어져요. 다른 친구들이 중소기업 연수원으로 갈 때도 저는 병원에 계속 남아 있었어요. 하루 정도는 연수원에서 자보고 싶기도 했어요. 이미 거기에 제 방이 있었으니까요. 그 방을 못 써봐서 아쉽기도 하고… 그런데 저는 밖으로 별로 나가고 싶지 않았어요. 그냥… 무슨 기분이었는지 모르겠는데 애매한 것 같아요…

동생이 병원에 와서 게임을 하고 있었어요. 저는 그냥 동생이 하는 거 보고 있었는데 갑자기 머리까지 어지러울 정도로 눈앞이 흔들렸어요. '방금 뭐였지?' 깜짝 놀라서 동생한테 나 밖에 나가야겠다고, 내려가야겠다고. 세상이 흔들린다고. 웃기게 "난 여기서 빠져나가야겠어" 그러면서 다급히 동생하고 11층에서 엘리베이터를 타고 1층으로 내려왔어요. 근데 1층에 있는 사람들은 아무렇지도 않게 걸어다니고 있었어요. 이게 뭐지? 하고 좀 혼란스러웠어요. 동생이랑 쉬었다가 다시 올라왔어요. 그 후로도 (병원에서 퇴원한 뒤) 체육관에 운동하러 갔는데 커다란 매트가 벽에 서 있는 거예요. 그걸 보는데 가라앉은 배가 서 있는 모습하고 비슷한 거예요. 옆으로 기울어진 모습이요. 갑자기 제 온몸이 떨렸어요. 관장님께 저 매트 좀 내려놓으시면 안 되겠냐고… 그랬더니 관장님이 왜 그러냐고 물으시더라고요. 배가 가라앉는 모습이 생각난다, 그러면서 제가 울었어요. 관장님이 놀라가지고 그 매트를 바닥으로 내려주셨어요. 전혀 울려고 한 건 아닌데 제 의도와 다르게 그렇게 울음이 나오더라고요. 그래서 조금은 괜찮아졌어요.

다른 친구들이 연수원에서 두어달 정도 생활하다가 학교로 등교했을 때 저는 병원에서 학교를 다녔어요. 그게 저에게 인상적이었어요. 살면서 병원에서 학교로 통학하는 일은 별로 없는 일이잖아요. 처음에 학교 갔을 때는 이상했어요. 그냥 여러가지가… 솔직히 거의 모르는 애들이어서. 같은 반이었던 애들이 있긴 했지만 거의 새로운 애들이었어요. 연수원에 있을 때 애들은 수업 진도를 나갔는데 저는 거기 없어서 안 배웠으니까 모르는 내용 나오면 '엥?' 그러면서

따라갔어요. 당황했는데 그래도 선생님이랑 친구들이 알려줘서
따라갔어요. 일주일 정도 그렇게 병원에서 학교로 통학을 했어요. 저는
병원에 더 있고 싶었어요.*

사실 저는 그냥 어른이 된다는 게 싫어요… 모든 어른들은 원래 어린
아이였고 그들이 자라서 이 나라를 이끌어나가고 있잖아요. 그들도
학교에 다니면서 여러가지를 배우고 구별할 줄 알고 스스로 제어도
가능할 텐데 왜 어떤 사람들은 잘못된 행동과 생각으로 문제를 만들어
다른 사람들을 힘들게 하는 걸까… 도저히 모르겠어요… 우리도 어른이
될 거라는 걸 알아요. 하지만 저는 그 사실 자체가 너무 두려워요. 자기가
한 일도 책임 못 지면서 자기들만 생각하고 반성할 기미도 보이지 않는
그런 어른이 될까봐… 그런 어른들을 싫어하면서 그런 사람이 될까봐…

/ 상어

악몽을 자주 꿔요. 살인마 같은 게 쫓아온다든지, 다른 애들이랑 함께
건물 같은 거 안에 있는데 그게 기울어가지고 제가 떨어진다든지…
아니면 배 사고 장면 비슷한 게 보인다든지… 어느 날은 꿈에서 제가
상어의 모습이었어요. 막 심해에 들어가 있는… 진짜 아무것도 안
보이고 까맣고 깊고 바닥이 없는 그런 바닷속이었어요. 제가 죽어서

* 퇴원하기 일주일 전쯤 의사는 시우 어머니에게 시우가 지금 퇴원하지 않으면 평생 병원에서
살게 될지도 모른다고 말해주었다.

뒤집어진 채 서서히 심해 속으로 가라앉고 있는데 엄청나게 거대한 상어가 나타나가지고 저를 잡아먹는 꿈을 꾸었어요. 메갈로돈이라는 상어인데 길이만 20미터가 넘고, 이빨도 얼마나 크고 날카로운지 어른 손바닥만 해요. 고생대에 살았던 상어래요.

　그런데 제 꿈이 게임 같은 거랑 합쳐져가지고 나타났어요. 상어들이 여러 바다를 다니면서 먹을 거 먹으면서 생존해나가는 그런 게임이에요. 물고기도 있고 해파리도 있고 사람들도 있는데 해파리 같은 거는 일반 상어들을 쏘고… 점점 더 갈수록 강한 상어들도 사용할 수가 있는데… 그중에 가장 큰 게 메갈로돈이었던 거예요. 그 게임 안에는 바다에 잠수부도 있고 어뢰도 있고 해저폭탄도 있고, 심지어 미사일 쏘는 잠수함도 있어요. 상어가 잘못 대처하면 죽거든요. 근데 메갈로돈 같은 경우는 폭탄도 먹을 수 있고 잠수함도 그냥 부숴버려요. 그러면 이기는 거예요. 거기에 심해가 있는데 약한 상어들 같은 경우는 심해에도 못 들어가요. 원래 사람들이 심해 같은 걸 안 좋아하잖아요. 갑자기 뭐가 나타날지도 모르고… 공포 같은 게 느껴지고… 상어가 죽을 때는 뒤집어지면서 떨어지거든요. 밑에 가라앉으면서… 근데 제가 그 상황이었는데 메갈로돈 같은 엄청난 큰 상어가 저를 먹어버렸던 거예요.

　되게 여러가지 꿈을 꾸었어요. 그런데 저는 꿈에 친구는 거의 안 나타났어요. 딱 한명. 제가 그럭저럭 잘 어울리는 편이어서 걔랑도 아는 사이였는데 걔가 꿈에 나왔더라구요.

처음에는 안 그랬는데 사고 나서 빠져나오는 과정에 대해 이야기를 하면 목소리가 약간 떨리고 손 같은 게 덜덜 떨려요. 제가 좀 심하게 다쳤어요. 그 당시에는 아픈 줄 몰랐는데 제 몸이 기억을 하나봐요. 솔직히 지금까지 운 적이 거의 없어요. 병원에서도 다른 아이들은 울다가 기절하기도 하고 샤워를 못하기도 하고 잠을 못 자기도 하고 그러는데 저는 운 적이 없어요.

수학여행 날짜가 다가올수록 계속 불안한 느낌이 들었어요. 아빠 거 좋은 바지를 하나 빌려가게 됐는데 수학여행을 가면 그 바지를 다시는 못 입을 거 같은 거예요. 제 동생말로는 제가 수학여행 가기 전에 "배 침몰 안 했으면 좋겠다" 이랬대요. "에이, 침몰 안 해" 했는데 사고 난 순간 그 말이 떠올랐다고. 아침밥을 먹고 자유시간이어서 캐비닛에 기대서 앉아 있었는데 갑자기 배가 기우뚱 기우뚱하는 거예요. 애들이 다 놀라서 무슨 일인가 했는데 그냥 파도 때문이겠지 생각했어요. 갑자기 엄청나게 커다란 철 구조물이 띠이잉 하는 소리 있잖아요. 기울 때 띠웅 하는 소리 같은 게 구구구궁 들리는 거예요. 그래서 놀라가지고 저도 모르게 본능적으로 약간 일어났어요. 몸 낮추고 무슨 상황인지 살피고 있는데 갑자기 쾅 하면서 확 기우는 거예요. 저는 본능적으로 몸을 앞으로 기울였는데 하필 문이 열려 있어가지고 그대로 복도 지나서 다른 방, 맞은 편 방 벽에 쿵 하고 부딪혔어요.

진짜 이거는 심장이 철렁 내려앉는 느낌 있잖아요, 싸한 느낌. 바이킹 같은 거 탈 때 내려가는 느낌. 그나마 제가 부딪혔던 쪽에 애들이 없어서 안 부딪혀서 다행이었어요. 애들은 사람이 날아오니까 너 괜찮냐고, 피 난다고 다 놀라는 거예요. 전 어디 다친 줄도 몰랐는데, 옆에 있던 어떤 애가 거울 보여주는 거예요. 얼굴에 피 나고 있었어요. 사실 거꾸로 날아가서 잘못하면 등 쪽으로 부딪쳐 큰일 날 뻔 했는데 제가 몸 휙 돌려서 옆으로 부딪힌 거예요. 제가 부딪쳤던 곳이 50인실이어서 되게 넓어요. 여긴 올라갈 수도 없어요. 너무 기울어져서. 문이 위에 있고요. 있던 짐이 다 아래로 쏟아지는 거예요. 애들 다 벽에 있는데 속수무책으로 캐비닛이 굴러떨어져 그 사이에 발이 낀 아이들도 있었고 신발이 통통 튀어서 잘못하면 얼굴에 맞을 수도 있었거든요.

그런 상황이었는데 가만히 있으라는 안내방송이 계속 나왔어요. 평지가 아니라 기울어진 곳이어서 그런지 조금만 움직여도 진짜 어지럽고 토할 거 같아서 빨리 여기서 벗어나고 싶다고 생각은 했는데 너무 기울어지고 위에서는 계속 물건 떨어지고 그러니까 어쩔 수 없이 계속 기다리고 있었어요. 정전이 돼서 주위가 다 깜깜한데 내가 있던 방 창문으로 희미한 빛이 들어와서 겨우 사물을 분간할 수 있었어요.

저는 맨 밑바닥에 있었는데 왠지 오른쪽 벽에 붙어 있는 캐비닛 속으로 들어가야겠다는 생각이 계속 드는 거예요. 안 들어가면 큰일 날 거 같은 거예요. 그래서 한번에 점프해서 거기로 들어갔어요. 움직이는 것도 토할 거 같은 상황인데 이번만 참고 하자 해서 들어갔었어요. 그때 밖에서 헬기 소리 들리고, 헬기가 보인 거예요. '아, 살았다' 그런 생각 들고. 애들도 좀 안심하고. 그사이에도 애들이 무섭다고 울기도 하고, 불안해했었거든요.

근데 조금 있다가 갑자기 왼쪽에 있는 캐비닛이 드드득하면서

뜯어지는 소리가 들리는 거예요. 저랑 맨 밑바닥에 있던 애들이 다
놀라서 서로 쳐다봤어요. 갑자기 빠지면서 피아노보다 더 컸던 캐비닛이
쿵쿵거리면서 내려오더니 맨 밑바닥에 있던 애들 일고여덟명을
다 깔아버린 거예요. 저는 제 눈앞에서 그걸 본 거예요. 애들은
속수무책으로 비명 지르면서… 그때는 진짜 이러다가 죽는 거 아닌가?
안 다친 친구 하나가 울면서 "애들아 괜찮아? 정신차려…" 그러고
애들은 아프다고 울고. 애들이 무거운 거에 깔려서 힘들게 사투하고
있는데 해줄 수 있는 게 없어서 정말 미안했어요. 저기 창문 위로 해경이
로프 타고 내려오는 게 보여요. 그러니까 애들이 "살려주세요, 여기 애들
깔렸어요" 그러는 거예요. 저도 계속 소리질렀어요. 살려달라고. 그런데
계속 안 오는 거예요. 솔직히 저희 있는 곳이 밖이랑 가까워서 올 줄
알았는데 이상하게 안 오는 거예요.

그렇게 깔린 채로 계속 기다리고 있는데 점점 지쳐갈 때쯤에 갑자기
이쪽에서 비명소리가 들려요. 아무 것도 안 샐 거 같은 벽 틈에서
갑자기 물이 콸콸콸 쏟아져 들어오는 거예요. 다행히 캐비닛이 나무로
만들어져서 물에 뜬 거예요. 애들도 구명조끼 입어서 다 둥둥 떠
있었어요. 저는 물에 빠지기 전에 발을 한번 대봤어요. 완전 차가운
거예요. 그 순간에 저는 물에 빠지기 전에 둥둥 떠 있는 캐비닛 위에
올라가는 게 좋을 거 같다는 생각을 해서 점프해서 올라탔어요.
그래도 뜨는 거예요. 저는 그거 타고 옆에 캐비닛이 사다리 형식으로
돼 있어서 그걸 디디면서 균형 잡고 올라갔었거든요. 문이 천장에
있었어요. 그런데 아직 문에 닿기도 전에 캐비닛이 가라앉는 거예요.
제 명치 정도까지 물이 찼어요. 참았는데도 진짜 "아, 차다" 이 소리가

나올 정도로 되게 차가웠어요. 위에 지윤이가 복도에 있었어요. "시우야, 잡아." 손을 내민 거예요. 그래서 제가 그 손을 잡았어요. 문 위로 나오기 전에 이미 캐비닛이 가라앉고 있었기 때문에 나오는 게 쉽지 않았어요. 다른 애들이 비명 지르면서 허우적대는 거예요. 제 발밑에서 애들이 손을 허우적대는 게 다 느껴졌어요. 저는 손을 쓸 수 없으니까 일단 제 발이라도 잡으라고 가만 있었어요. 그러니까 애들이 발을 잡았어요. 계속 올라가고 있는데 애들이… 제 발을 놓쳤어요… 50인실이 엄청 넓거든요. 이거 물 차는 데 10초도 안 걸렸어요. 지윤이 말로는 캐비닛이 입구를 막았대요. 근데 제가 봤을 때는 아직 애들이 보였거든… 보였던 걸로 알고 있거든요. 애들이 틈 사이로 와가지고 살려달라고. 소리 지르면서 손 뻗는 걸 다 봤고 다 느꼈고…

끝내는 애들이 못 나왔어요… 아마 제 생각에 여기서 저만 나왔을 거예요. 제가 나오고서 복도를 보니까 아무도 없었어요. 지윤이 데리고 이 물 타고 여기로 올라가자 해서 물 탔어요. 난간이 있었는데 구명조끼 입었는데도 혹시나 가라앉거나 그럴까봐 난간 잡고 힘주면서 올라왔거든요. 저쪽 멀리에 구조대원이 있는 거예요. 그래서 있는 힘껏 살려주세요, 이랬어요. 그니까 목소리는 들었는지 두리번거리는 거예요. 저희가 계속 살려주세요, 하니까 저희를 발견하고 끌어올려줬는데 보니까 배가 이미 180도가 넘어갔어요, 배가. 밑에가 바로 물이었어요.

물 같은 거에 공포 느끼는 애들도 있는데, 저도 원래 물을 무서워하긴 했는데. 이거는 물보다는 기우는 거에 더 공포를 느끼게 됐어요. 내가 있는 곳이 갑자기 기울면 어떻게 될까, 그런 생각 많이 들고. 꿈 같은 거 꿀 때도 기울어서 날아가는 것도 많이 나오고 그래요.

/ 교황

　일상생활 속에서 살다가 친구들 얘기가 나올 때… 친구들 몫까지 다 해야겠다는 그런 생각이 들어요.

　전 모태 천주교예요. 엄마 뱃속에 있을 때부터. 제가 다니고 있는 성당에서 가장 많은 친구들이 세상을 떠났어요(17명). 친구 중 한명이랑 지난번 프란치스코 교황을 만나러 대전 월드컵 경기장에 다녀왔어요.

　생애 한번이라도 교황님을 볼 기회가 쉽게 안 오니까 기쁘고 좋은 자리였기는 한데 마냥 기쁘기만 한 건 아니었어요. 좀 마음이 무겁다고 해야 되나… 교황님 만나는 목적이 세월호와 관련이 있고 그런 거니까. 부모님들도 당신들의 아들딸은 없는데 자기 자식이랑 똑같은 애는 학교도 계속 다니고 교황 만나러 옆에도 앉아 있다는 게… 저희 존재 자체가 그분들을 슬프게 할 것 같았어요. 교황님께 편지를 써서 미리 상자에 담아 다른 물품과 함께 전달해드렸어요.

　교황님께,
　(…) 저는 아직도 잘 모르겠습니다.
　거의 매일, 이 재난이 일어나지 않은 일처럼 느껴집니다.
　희생된 친구들과 선생님들, 그리고 사람들에게 미안한 마음입니다.
　그리고 저는 그 사고에 대해 밤마다 악몽을 꿉니다. 다른 친구들도 마찬가지입니다.
　이 사건이 빨리 잘 마무리되기를 바랍니다.
　제가 진심으로 원하는 건 세월호 재난을, 희생된 사람들을, 살아 있는 어떻게 보면 티비에서만 보던 분을 직접 보니 신기하기도 했어요.
영향력이 큰 분이니까. 친근하시고 키도 작으시고 배도 나오셔서
친절한 이웃집 할아버지 같은 인상이었어요. 통역을 맡으신 추기경님의
도움으로 부모님들이 한분씩 하고 싶은 말을 전해드렸고 교황님은 손을
일일이 잡아주시고 고개를 끄덕이기도 했어요. 어떤 아버지는 말을
하시기 전에 엎드려 절을 하기도 했어요. 그렇게 해서라도 내 아이의
죽음과 사건의 진실을 알고 싶어하는 부모님의 절실한 마음이 느껴져
마음이 많이 아팠어요.

제 앞 순서였던 어머니는 말을 한 후에 결국 "○○야" 하면서 울음을
터뜨리셨어요. 맨 마지막으로 추기경님이 우리를 생존학생이라 소개를
했고 교황님이 제 머리와 한쪽 어깨에 손을 올리셨는데 손이 정말 커서
제 머리와 어깨가 한 손에 다 들어가는 느낌이었어요. 마음이 편해지고
푸근해져 위로받는 느낌이 들었어요. 눈물이 나올 뻔 했어요. 교황님은
부모님과 우리들에게 교황청 인장이 새겨진 묵주를 주시고 나서 이런
말씀을 해주셨어요. "세월호참사는 정말 안타깝고 슬픈 일입니다.
잊지 않겠습니다." 만남이 끝나고 원래 자리로 돌아가는데 미사 전이라
그런지 그 큰 경기장이 쥐죽은 듯 조용해서 부모님들의 훌쩍이는
울음소리가 유난히 크게 들렸어요. 움직이는 사람도 우리뿐이어서
사람들의 시선이 우리만 향한 것 같았고… 미사를 보는데 교황님
가슴에는 조금 전에 한 부모님이 드렸던 노란리본이 달려 있었어요.

'아, 교황님은 진심으로 우리를 생각하고 계시는구나.' 정말 감사했어요.
교황님을 만나고 그래도 저희에게 희망이 있다는 생각이 들었어요.
저희들이 굉장히 많은 일을 겪었지만 이런 일들이 많은 도움이 되었던
것 같아요. 아직도 많은 것이 혼란스럽고 이 세상이 다는 이해가 되지
않지만요.

　사랑하는 사람을 잃으면 누구나 가슴이 미어진다. 살릴 가능성이
있었는데 살리지 못하고 그저 바라만 보고 있었던 그 마음들은 더
타들어가고 더 무너진다. 이걸 겪어보지 않은 사람들은 모른다. 그러나
직접 겪어보지 않고도 우리를 위로해주고 한마음이 되어주고 이해해주는
분들에게는 정말 말로 다 표현하지 못할 정도로 감사함을 느낀다. 우리가
바라는 것이 피해자들만을 위한 게 아니라 모두를 위한 것임을 알기
때문이다.

— 교황을 만나고 남긴 기록 중에서

/ 사람들

　솔직히 사고 났을 때 저는 영화에서처럼 해경들이 멋지게 들어와서
"어서 내 손을 잡으세요" 하고 구해줄 줄 알았어요. 정부도 바로 우리를
따뜻하게 맞이하면서 모든 일을 해결해줄 줄 알았고요. 근데 오히려
다른 데로 떠넘기려고 하고 여론 같은 거도 조작하고 저희를 안 좋게
몰아가고, 자기들 편하게 시민들이랑 갈등 부추기고… 이 사건을

기점으로 우리나라가 완전히 달라진 느낌이에요. 저는 원래 우리나라가 되게 좋았거든요. 안 좋은 일도 있었긴 해도 그래도 좋은 게 더 많은 나라인데…

일생에 겪기 어려운 일 겪어보니… 모든 게 달라진 느낌이에요. 우리가 국민 맞나 싶기도 하고 배신당한 느낌… 우리는 진실을 알고 싶을 뿐인데 처음 사고 났을 때만 해도 같이 울어주고 공감해주고 그랬던 사람들이 갑자기 180도 변해서 '이제 그만 좀 해라 지겹지도 않냐'면서 우리를 공격하고… 그냥 이 상황이 뭔지 모르겠어요. 제가 지금 무슨 말을 하고 있는 건지도 모르겠고 내가 왜 이런 이야기를 하고 있는지도 모르겠고…

갈수록 실감 같은 걸 더 못 느끼는 거 같아요. 졸업식이라든지 그런 것도 실감이 안 나고. 여름 되고 다 초록색이 됐는데 그걸 몇십년 만에 보는 것 같다는, 그런 느낌이 들고. 그래도 주위 사람들한테 더 잘해주려고 하고. 언제 이런 일이 터질지 모르니까, 내일 무슨 일이 일어날지 모르니까, 오늘이 마지막인 것처럼 주위 사람들에게 해주려고 해요. 그리고 감사하다는 말을 더 많이 하는 것 같아요. 고맙다거나 감사하다고. 오늘이 마지막인 것처럼…

구술 이시우, 세월호 당시 단원고 2학년 | 기록 김순천

내 마음의 시간들

살다보면 좋은일

진짜 빨리 성인이 되고 싶어요.
대학생 되면 1인 피켓 시위 이런 거
전국적으로 다니는 게 제 버킷리스트예요.

1주기 됐을 때 감정이 너무 굳어서 슬프다는 생각조차 안 들었어요. 뭐라 표현해야 할지 모르겠는데 감정이 아무것도 없는, 멍한 상태였어요. 배 타고 사고 현장에 갔는데 기자가 엄청 깔린 거예요. 어떤 기자가 다가와서 다짜고짜 인터뷰를 해달라고 했어요. 나중에 인터뷰 기사를 보니까 '덤덤하게 말했다' 이렇게 쓰여 있었어요. 제가 별로 가족 같지 않게 인터뷰를 한 거예요. 살짝 당황했어요. 사람들은 유가족이 계속 슬퍼하고만 있을 거라고 생각하는 것 같아요. 그때 저는 감정이 느껴지지 않아서 무덤덤했는데 그게 슬퍼하지 않는 걸로 비쳤나 그런 생각을 했어요.

/ 감정의 자리

어느 날 분향소에 갔는데 유가족 대기실에서 다른 반 부모님이 크게 웃으시는 거예요. 여기 분향소인데 저렇게 크게 웃어도 될까 걱정이 돼서 엄마한테 얘길 했어요. 엄마가 우리 부모님들은 편하게 웃을 수 있는 사람이 우리끼리밖에 없다고 이해하라고 하셨어요. 그 후부터는 엄마가 같은 반 부모님이랑 같이 밥을 먹거나 늦게까지 다른 유가족들 집에 있으면 마음이 편해져요. 엄마가 마음을 풀 곳이 거기밖에 없으니까… 유가족들끼리 있으면 서로 편하잖아요. 같이 있을 때 웃고 있어도 여전히 힘들다는 걸 그냥 아니까.

엄마나 아빠 두분 다 제 앞에서는 별로 표현을 안 하세요. 한번은
아빠가 술을 드시고 집에서 되게 많이 우신 적이 있어요. 그전에는
그렇게 우신 적이 없는데… 아빠 그런 모습을 처음 보니까 마음이
아팠던 거 같아요. 제가 아빠를 달래드렸는데 아빠가 뭔가 되게 작아
보였어요.

솔직히 친구들에게 말하는 것도 부담이 됐어요. 제가 얘기를 하면
분위기가 처질 수 있잖아요. 그런데 형제자매들은 그냥 울면 울고 웃으면
웃고 너무 편했어요. 마음에 담아뒀던 얘기를 하면 확실히 후련하단
말이에요. 사람들 안 만나면 외로움도 생기고 집에만 있으면 악플만 볼
거니까. 혼자 있는 것보다 좋은 사람이 있다는 걸 아는 것 자체가 그냥
치유가 되잖아요.

아, 진짜 사고 나고 초반에는 말하는 것도 힘들었는데 이제는 기억을
끄집어내서 말하는 게 그렇게 힘들지는 않아요. 제가 이 사건이 터졌을
때 현장에 있어서 다 알고 있는데 언론에서는 반대로 보도하니까
지금까지 제가 보고 듣고 겪은 일들을 이제는 다 말하고 싶어요.

/ 장례식장에 꽉 찬 학생들

장례식장에 갔는데 모든 빈소가 다 학생들로 채워진 걸 봤어요.
둘러보면 영정사진이 다 학생이었어요. 다른 부모님 페이스북을 읽다가
자식을 안치해야 하는데 장례식장이 지금 꽉 차서 안치도 할 수 없다는

거 보고 울었던 거 같아요. 학생들이 장례식장에 꽉 차 있다는게…
'화장하는 중입니다' 하고 이름이 뜨는데 다 학생 이름이고, 화장장
갔을 때 리무진이 계속 들어오는데 관을 든 사람들도 학생이었어요.
처음 분향소 갔을 때도 다 학생이었어요. 마음이 아팠어요. 250명이 다
거기에 있다는 게…

그날 저는 서울랜드에 있었어요. 단체 사진 찍고 "아 놀자"하고
화장실에서 옷 갈아입고 나왔는데 친구가 갑자기 "니네 오빠 단원고
아니냐" 그래요. 사고 났다는 식으로 얘길 하는 거예요. 저는 오빠가
제주도에 이미 도착한 줄 알았거든요. 아닐 거라고 생각하고 뉴스를
봤는데 진짜인 거예요. 계속 울었어요. 옆에서 친구들이 이 시대에 저
큰 배가 넘어가겠냐고 오빠 구조될 거라고 하니까 기다리고 있었어요.
같은 학교 친구가 있는데 친구 언니도 단원고였어요. 그 친구도 계속
울고 있는데 언니가 구조됐다는 연락이 왔대요. 아, 오빠도 구조됐겠다,
다행이다 했는데 오빠가 전화를 안 받는 거예요.

계속 연락이 안 오니까 불안한 거예요. 전원구조 떴어도 불안했단
말이에요. 오보라는 걸 알고 다시 멘붕이 왔어요. 일단 집에 가서
계속 기다리고 있는데 아빠가 전화로 오빠 사진 준비해야 될 것
같다고 그러는 거예요. 뉴스는 계속 구조하고 있다고 나오니까 제가 더
기다려보자고 했어요. 그때까지만 해도 뉴스를 정말 믿었는데. 뉴스 믿고
계속 기다렸는데…

오빠가 늦게 나왔어요. 5월 5일 날 나왔는데, 아… 진도체육관
스크린에 '수습자 몇번' 해서 인상착의가 다 떠요. 눈 뜨자마자
스크린을 보고 있는데 오빠, 딱 오빠인 거예요. 제가 엄마한테 오빠

아니냐고 그랬죠. 사진으로 발만 봐도 오빠 발이고 손도 오빠 손이고
다 오빠였어요. 아빠만 오빠 시신을 확인했고, 저는 혼자 가서
사진으로라도 오빠 얼굴을 보려고 했어요. 그런데 무서운 거예요.
오빠 못 알아볼까봐. 그냥 손발 사진만 봤어요. 지금은 오빠 직접
보고 손이라도 잡아줄 걸 후회스럽고 오빠 갈 때 인사 못한 것도
후회스러워요.

아직 오빠가 놀러 가 있는 것 같고 친구네서 자고 오는 거 같아요.
1년 넘게 오빠를 못 봤는데 아직은 실감이 잘 안 나요. 그러다가 예상치
않게 현실이 막 깨달아질 때, 실감이 확 날 때가 있거든요. 그때는
진짜 눈물이 많이 나요. 옛날에는 엄마랑 아빠가 계속 나이가 드니까
뭔가 걱정이 됐단 말이에요. '시간이 멈추면 좋겠다, 엄마아빠 나이 안
먹었으면 좋겠다.' 이제는 나이 먹으면 오빠한테 가는 시간이 가까워지는
거니까… 옛날에는 죽는다고 생각하면 두려움밖에 없었는데 이제는
두려움보다는 오빠를 만날 수 있다는 생각을 해요.

/ 빈자리

사고 나고 엄마아빠는 광화문이나 국회에 가서서 새벽에 들어오시고
하루 종일 혼자 있었던 적이 있는데 그때 처음으로 우울증이라는
걸 느껴본 거 같아요. 일주일 동안 마음이 계속 처졌어요. 일부러
친구들이라도 만나러 나가자 싶어서 갔는데 하나도 안 즐겁고 마음이
이상했어요. 어느 날은 밥을 혼자 해먹는데 햄을 굽다가 기름이 팔에 다

튄 거예요. 그때 감정이 너무 복받쳐서 서러워서 혼자 울었어요. 이 일이 안 터졌으면 오빠도 있고 우리 다 같이 밥 먹고 있었을 텐데…

사고 후엔 학원 버스를 한번도 탄 적이 없어요. 제가 다니는 학원 버스가 단원고 앞을 지나갔거든요. 버스 타고 가다보면 학교에 불이 켜져 있으니까 '아 오빠가 지금 야자 하고 있겠지' 생각을 했는데 단원고 앞을 지나가면 이제 오빠가 불 켜진 교실에 없다는 생각을 하게 될 것 같아서… 고등학교 입학할 때, 형제자매들이 단원고에 갔으니까 나도 갈 걸 그랬나 생각한 적이 있어요. 그런데 단원고 교복만 봐도 마음이 아파서 갈 용기가 없었어요. 저는 남학생 교복만 봐도 오빠 생각이 나거든요.

친구가 언니랑 대화하는 모습 보면서 계속 부러웠어요. 친구 언니가 알바 하는 곳에 친구랑 밥을 먹으러 갔는데 언니한테 '야' 막 이러면서 자매끼리 편하게 부르는 거예요. 저도 오빠한테 '야' 하고 부른 때도 있었는데. 친구 언니 이름이 정란인데 '난아' 그렇게 부르는데 되게 좋아 보였어요. 그냥 형제가 있었으면 좋겠다는 생각… 그런 생각을 계속 해서 그런지 오빠가 첫째고 제 아래로 엄청 많은 동생이 있는 꿈을 꿨어요. 오빠랑 꿈에서 진짜 얘기한 거 같은 기분. 그래서 좋았어요. 오빠 꿈을 꾸면 핸드폰 메모장에 적어놔요. 사고 후에는 오빠랑 쌓은 추억이 없잖아요. 꿈이라도 추억으로 간직하려고…

오빠를 많이 의지했어요. 어렸을 때 엄마아빠 맞벌이 할 때 저희 둘이 저녁까지 같이 집에 있었단 말이에요. 어느 날은 엄마아빠 일 나가고 자고 일어났는데 오빠가 없는 거예요. '아 오빠 어디 갔지'하고 오빠 친구한테 전화를 했어요. 어디냐고 지금 빨리 오라고 했는데 오빠가 진짜, 진짜로 빨리 왔어요. 저라면 집에서 쫌만 더 기다리라고 하고 더 놀다왔을 텐데 오빠는 와서 같이 있어주고 그랬어요.

/ 깨달음

달라진 것 중에 하나는 사회나 정치에 더 관심을 갖게 된 거예요. 전에도 정부를 백퍼센트 신뢰하지는 않았는데 진도체육관에 있을 때 정부가 한 거짓말 때문에 불신이 더 생긴 거 같아요. 지금 구조 중이라고 이틀만 기다리라 하고 삼일만 기다리라 하고 그러다가 아무것도 안 하고. 정치인들 선거 시기 다가오니까 체육관에 일부러 와서 인사하고 세월호 자체를 이용해먹는 모습 보면서 불신이 엄청 쌓인 거죠. 이 일도 정치비리랑 다 섞여서 일어난 거잖아요. 사회가 점점 좋은 정치인만 있기 힘든 거 같아요. 점점 돈에 눈이 멀어가는 거 같아요. 그런 것들을 다시 한번 깨닫게 되면서 자연스럽게 정치에 관심을 갖게 됐어요.

또 달라진 거는 언론에 대한 생각이에요. 사고 초기에 뉴스에 되게 민감했단 말이에요. 진도체육관에 있을 때 기자들은 엄청 왔는데 제대로 된 기사는 안 나가고 올라오는 댓글은 악플이라서 상처가 되는 거예요. 표현할 수 없을 정도로 화가 많이 났었단 말이에요. 혼자 욕하고 엄마 있어도 욕하고 얘네 왜 이러냐고 심한 말도 많이 했었고. 언론도 사실대로 보도 안 하고 사람들은 그걸 믿고 아무것도 모르면서 그냥 막말 던지니까…

기사랑 악플 보면서 계속 화가 나 있었어요. 그런데 안산에서

서울까지 도보행진을 하면서 화가 조금씩 사그라졌던 것 같아요. 거의
마지막 코스에 진짜 천명? 천명 정도 되는 사람들이 양쪽에 서서 계속
박수 쳐주고 같이 울어주시고. 가족만큼 울어주시는 분들이 신기했어요.
이웃 분들도 그렇게까지 안 울어주는데 그분들은 오빠랑 아예 모르는
사람들이잖아요. 그렇게 같이 아픔을 공유해주시는 게 감사하고 위로가
됐어요. 거기서 아, 진짜 감동을 받았어요. 계속 악플만 보다가 그런
위로를 몸으로 겪으니까 아직 좋은 사람들이 많구나 다시 느꼈어요.
그때 이후로 악플도 예전보다 신경을 덜 써요. 아직도 보면 짜증나긴
하는데 그게 좀 버틴 계기가 아닌가 싶어요.

　SNS에 비공개 그룹이 있는데 사람이 되게 많아요. 20만명 정도
되는데 어떤 분이 세월호 노란 팔찌를 찍어서 '저만 가지고 있는 거
아니죠' 하고 올렸어요. 사람들이 '당연히 저도 가지고 있죠' 하면서 엄청
많이 댓글을 달았는데 그때 2000개 넘었거든요. 감동받았어요. 제가
댓글로 필요하신 분들 연락 달라고 남겼는데 팔찌 보내면서 편지도 같이
써서 보냈어요. 받은 사람들이 메시지를 보냈는데 많이 울었다고… 저는
오빠를 잃었는데 지금 있는 형제자매들한테 잘해주시라고 썼거든요.

/ 딱딱해진 마음

　그동안 있었던 일 혼자 생각해보고 그럴 때가 있어요. 제가 까먹으면
안 되니까. 진도체육관 일도 생각해보고 언론이 거짓보도 낸 거랑,
다 밝혀졌는데 뭘 더 바라느냐는 악플들… 그래서 페이스북 댓글에

진짜 있었던 일 다 써본 적이 있어요. 제발 알라고. 그런데 전송을 못 눌렀어요. 분명 안 좋은 댓글이 달릴 텐데 상처받을까봐…

수능 때도 악플 때문에 힘들었어요. 페이스북에 생존학생이 특례입학으로 지원한 학교가 나오는 거예요. 그것 때문에 얘기가 많았어요. 단원고 원래 공부 못하는 학교라서 모의고사 봐도 3등급 이상 되는 애들도 없고 꼴통인데 어떻게 그 대학을 가서 따라가냐. 대학 특례는 유가족이 요구한 게 아닌데 어떤 사람은 유가족은 뭐 이렇게 많은 걸 요구하냐 하고. 제가 유가족인데 저희 욕을 하니까 화도 나고 속상한 거예요. 처음에는 '아니 왜 저 언니오빠들은 이걸 지원해서 우리가 욕을 먹는 걸까' 싶어서 조금 미워했어요. 그런데 생각해보니까 3년 중에 2년을 날렸잖아요. 2, 3학년이 대학입시 열심히 준비하는 시기인데 그때 그 일을 겪어서 힘드니까 뭔가 있어야 된다고 생각을 했어요. 생존학생도 욕을 많이 먹어서 힘들었을 거예요. 찬성이다 반대다 입장보다는 상처 주는 말을 안 했으면 좋겠다는 생각을 많이 했어요.

욕하는 사람들도 많긴 했는데 감싸주시는 분들도 많았어요. 어떤 사람이 댓글을 올렸더라고요. 이 페이지는 수능 준비하는 방법 이런 것만 올리는 곳인데 이런 글은 안 맞는 거 같다고. 저도 그 댓글 보고 메시지를 보냈죠. 흐흐흐. 생존학생들이 심한 악플들을 보면 얼마나 마음이 아프겠냐고. 삭제하셨더라고요.

일년 넘게 똑같은 악플을 보니까 감정이 많이 딱딱해진 거 같아요. 네이버 댓글은 그렇게 화가 안 나요. 그냥 알바 풀어놨다는 생각이 들고… 그런데 페이스북은 실명제잖아요. 페이스북은 상처가 돼요. 알바가 아닌 걸 100퍼센트 아니까… 요즘 확실히 예전보다 악플이 많이 올라오고 그것에 공감하는 사람들도 많아 힘들었어요. 그런데 악플을 안 보려고 해도 계속 보게 돼요. 이 사건에 대해 사람들이 어떻게 생각하고 있는지 궁금하니까요. 아무래도 저희 일이니까…

/ 감당해야 하는 일

사고 초기 때 세월호라는 말을 듣거나 글자만 봐도 가슴이 가라앉는다 해야 되나… 지금은 내성이 생겨서 좀 괜찮은데 아직도 세월호 얘기를 들으면 위축이 돼요. 진로에 대한 고등학교 수업시간에 직업 맞추기를 하는데 관제사가 나왔어요. 선생님이 관제사란 직업은 이런 거다 설명해주면서 세월호 때 관제센터에서 관리를 제대로 안 해준 것도 안타까운 일이라고 하는데 괜히 눈치가 보여요. 겉으론 끄덕끄덕 하고 아닌 척 하고 있는데 저도 왜 그런지 모르겠어요. 악플을 많이 봐서 그런지 혹시 반 애들이 안 좋게 생각하는 건 아닌가 하는 생각도 들고, 분위기도 갑자기 다운되는 것 같은 거예요. 그때 애들도 다 조용히 하고 있고, 저를 의식하고 있는 것 같은 기분이 들었어요. 선생님이 얘기하면 제 얘기로밖에 안 들리고… 밝히고 싶지 않고, 말하고 싶지 않은데 사람들 입에 오르내리는 가정사 같아요.

이런 걸 신경 써야 하는 게 불편해요. 최근에 서울랜드를 다시 갔는데 봉사활동으로 인정해준다 해서 30분 정도 강의를 들었거든요. 강의 선생님이 "여러분 수련회 안 가요?" 물었는데 누가 뒤에서 "아 세월호 씨발" 하면서 욕하는 거예요. 그때 아후 진짜 뒤돌아서 뭐라 하고 싶었는데 용기가 안 났어요. 그런데 그 선생님이 계속 "왜 안 가요? 왜 안 가요?" 물어보는 거예요. 저는 그때 계속 고개 숙이고 있었어요.

이런 일을 겪을 때마다 이 일에 대해 모든 관심을 끊고 싶어요. 그냥 세월호 유가족이 아니었으면 좋겠다… 그런데 아직 진실이, 진상규명이 하나도 안 됐잖아요. 이 길 끝까지 가려면 할 수 없다고, 이것보다 더 심한 날도 올 텐데 그냥 감당해야 하지 않을까…

/ 성인이 되고 싶은 마음

활동도 되게 많이 하고 싶은데 지금은 학교를 나가야 되잖아요. 중3 때는 공부에 대한 부담이 없어서 엄마 계속 따라다녔는데 요즘은 학교 다니느라 그것도 못 해요. 공부 때문에 스트레스 받아서 요즘 쫌 그런 거 같아요. 왠지 고1 끝나니까 인생의 반이 망한 기분이 들어요. 이때까지 엄마랑 아빠가 학원에 보내줬는데 뭐 했나 이런 생각도 들고…

진짜 빨리 성인이 되고 싶어요. 대학생 되면 1인 피켓 시위 이런 거 전국적으로 다니는 게 제 버킷리스트예요. 부모님이 끝이 아니라는 것도 알아줬으면 좋겠어요. 만약에 부모님 세대가 갈 때까지 이 일이 해결 안 돼도 형제자매들이 할 거라고, 계속 이어질 거라고…

추모하라고 강요는 하기 싫은데 이 일이 어떻게 돌아가는지는 관심을 가졌으면 좋겠어요. 참사 일어나면 돈 주고 끝나잖아요. 이 사건도 돈 주고 끝내려는 식 같은데 이렇게 끝나면 다음에 또 일이 일어났을 때도 돈 주고, 사람들이 감각이 없어질 거 같아요. 이런 참사가 발생하더라도 배·보상으로만 끝내는 나라가 아니라 책임자 처벌하고 진상규명이 될 수 있도록 피해자를 도와주는 나라로 바뀌었으면 좋겠어요. 약속해놓고 나 몰라라 하는 나라가 아니었으면 좋겠어요. 사람들이 정치에 더 많은 관심을 가졌으면 좋겠어요.

저희가 힘이 없다, 무력하다를 느끼기도 했어요. 그래도 분명 바뀌지 않을까 생각해요. 언젠가는 바뀌지 않을까요? 이 일이 해결되면 정치인들도 각성하지 않을까요? 돈으로만 끝낼 수 없으면 함부로 못하지 않을까요?

구술 김채영, 세월호 희생학생 김동영의 동생 | 기록 이호연

피할 수 없는
가야 할 길에 서서

우리 단원고 친구들한테도 얘길 하고 싶어요.
졸업해도 계속 모이고
어차피 저희들끼리 잘 뭉쳐야 하잖아요.
계속 이렇게 붙어다녀야 할 운명이잖아요.
밝고 긍정적이게 살았으면 좋겠어요.

저는 진짜 몸을 안 움직여요. 귀찮아 할 때도 있고요. 그런데 떠난
애들과 유가족에게 도움을 줄 수 있는 일이면 일단 해요. 도보행진을
하거나 인터뷰를 해서 사람들에게 알리는 건 제가 할 수 있는
일이잖아요. 당사자로 얘기할 사람이 저희밖에 없고… 저희가 아니면
누가 이 이야기를 알겠어요? 악용되지 않는 이상 해야 할 일이면 해야죠.
누가 대신 해줄 사람도 없는 거니까…

/ 탈출

지금 생각해보면 제가 살아올 수 있었던 건 두가지 때문인 거 같아요.
승무원들은 가만히 있으라고 했지만 일반인 생존자들이 바다로
뛰어내리라고 한 걸 들은 것과 갑판 쪽 가까이 있었던 거요.

아침을 먹고 식당 앞에 있는 소파에 앉아 있었어요. 선생님이랑 저랑
친구 한명 이렇게 셋이 앉아서 얘길 하고 있었어요. 그런데 갑자기 서
있던 어떤 애가 넘어지는 거예요. 가만히 있다가 넘어진 거예요. 저희는
아무것도 모르니까 웃었죠. 왜 넘어지냐고 빨리 일어나라고 하면서.
그런데 애가 못 일어나는 거예요. 뭐지 그랬는데 갑자기 쿵 하더니 배가
한쪽으로 기울어요. 애들은 쓸려 내려가고 소파도 한쪽으로 쏠린 거죠.
그때 배가 기울면서 갑판 쪽으로 나가는 문이 열렸는데 선생님은 갑판

쪽으로 날아가시고…

어떤 애는 소파에 부딪혀서 다리를 다치고 또다른 애는 머리를 벽에 세게 부딪혀서 기절한 거예요. 애가 기절해 있으니까 친구들이랑 저랑 우리도 정신없는데 막 때리면서 일어나라고 깨우고 소파를 문 쪽으로 세워놓고 그걸 밟고 올라오는데 어른들이 도와주셨어요. 제가 있던 쪽에는 애들은 별로 없고 어른들이 많았거든요. 바로 옆 안내데스크에는 승무원이 있었어요. 엄마한테 빨리 전화를 걸었죠. 엄마가 맨 처음에 무슨 소리냐고 안 믿었는데 계속 배가 기운다고 하니까 당황해서 일단 끊어보라고 해요. 엄마가 학교에 전화를 했대요. 학교에서 무슨 소리냐고 그런 거예요. 학교도 모르고 있던 거예요. 저희 쪽에 있던 애가 신고를 했어요. 전화했더니 진짜 그런 식으로 물어봤어요. 위도가 어디고 어디쯤이냐고. 경로 표시 스크린이 꺼져서 알 수가 없으니까 일단 전화를 끊고 기다리고 있었어요.

구명조끼가 밖에는 없고 제일 끝 방에 많았나봐요. 어른들이 전달해주셨는데 저까지 딱 와서 입고, 못 입은 애들도 엄청 많았어요. 중학교 때부터 친했던 친구랑 같이 기다리고 있는데 헬기 소리가 났어요. 승무원에게 물어봤어요. 헬기 왔는데 왜 안 구해주냐고. 물에 빠진 사람 누구 있는지 먼저 보려고 안 구하는 거라고 얘길 해서 계속 구조를 기다리고 있는데 아무도 안 와요. 검정색 구명보트가 잠깐 왔다가 사라지는 거예요. 저뿐만 아니라 다른 친구들도 다 그렇게 생각했을 텐데… 배가 기울어지니까 우리가 움직이면 더 기울까봐 방송에서 나오는 가만히 있으라는 말을 들었던 거죠. 그래서 애들끼리도 누가 움직이면 가만히 있으라고 했던 거고.

점점 배가 기우니까 물이 들어오기 시작했어요. 어른 한분이 화가 나서 "왜 물 들어오는데 뛰어내리라고 말도 안 해주냐"고 했어요. 저희보고는 빨리 바다로 뛰어내리라고… 그래서 뛰어내렸어요. 가까이에 구명보트가 보였어요. 어른들이 배로 학생들을 올려주는데 몇명 못 타잖아요. 저도 못 타고 일단 구명보트를 잡고만 있었어요. 그런데 구명보트가 가려고 하는 거예요. 구명보트에 있는 친구들이 아직 못 탄 친구가 있다고 그랬더니 탈 자리가 없으니까 보트를 잡고 오래요. 저는 구명보트를 잡고 해경 배까지 간 거예요. 물속에서 매달려서…

무서우니까 절대 보트를 안 놓으려고 했어요. 보트가 해경 배 가까이 가야 옮겨 탈 수 있잖아요. 보트를 배에 붙이려고 하는데 제가 구명보트랑 해경 배 사이에 낀 거예요. 매달려 있던 저를 생각 안 한 거예요. 그때 그 생각이 먼저 났어요. 중학교 때 해군에 있다 오신 선생님이 계셨는데 이런 얘길 해주셨 거든요. 배 밑에는 돌아가는 게 있어서 거기에 끼면 사람이 갈릴 정도라는 얘기. 너무 무서워서 '여기 사람이 끼었다'고 소리 지르는데 아무도 안 들어주는 거예요. 결국 친구들이 배 밀면서 여기 사람 끼었다고 같이 외쳐주고 어른들이 도와줘서 빠져나왔어요. 그때도 해경은 안 도와줬어요.

일반인 승객들 중에 다친 사람들이 있었어요. 피나고, 매점에 있던 뜨거운 물에 화상 입으신 분들이 많았어요. 저는 그래도 멀쩡하니까 뭐라도 해야 될 것 같았거든요. 저도 정신없는 상황에 괜찮으시냐고 다 물어보고 담요 덮어드리고 뜨거운 물 계속 끓여서 주고. 저도 배에서 살아왔는데 제가 사람들을 구해주는 것처럼 괜찮으시냐고 계속 물어보고 다녔어요. 다른 애들은 구하고 있느냐고 물어보니까 구하고 있다고 해서 일단은 안심한 거였어요. 애들을 다 구할 줄 알고…

생각해보면 구조된 게 아니라 살아나온 거죠. 해경이 하나도 안 도와줘서 저희들이 스스로 나왔거든요. 헬기에 있던 해경은 헬기 탈 자신 있는 사람 먼저 손들고 나오라는 식으로 얘길 하고 애들 한명씩 배에서 나오는 거 보고만 있다가 구명보트에서 "어 나왔다" 이러는 해경도 있고. 배 안에서는 다 애들끼리 해결한 거 같아요.

/ 선생님

진도체육관에 오니까 그때서야 등 쪽이 아픈 게 느껴졌어요. 구급차로 병원에 갔어요. 등이 쓸리고 벽에 부딪혀서 아팠던 거예요. 다 멍이 들어 있더라고요. 병원에서 배에 같이 있던 어른들도 만났어요. 그중에 한분이 저를 알아보고 괜찮냐고 하면서 자기는 갈비뼈 네개 나갔다고…

병원을 돌아다니면서 배에 같이 있었던 선생님을 찾았어요. 그 선생님이 배에서 나온 것 같다고 누가 그랬거든요. 헬기가 구조했나보다, 아 다행이다 싶었어요. 친구한테도 선생님 병원 어디에 계시냐고 물어봤는데 여기 있는 것 같대요. 한명씩 한명씩 보면서 선생님을 찾았어요. 선생님 어디 계시지? 그런데 선생님이 없었어요.

처음에 그 선생님을 봤을 때 인상이 약간 딱딱하다고 생각했어요. 수업할 때는 칠판 가득 빽빽이 써서 필기 엄청 했는데. 수업 안 할 때는 애들한테 말도 걸어주고 학생들을 되게 좋아하셨거든요. 수업에 들어오면 저한테 악수하자 하고 펜 같은 것도 빌려달라고 하시고.

선생님이 저를 예뻐하셨어요. 화이트데이 날, 생각도 안 하고 있었는데 갑자기 땅콩 캐러멜을 들고 와서 여자 애들한테만 주셨어요.

김초원* 선생님은 담임이셨어요. 처음에 봤을 때 되게 키도 크고 승무원 같았는데 눈물이 많으셨어요. 제가 알기로는 담임을 처음 맡으신 거였어요. 생각대로 되지 않아서 그러셨던 것 같아요. 다른 선생님보다 못해준 것도 없고 똑같은 선생님이었는데… 비정규직이어도 학교에서 채용해서 일을 하는 거잖아요. 왜 순직으로 인정 안 해주는지 이유를 모르겠어요.

/ 공감

사고 후에 친구들 중에는 그날 일 생각나서 악몽을 꾸는 애들도 많고 1주기쯤에 많이 힘들어하는 애들도 있었어요. 저는 안 그런 편이니까. 애들이 1주기 추모행사 할 때 저한테 도와달라고 했어요. 제가 거절을 잘 못하기도 하지만 할 수 있는 거는 해주면 좋으니까. 잘 안 빼고 그냥 참여하려고 하는 편이에요. 계속 안 하다보면 안 하게 되는 것 같아요. 일단은 부딪혀보고 생각하자. 제 일이니까요.

* 세월호참사로 희생된 단원고 교사들은 국가공무원이기 때문에 공무원연금법상 공무 중 사망으로 인정되거나 고도의 위험한 직무 중 사망(특별순직)으로 인정된다. 그러나 김초원, 이지혜 교사는 계약직 기간제 교사라는 이유로 현재 순직공무원으로 인정받지 못하고 있다. 2015년 3월 1일 기준으로 기간제 교사는 4만 638명으로 전체 교원의 10.8퍼센트를 차지하고 있다. 전체 기간제 교사 4만 638명 중 2만 1521명(53.0퍼센트)이 담임교사다.

피할 수 없는 가야 할 길에 서서

추모행사 때 다른 친구가 부탁해서 제가 그 친구 대신 나가서 사람들 앞에서 편지를 읽었어요. 떠난 친구들에게 보내는 편지였어요. 잘 지내고 있냐고, 수학여행이라고 들떠서 배 안에서 웃고 떠들고 즐거웠는데 왜 이런 일이 일어난 건지 모르겠다고. 우리의 시간이 4월 16일에 멈춰버렸고 갑자기 모든 게 변해버린 것 같다고, 책임지지 않는 어른이 될까봐 두렵다고요. 친구들이 너무 그립고 보고 싶다는 내용이었어요. 이건 그냥 제가 믿는 거지만 떠난 애들이 저희를 위에서 보고 있을 수 있잖아요. 우리를 잘 지켜봐줬으면 좋겠어요.

저보다 수학여행 안 간 친구들이 더 힘든 것처럼 보였어요. 수학여행을 안 간 애들 중에 여자 애들은 저희 반이 제일 많아요. 세 명 정도 되는데 진짜 많이 힘들어했어요. 수학여행은 못 갔지만 자기 친구들이니까. 똑같이 저도 친구를 잃었고 그 애들도 친구를 잃었는데 저는 당사자고 걔네는 그냥 제3자가 될 뿐이잖아요. 둘 다 친구 잃은 슬픔은 똑같은데 같이 그 자리에 없었다는 그 자체에 죄책감, 미안함을 느끼는 것 같아요. 학교에서 사고 얘기를 많이 했어요. 특히 초반에는. 그런데 그 애들은 모르니까 듣기만 해도 무섭다고 느끼는 것 같았어요. 저희는 똑같이 살아왔고 힘든 걸 같이 겪었으니까 공감대도 있고 뭉치는 것도 있는데 그 애들은 단원고 학생이지만 수학여행을 안 갔으니까 소외감을 느낄 수 있죠.

사고 있고 학교에 상담실이 만들어졌는데 수학여행 안 간 친구들이 너무 힘드니까 교실에 안 오고 상담실에 가 있고 아예 학교를 안 나오기도 했어요. 잘 지내다가도 갑자기 잘 적응을 못하는? 사고 나고 2학년 내내 거의 절반은 학교 적응을 못했어요.

190

이름의 무게

입학 전에 16학번 모임이 있었어요. 거기서 제가 가게 될 과 선배를
만났어요. 얘길 하다가 그 선배가 어떤 전형으로 왔냐고 물어보는
거예요. 특별전형이고 단원고 3학년이라고 얘길 했죠. 크게 상관하지
않는 것 같았어요. 선배가 대학생활 얘기해주면서 이수해야 하는
과목들도 알려주고요. 잘 만나고 왔어요.

저는 그전에 마음의 준비를 하고 있었어요. 먼저 경험한 친구들한테
얘기를 들었거든요. 어떤 전형인지 물어보는 사람들이 많다는 걸 알고
있었어요. 저희가 단원고생인 건 평생 따라다닐 텐데 피할 수 없는
일이라고 생각했어요. 괜히 단원고라고 쭈글쭈글하게 생각하면 오히려
계속 그럴 것 같고 떳떳하게 사람들을 만나자. 숨기고 싶지 않아요.
어차피 알 사람은 알게 될 거고, 흐흐.

학생들의 시선이 걱정이 되긴 하지만 혼자 끙끙 안고 있기보다는
털어놓으면 누군가는 이해해주고 괜찮다고 해줄 사람이 있지 않을까요?
제가 듣기로는 과에서 특별전형을 만들려면 많은 논의를 한대요.
학교나 과 교수님들은 긍정적으로 생각했으니까, 저희를 쪼금이라도
생각하니까 특별전형을 열어준 거 아닐까요? 우리 단원고 친구들한테도
얘길 하고 싶어요. 졸업해도 계속 모이고 어차피 저희들끼리 잘 뭉쳐야
하잖아요. 계속 이렇게 붙어다녀야 할 운명이잖아요. 밝고 긍정적이게
살았으면 좋겠어요. 대학교 가서 기 안 죽고 잘 다녔으면 좋겠어요.
그동안 저희도 많은 사람들로부터 도움을 받았어요. 응원과 위로를
받았어요. 그 사람들에게 저희가 떳떳하게 살아가는 모습을 보이면 더

좋아할 수 있잖아요. 저희가 보답할 수도 있잖아요.

사람들이 416을 잊지 않고 기억해줬으면 해서 1주기 때도 편지 읽는
모습이 뉴스에 나가는 거 동의했어요. 조금이라도 나가야 안 잊혀지니까.
어차피 제가 해야 되는 일이니까요.

저도 기자나 카메라가 다 싫었던 적이 있어요. 처음부터 언론을
안 좋게 본 건 아니에요. 오히려 뉴스 이런 거 관심도 없었고 잘 안
봤거든요. 제일 컸던 건 병원에서 있었던 일 때문이에요. 기자들이
병원에 왔어요. 자꾸 인터뷰를 해달래요. 계속 해달라고 하니까 그럼
카메라를 안 찍으면 하겠다 하고 카메라를 치워놓고 녹음만 하는 것처럼
보였는데 뉴스를 보니까 모자이크 없이 제 얼굴을 그냥 다 내보낸
거예요. 저한테 안 찍겠다고 해놓고 찍어서 나간 거니까.

힘들다고 언제까지 피할 수 없는 일이고 지금 피한다고 해서 계속
피할 수도 없잖아요. 물론 부모님들은 저희가 더 힘들까봐 걱정하셔서
일들을 부모님 선에서 끝내려고 하시는 것 같아요. 지금도 힘든데 더
힘들지 않길 바라니까. 하지만 나중에는 저희가 할 꺼 아니에요. 저희가
직접 가서 해야 되는 일이면 해야 되는 것 같아요. 당사자인 저희가 직접
얘기하는 게 그 영향이 크니까 더 나을 수도 있죠.

/ 바람

이 일이 해결되려면 오래 걸릴 것 같다는 얘길 들었어요. 정부나 높은
직위에 있는 사람들이 어떻게든 숨기고 있는 거잖아요. 그 사람들이

죽고 새로운 정권이 들어서야 해결될 것 같다고 하는데 그 사람들이 언제 죽을지 모르는 거잖아요.

　일단 관련된 사람들이 잘못을 인정했으면 좋겠어요. 그렇지 않으면 너무 오래 걸려서 저희 자식까지 갈 것 같아서… 그럼 저희는 당사자인데 해결되는 것도 못 보고 죽는 거잖아요. 그런 건 진짜 별로인 것 같아요. 해결이 되면, 제 자식들한테 이런 일이 있었는데 잘 마무리됐다 얘기해줄 수 있잖아요?

　이 일이 역사에 남을 거잖아요. 나중에 비슷한 일이 있을 때 이번 일이 어떻게든 잘 해결되면 위안이라도 삼을 수 있으니까… 잘 돼서 본보기 같은 것이 되면 좋겠죠. 이렇게 많은 애들이 희생됐는데 우울하게만 기록되는 게 아니라 나름의 좋은 결말이 있으면 좋겠어요.

　저는 해결이 되더라도 잊혀지지 않게, 사람들이 계속 기억할 수 있게 전세계에 세월호참사를 알리고 싶어요. 대학을 졸업하면 해외에 가서 제가 배운 운동을 가르치면서 돈도 벌고 이런 일도 하고 싶어요.

구술 김희은, 세월호 당시 단원고 2학년 | 기록 이호연

TV에서 '세월'이라는
말만 들어도

가끔 선생님들이 수업시간에
얘길 하실 때가 있는데,
세월호 얘기 꺼낼 때 조마조마해요.
이상한 말 하지 않을까.

꿈에 언니가 나왔는데 기억이 안 날 때가 있어요. 기억하고 싶은데
안 나요. 어제 꿈에도 나왔는데 기억이 안 나요. 뭐였지?
그래서 꿈에 나오는 거는 다 메모해요. 언니가 꿈에 나온 거를 카톡으로
보내놨었는데. 에휴. 폰을 바꾸면서 전에 쓴 건 다 잃어버렸어요. 다시
쓰고 있어요.

2016. 1. 23.
언니가 알고 보니까 살아 있어서 우리 집에서 같이 지냈다.
다리를 다쳤을 뿐이었다.
그런데 언니의 번호가 말소돼서 언니 친구들과 연락할 수 없었다.
언니도 언니 친구들이 보낸 카톡을 다 보고 있었던 것이다.
너무 기뻐서 언니가 친구들과 연락할 수 있게 해주려고 노력했다.
깨어나니 달라진 건 없었다.

언니가 음악을 좋아했어요. 쉬는 날에는 집에서 기타 치고 키보드 치고.
언니는 나서는 거 좋아해서 축제 나가서 춤도 추고, 가족여행 가면
나서서 노래 부르고 그랬어요. 저는 애기 때부터 엄마 뒤에 있었고. 되게
쑥스러움 많이 타가지고요. 그런 면에서 반대예요.

서로 친할 땐 완전 친했는데 평소에는 티격태격했어요. 언니도 저를

보고 "이연아" 하고 불러준 거는 장난칠 때, 부탁할 때고. 맨날 야, 야,
그랬어요. 언니랑 엄마랑 저랑 키가 비슷해서 옷도 셋이 같이 입었는데,
그러니까 겹치잖아요. 밤에 '이거 내일 내가 입는다'라고 먼저 말한
사람이 입기로 했는데 언니가 안 지키고 그러면. 진짜 짜증났었어요.

옛날에 언니가 저를 놀려서 완전 삐졌던 때가 있었거든요. 초등학교
때였는데 그날 친척들이랑 다 같이 비행기 전시하는 데를 놀러갔는데.
되게 넓은 들판에 부스도 많고 체험도 하는 그런 데였어요. 그런데
언니랑 제가 오해가 생겼어요. 사람 많은 데서 둘이 머리채 잡고 싸워서
이모들이 말려 끝난 적이 있어요. 오해가 뭐였는지는 기억이 안 나요.
둘이 엄청 싸웠었는데. 싸운 거… 아쉽고 그러지는 않은데, 가끔
자매들끼리만 할 수 있는 거 있잖아요. 얘기나… 둘만 할 수 있는 걸
못한다고 깨달으면… 그래요.

세살짜리 사촌 동생이 있어요. 아직 말을 잘 못해서 친척들이 말을
걸면서 알려주고 그러는데. 친척들이 그 애한테 저를 '큰언니'라고 부르라
하고, 저보다 어린 사촌동생을 가리키며 작은언니라고 하는 거예요.
원래는 언니가 큰언니인데.

언니가 공부를 엄청 잘했거든요. 언니는 중학교 1등으로 들어가서
선서도 하고. 저는 잘 못했어요. 엄마가 저한테 공부 못해도 상관없다고
해놓고 제가 고등학교 1학년 때 전교 3등하니까 진짜 좋아하시는
거예요. 아빠도. 전교 1등 했다고 왜곡하고 다니시고.

작년에 고등학교 들어갔을 때 완전 빡센 거예요. 너무 힘들어서 한번은 울면서 집에 온 적이 있어요. 그때가 4월 16일이었어요. 엄마도 세월호 행사 때문에 진도 내려가서 아침에 저 혼자 준비를 했거든요. 일어나서 교복 입고 가방 메려고 하는데 가기 싫은 거예요. 엄마한테 전화해서 가기 싫다고 하고 안 갔어요. 학교랑 416이랑 겹쳐서 힘들었는데. 엄마가 잘 못해도 된다고 그러셔서. 그때부터 즐기고 살아야지 생각하다가… 진학 상담하고 나서 부모님 기분 좋게 해드려야지, 기분 좋게 해드리는 거 쉽지 뭐. 이렇게 마음먹었어요. 엄마아빠가 뭔가 기대하는 게 있을 거 같기도 하고. 저도 공부하는 거 완전 스트레스 받으면서 하는 건 아니니까요.

커서 이런 일, 세월호 관련해서 뭔가 하고 다녀도 솔직히 한국사회가 그렇잖아요. 좋은 대학 나오면 좀더 잘 쳐주고. 단원고 주변이 부자 동네가 아니잖아요. 사고 초반에, 만약에 강남에 있는 고등학교가 이런 일을 당했으면 대처를 이렇게 했을까. 그런 얘기가 있었거든요.

옛날엔 언니랑 둘이었으니까 별로 그런 게 없었는데, 저 혼자 있으니까 뭔가 부담감? 제가 활기차게 만들어야 될 것 같은 거요. 그리고 언니가 하고 싶은 거 다 못하고 그렇게 갔잖아요. 엄마도 저 하고 싶은 거는 다 하게 해주시고, 갖고 싶은 거는 다 사주시고 그래요. 저도 잘 해야겠다고 느끼고요.

엄마가 진상규명 활동을 다니면서 여름에도 맨날 미수습자 피켓 들고 그랬거든요. 작년에도 계속 바닷가 쪽에 햇빛 드는 데 있으니까 얼굴에 뭐도 나고, 피부도 이상하게 타고 그런 거예요. 썬크림 잘 바르고 다니나 확인하는데도…

작년 봄에 엄마가 삭발했을 때는 제가 수련회에 가 있었어요. 원래 핸드폰을 다 걷는데 엄마가 선생님한테 말하셔서 저만 가지고 있었거든요. 커튼 뒤에 숨어서 몰래 통화하는데, SNS 보라고. 자기 삭발했다고. 엄마가 병아리 같았어요.

가끔 선생님들이 수업시간에 얘길 하실 때가 있는데. 세월호 얘기 꺼낼 때 조마조마해요. 이상한 말하지 않을까. TV에서 '세월'이라는 말만 들어도 막 벌렁벌렁하거든요.

중학교 때 안전교육 같은 걸 하는데, 경찰인가? 어떤 사람이 와서 탈출하는 영상을 보여주다가 "세월호 같죠?" 이러는 거예요. 옆에 있던 애들이 같이 욕해주고, 공감해주고. 그래서 괜찮았어요.

전에는 SNS에도 참여를 촉구하는 글을 올리면 '좋아요'가 완전 많았어요. 그런데 점점 줄어드는 거예요. 기억하는 거 릴레이 한 적이 있는데 애들이 그거 엄청 참여했어요. 그런데 이번에 교실지키기를 했는데 거의 참여 안 하고 수그러들었거든요. 관심이 줄어드는 거는 어차피 예상하고 있었으니까. 그래도 제일 걱정되는 건 계속 이 상태로 가는 거. 밝혀지는 거 없이 그냥 계속 갈까봐요.

구술 김이연, 세월호 희생학생 김시연의 동생 | 기록 고은채

평범한 삶을
살고 싶어요

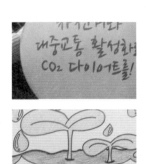

기회가 생긴다면
누군가에게 도움을 베풀고 싶어요

사실 평범한 고등학생으로 살기엔 뭐가 많았잖아요. 지금도 특별한
관심을 받는데 그런 건 고등학생으로 청산해버리고 싶은 게 커요. 평범한
대학생활을 하고 싶은데… 진짜 다, 일반 신입생처럼 별 탈 없는, 무난한.
남들 사는 거처럼 평범한 사람들 속에 섞여서 살고 싶어요.

사고 이후에 기자들이 많이 찾아왔어요. 병원에 있을 때도 왔었고,
학교로 돌아갔을 때도 왔었어요. 수능날도 시험을 마치고 나오는데
기자가 왔어요. 세월호를 기억하거나 진상규명하는 데 도움이 되는
일은 당연히 하고 싶지만 제 개인적인 삶까지 침범받고 싶지 않아서
거절했어요.
1년에 몇번, 세월호를 추모하는 날이나 이럴 때 몇번은 특별하게 사는
것도 괜찮다고 생각하지만… 연예인도 아닌데 카메라 신경쓰면서 살고
싶지 않아요.

저도 그날 전원생존이라는 뉴스를 봤어요. 그래서 안심하고
진도체육관으로 갔는데 여전히 친구들이 많이 없었어요. 알고 보니까
오보였더라구요. 기자들의 보도경쟁이 이렇게 심하구나 다시 한번
느꼈던 것 같아요.

처음 분향소에 갔는데 기자들이 많아서 놀랐어요. 뒤에 있는 카메라가

너무 무서웠어요.

배에서 나오기 전까지는 이렇게까지 크게 언론의 관심을 받게 될지
몰랐어요. 사고 직후에는 많은 분들이 관심을 가져주셔서 고마운
마음이 컸는데, 지금은 부담스러운 게 커요. 언론 때문에 상처도 입었고,
피해를 입은 것도 많아서요.

세월호특별법에 대해서 보도를 해도 제목은 특례입학만 강조해서
기사를 쓰시더라구요. 특별법의 본질은 특례가 아닌데… 그런 점에서
상처를 많이 받았으니까.

평소엔 길거리에서 세월호 생존학생이라고 하면 아이고 고생했어, 이런
식으로 관심을 가져주세요. 부담스럽긴 했지만 싫지 않은 부담이었어요.
저희에게 도움 주신 분들도 계시고요. 사고 이후에 모르는 사람들이랑
친해지는 게 조금 더 쉬워졌어요. 원래는 처음 만난 사람들이나
윗사람들이랑 편하게 이야기를 못하는 성격이었는데… 이전에는 몰랐던
사람들을 많이 만나면서 모르는 사람들을 대하는 태도가 조금 더
자연스러워진 것 같아요. 사고 나기 전에는 몇몇 친한 친구들끼리만
지냈는데 지금은 여러 방면, 학교 밖의 사람들도 많이 알게 되고. 학교
친구들도 전에는 잘 몰랐는데 연수원이나 병원에서 알게 돼서 그 후로
친해진 친구들도 생겼고.

그날 배에서 나와서 처음에 서거차도인가 하는 섬에서 저희가 한시간
정도 있었어요. 그때 어떤 주민분 집에 잠깐 있었는데 감사했어요. 방도
따뜻하게 해주시고, 이불도 내주시고. 방도 다 쓰라고 하고. 바닷물에

젖어서 저희 꼴이 말이 아니었는데, 저희들 추울까봐 이불도 다
내주셨어요. 괜찮다고 하시면서 양말 없는 애들 양말도 다 내주시고.
티비도 틀어주시고 배고프다고 하니까 라면도 끓여주시고. 되게 친절한
분들이셨어요.
기회가 생긴다면 이분들처럼 누군가에게 도움을 베풀고 싶어요.

세월호 자체는 굉장히 슬픈 일이지만 사고 이후에 청소년들이 이런
사회문제들에 관심을 많이 갖게 된 거 같아 의미있다고 생각해요.
보통 이런 사고들을 겪고 나면 의견을 내는 건 어른들이잖아요. 그런데
세월호는 10대들이 주체가 되어 활동하는 것 같아요.
우연히 인터넷에서 세월호 핸드폰 케이스를 봤어요. 주문제작해서
파는데, 그걸 만들고 아이디어를 낸 사람들이 20대들이더라구요. 저희랑
나이 차이 얼마 안 나는 사람들이잖아요. 그리고 10대들은 여럿이 돈
모아서 그런 걸 구매하기도 하고. 이후에도 청소년들이 계속 관심을
가지면 좋을 것 같다는 생각을 했어요.

구술 이보라, 세월호 당시 단원고 2학년 | 기록 명숙

언니를 다시
만나면…

안아주기. 만일 나중에 천국에 가서,
저는 천국이 있을 것 같은데…
언니를 다시 만나면… 제일 먼저 하고 싶은 거…

그냥 그땐 머릿속이 하얬던 거 같아요. 듣자마자 마음속으로 '어떡하지?' 하는 생각만 들고…

집으로 왔을 땐 작은아빠, 삼촌, 이모들이 다 계셨고, TV랑 컴퓨터 여러 대로 뉴스를 보고 계셨어요. 저랑 언니들은 계속 울고 자기 전에도 울고, 할머니랑 할아버지랑 둘러앉아서 기도도 하고…
계속 울면서 생각했어요. '그냥 꿈이겠지. 자고 일어나면 언니가 있을 거야' 하고.

장례식 때는 집에서 자고 아침 일찍 일어나서 갔어요. 그것밖엔 기억나는 게 없어요.

큰언니는 원래도 조용한데, 지금은 아예 방에서만 지내고…

언니하고는 얘기하다가 마음이 맞을 때가 많았어요. 둘이 마음이 통하면 신나서 얘기했거든요.

제대로 언니한테 선물 한번 사준 적이 없어서 미안해요.

지금도 집에서 게임할 때, 과일 먹을 때, 그냥 사소한 거 하나하나 떠오를 때 언니가 그리워요. 지금 내 옆에 언니가 없다는 게 힘들어요.

언니가 보고 싶어 힘들 때는 친구들한테 말해요. 친한 애들 몇명만 의지가 되는 거 같아요. 초등학교 때 친구 세명이랑 중학교 올라와서 사귄 친구 두명. 이 친구들한테는 세월호에 관련되어 화나는 일이 있을 때 얘기하면 같이 화난다고 해주고, 얘기를 잘 들어줘요.

어른들이랑은 이런 얘기 안 해요. 설명하기 힘든 것도 있고, 말하기 어려운 것도 있고.

처음에 사고 났을 때는 제가 초등학교 6학년이었어요. 그때는 선생님이 세월호 이야기를 하면서 단원고에 언니오빠 있는 사람 말하래요. 그래서 '저희 언니가 있다'고 했더니, 그때 애들이 위로해주고… 핸드폰으로 같이 뉴스 확인하고… 그랬어요.

지금 중학교에 들어와서는 제가 유가족인지 잘 모르잖아요. 입학하고 첫날에 제가 노란리본 배지를 하고 학교에 갔는데, 옆에 있는 애가 "어, 너 노란리본 배지 했냐"고… 자기 오빠가 단원고 1학년인데 이거 하고 있는데 넌 왜 하고 있냐고 물어본 거예요. 그렇다고 제가 바로 '나 유가족이야' 이렇게 말할 순 없잖아요. 그래서 그냥 제가 웃기만 하고 말았는데…

그러다가 계속 물어봐서 제가 조용하게… "내가… 유… 가… 족…

이야" 이렇게 한마디 했더니 걔가 다른 애들한테 다 말을 했어요… 근데
어떤 애들은 들어서 알면서도 "네가 뭔데 그런 배지를 하고 있냐"고 막
따지듯 하는 거예요. 그때 너무 화가 나서… 그 뒤론 제 입으로 "아, 나
유가족이라서 이런 거 하고 있어" 하면 애들이 안 좋게 보기도 하고…
그래서… 말 안 해요.

사고 나고 처음엔 학교에서 상담치료를 해줬는데… 초등학교 때는
두달에 한번? 별 거 안 하고 먹을 거 주고… 별로 도움이 되지 않았고,
중학교 와서는 셋째언니랑 같은 학교니까 같이 먹을 것도 만들어 먹고…
그래서 좋았어요. 그리고 상담할 때마다 똑같은 설문지를 주고 마음이
어떻게 변했나 보기도 했는데 그게 도움이 된 거 같아요. 제 마음을 보는
설문을 하다보니 제가 초반엔 아무것도 몰라서 슬픔만 100이었다면
지금은 슬픔이 50, 화가 50이더라고요.

화나는 건, 지금 사람들이 유가족에 대해 나쁜 말 하니까. 다행히 제
주위에서 그런 말을 하는 사람은 못 봐서… 근데 가끔 세월호 기사
보다가 댓글에 안 좋은 말 보면 화도 나고…

그만 좀 해라, 그냥 사고 난 걸 가지고 그러느냐, 그리고 돈 얘기… 너무
화났어요.
사람 목숨을 돈에 비교하는 것도 화나지만, 진실을 왜곡하는 말인데
사람들이 믿는 게 너무 억울해요. 이게 그냥 사고 난 거 아니잖아요?

학교에도 이상한 말 하는 애들이 있어요. 셋째언니랑 같은 중학교
다니는데 언니가 가서 그 애들한테 가서 그러지 말라고 이야기한 적
있는데, 잘했다 생각이 드는 거예요.
오히려 말 안 하고 참는 게 더 마음이 아파서.

안산 지역 청소년들이 모여서 세월호를 기억하자고 집회하는 걸 본 적이
있었어요… 보는데 마음이… 그냥 슬프고, 걱정되고, 고맙고…

이 일을 겪으며 더 많은 것을 알게 된 거 같아요. 좋은 의미는 아니지만…
말할 때 조심스러워지고 다른 사람 마음을 더 이해하려고 하는 거?
무심코 뱉은 말이 상처가 된다는 걸 많이 느꼈기 때문에…

앞으로는 하고 싶은 거 많이 하고 공부도 열심히 하고…
배우고 싶은 거 배우고… 그렇게 살고 싶어요.
사람들에게도 잘해주고, 엄마아빠를 위해서 항상 조심하고 살자는
마음이 들어요.

안전하고 국민을 위한…? 이렇게 바뀌었으면 좋겠어요.

사람들이 '이런 마음이구나' 하고 이해를 해주셨으면 좋겠어요…
어리다고 '뭐 힘들지도 않겠지' 이런 생각 말고 저희도 생각 많이 하고
걱정도 많이 하고 있다는 걸… 봐주셨으면 좋겠어요.

구술 유지은, 세월호 희생학생 유예은의 동생 | 기록 정주연(루트)

남아 있는 사람들이
없어요

"8억이면 많지." 이 말이 가장 기억에 남아요.
성호도 아끼고 저도 아낀다면서,
제 앞에서는 잘하는 분이었는데, 8억이면 많대요.

하고 싶은 게 너무 많았어요. 여행도 가보고 싶고 1학년 때 할 수 있는 모든 걸 하고 싶었어요. 4월 1일이 만우절이잖아요. 대학교에 고등학교 교복을 입고 와요. 옛날부터 내려오는 전통인데 그런 거 하면서 친구들이랑 재밌게 지내고. 그런데 전이랑 완전 달라졌어요. 참사 전으로 돌아갈 수도 없고 전처럼 지낼 수도 없는 것 같고.

/ 어떻게 버텼는지 모르겠는데

학교에 가는데 친구가 전화를 했어요. 단원고 이렇게 됐다고. 저는 오보 아니냐고 했죠. 그리고 우리나라 얼마나 잘돼 있는데 바로 나오지 않겠냐고, 뭔가 제 일이 아닌 것 같은 느낌이었어요. 그런데 인터넷을 못 보니까 너무 초조하더라고요. 그때 제가 엄마 핸드폰을 쓰고 있었어요. 지하철에서 막 울면서 가는데 모든 전화가 다 저한테 왔어요. 엄마 직장 동료, 친척들한테도, 동생 거기 탄 거 맞다고 계속 말해야 하는 거예요. 그 말을 하기도 싫고 실감하기도 싫은데 계속 말해야 되니까 계속 울면서 갔어요. 교수님한테 말씀드리고 바로 집에 갔는데 오는 도중에 전원구조라는 거예요. '그럼 당연하지, 다행이다.' 그래도 뭔가 불안한 게 있잖아요.

엄마가 진도 내려가는 중이니까 단원고 가서 생존자 명단을

확인해달래요. 그래서 단원고에 갔거든요. 난장판인 거예요… 막
항의하고 막 우는 소리 들려오고 그때 뭔가 실감이 나기 시작했어요.
그래도 살아 있겠지 하면서 명단을 보는데 명단에 없었어요. 아, 그럼
어떻게 해야 되나. 엄마한테 '명단에 없다', 이 소리를 하기가 진짜 너무
어려운 거예요. 그리고 계속 사람들이 단원고 체육관으로 와요. 저도
단원고 나왔는데 동창인 애들이 와서 울고 있어요. 왜 우냐고 했더니
동생이 세월호에 있대요. 저만 기다리는 입장이 아닌 거예요. 너무
어이가 없었어요. 아는 애가 실종자 가족 돼서 저랑 울고 있고, 이게 뭔
상황인가 실감도 안 나고.

　그때 어떻게 버텼는지 모르겠는데 그냥 살아 돌아올 거라 생각하고
계속 버텼던 것 같아요. 동생이 어렸을 때부터 죽을 뻔한 고비를
넘긴 적이 많았거든요. 오토바이에 치였어도 되게 어린 앤데 살았고
네살 때 택시에 아예 깔린 적도 있거든요. 몸에 바퀴 지나간 흔적도
있었는데 가벼운 멍밖에 안 들고 뼈가 부러진 것도 없었고 그래서 다들
기적이라고 했어요. 바닷속에서 72시간 동안 살아 있다 나온 사람도
있다는데 그걸 믿고 싶잖아요. 내 동생은 살아 돌아오겠지. 그런데 가면
갈수록 희망이 사라지더라고요. 내 동생 아니어도 좋으니까 한명이라도
살아 돌아오면 좋겠다고 생각했던 것 같아요. 그때 어떻게 보냈는지
모르겠어요. 눈 뜨면 악몽이었고 없던 일로 해줬으면 좋겠다는 마음만
간절했어요. 맨날 눈을 뜰 때마다 지옥이었어요.

엄마는… 죽었다고 생각하고 갔나봐요. 진도에서는 저라도 그랬을 것 같아요. 살아 있을 거라고 생각 못했을 것 같아요. 근데 저희는 모르잖아요. 엄마랑 통화할 때마다 동생 살아 있을 거라고 희망 버리지 말라고 했는데 엄마가 그때마다 말이 없더라고요. 그냥 마음 단단히 먹고 있으라고. 엄마가 상황을 잘 안 전해주셨어요. 그냥 뉴스 믿지 말라고. 일주일쯤 지나서 동생이 발견됐어요. 진도에서 엄마가 찾았다고 했을 때 감정은, 휴, 그냥 온갖 감정이 다 들었어요. 어떻게 내 동생이 시신으로 발견되지? 그러면서도 한편으로는 시신이라도 찾아서 다행이다 생각이 드는데 그게 너무 웃기잖아요. 실종자 가족으로 남겨지는 게 너무 무서웠어요. 시신도 못 찾아주면 너무 미안하잖아요. 보내주기라도 해야 되는데.

다음날 동생이 안산으로 올라왔어요. 시신도 처음 보는데 제 동생 시신을 보고 있으려니까 되게 이상하더라고요 너무 고통스러웠어요. 경악스러웠고. 한번 보고 눈을 질끈 감았어요. 끔찍해서 받아들이고 싶지 않았어요. 동생이 마른 편도 아닌데 너무 앙상했어요. 뭔가 고통스러운 표정이었어요. 너무 고통스럽게 버텼구나… 애가 버텼나? 한번 보고 나서 입관할 때 마지막이니까 다시 봤는데 제 동생 아닌 것 같았어요. 입관할 때에도 계속 깨어나라고 기도했어요. 기적이란 것도 있잖아요. 바보같이 못 버리겠더라고요. 저희는 신앙인이니까 성경에서 그런 것도 보잖아요. 기적이 일어나라고, 그런데 애가 눈이 너무 굳게 닫혀 있었어요.

사람들이 다 검은 옷 입고 동생보다 나이 많은데 절하고 있고, 왜 이래야 되지? 내가 왜 여기 있지? 그냥 해야 되니까 했어요. 성호 마지막 가는 길인데 내가 힘들어하고 있으면 안 될 것 같고 힘들어도 우리 성호 마지막 길 오는 사람들이니까 잘해줘야 될 것 같고. 아는 동생이 왜 언니 안 우냐고, 울어도 된다고, 저보고 이상할 정도로 침착하다고 했어요. 무너지면 안 된다고 생각했던 것 같아요. 너네는 엄마아빠 앞에서 울면 안 된다, 너네는 무너지면 안 된다, 이런 말을 계속 들었어요. 우리가 엄마아빠 케어해드려야지, 우리가 울고 있으면 안 되지. 그 생각으로 버텼던 것 같아요 그리고 고등학교 친구들도 다 상 분위기였어요. 친하지 않았던 애들도 다 찾아왔어요. 물어보니까 "저기 들렀다가 거기 들렀다가 여기 오는 거야" 그래요. 장례식에 어른들이 많아야 하는데 아이들이 더 많은 거예요.

/ 몇명 없더라고요

이제 동갑 친구가 거의 없는데 제일 친한 친구가 두명 있었어요. 1년이 지나고 그중 한명을 만나게 됐어요. 초등학교 때부터 제 인생의 반을 함께한 친구예요. 개한테 궁금하더라고요. 분향소 왔다갔냐고 물어봤어요. "아니, 안 갔는데?" 그때 뭔가 덜컹했어요. 아 아직도 안 다녀갔냐고, 약간 장난 식으로 얘기했어요. 바빴대요. 1년 반이 지났는데.

저한테는 변명으로밖에 안 들렸죠. 물론 개가 다른 지역에서 지내긴

하지만 2~3주에 한번은 안산에 오거든요. 마음이 있으면 갈 수 있을 텐데, 친한 친구가 이런 일을 당했는데, 안 갔다는 거예요. 싸워본 적 없는데 처음으로 얼굴 굳어지면서 얘기했어요. 그 친구는 '네가 그렇게 느꼈다면 미안하다'는 식으로 말하더라고요. 미안해하는 느낌은 못 받았어요. 이 말이 충격이었어요. "네가 가자고 했으면 갔을 텐데, 나도 내 일이 있고 바쁜데, 굳이 갈 생각 못하지 않나?" 무슨 말이지? 뒤늦게 화가 났어요.

그 친구한테는 연락을 몇달간 안 했어요. 그래도 이렇게 끊어질까, 이건 정말 아니라고 생각했어요. 저한테 너무 중요한 친구인데 화도 많이 났고 사람들한테 많이 지쳤던 때라 시간이 더 필요했어요. 한참 지나서 다시 연락을 했는데, 니가 그렇게 화낼 권리 없다고 저한테 말하더라고요. 더 말하고 싶지 않았어요.

사고 있고 나서는 그전과 다른 배려가 서로 필요하잖아요. 그런데 저만 배려한 것 같아요. 아픈 사람한테 먼저 공감해주길 바란 건데… 지나가는 사람이 하는 말은 나중에 생각도 안 나는데 가까운 사람한테 들은 말은 가슴에 박혀요. 박혀서 어떻게 할 수가 없어요. 작년에 핸드폰 바꾸면서 진짜 남아 있을 사람만 저장했어요. 번호 옮기려고 보니까 남아 있는 사람이 몇명 없더라고요. 제 인생에서 제일 큰 거였어요. 사람들이 많이 갈라진 것이.

남아 있는 사람들이 없어요

저랑 동생한테 성당은 정말 소중한 곳이었어요. 처음에는 되게 많이 의지했어요. 아무래도 동생 생각해주는 사람들은 다르구나 느끼기도 했고요. 그런데 시간이 가니까 달라지더라고요.

말 같은 것도 배려 안 해줘서 상처를 많이 받았어요. 회의에서 캠프 프로그램에 대한 의견을 나누다가 역할극 얘기가 나왔어요. 선장과 선원과 희생자 학생이 서로 마음을 이해하는 거래요. 그게 서로 이해할 건 아니잖아요. 그런 말들을 제 앞에서 했어요. 일일이 다 말할 순 없지만 굉장히 많았어요. 그런데 사람들은 몰라요. 그래서 제가 힘들게 얘기도 했는데 당시에만 미안해하고 끝나더라고요. 엎드려 절받는 느낌이었어요. 제가 예민한 거라고, 왜 어려졌냐고 하는 분도 있었어요

"8억이면 많지." 이 말이 가장 기억에 남아요. 제가 직접 들은 건 아니고 전해들은 거예요. 동생도 아끼고 저도 아낀다면서, 제 앞에서는 잘하는 분이었는데, 8억이면 많대요. 8천억이라도 8조를 줘도 성호를 대신할 수 없는 거잖아요. 저는… 용서할 수 없는 것 같아요. 별로 보고 싶지 않았어요. 제 앞에서 잘해주신 건 그냥 동정이었나봐요.

그래도 성당을 떠나기는 싫었어요. 동생 향기를 느낄 수 있었고 추억하면서 다니고 싶었어요. 그리고 동생이 좋아했던 성당 사람들과 함께 행동하고 싶었어요. 가장 중요한 건 동생이 좋아했던 사람들인데, 나중에 성호가 누나는 뭐했냐고 할 것 같은 거예요. 동생한테 성당이 얼마나 중요한지 알잖아요.

되게 많이 노력했는데 상처만 받은 거 같아요. 그때는 이해하려고

노력했지, 내 맘을 돌보려고 하지 않아서, 용서해야 된다는 생각이 박혀
있었던 것 같아요. 저도 할 만큼 했으니 동생도 잘했다 할 것 같아요.
그만큼 했으면.

/ 우리들끼리 위안이 돼요

장례 치를 때 마지막에 단원고에 갔어요. 그 전까지도 실감이 잘
나지 않는데 교실에 딱 들어갈 때 너무 충격적이었어요. 애들 물건이
다 치워져 있고 국화꽃만 책상에 올려져 있는데 그게 너무 많잖아요.
이 많은 애들 어떡해. 다들 말이 없었죠. 그런데 마음이 아프면서도
이상하게 위안이 되더라고요. 같이, 그래도 같이 있구나.

다른 형제자매들은 언니가 먼저 만나러 가자고 했어요. 만나서 무슨
얘기해? 왜 만나야 돼? 불편해서 처음엔 못 갔는데 언니가 가니까
따라가게 되더라고요. 그러다가 도보행진 할 때 형제자매들이 따로
성명서를 준비하게 된 거죠. 그때는 정말 다들 화난 상태였어요. 우리
엄마가 삭발까지 했어. 나도 뭐라도 해야지. 이런 상태. 그때 즈음엔 진짜
살기 싫었어요. 정말 끝까지 온 느낌? 더 할 수 있을까? 너무 힘들었어요.
하루하루 눈 뜨고 뭐 하는 게. 그런데 형제자매들이 계속 모이고 매일
얼굴 봤거든요. 뭔가 우리들끼리 위안이 되는 거예요. 더 깊어지기도
하고.

부모님들 삭발하는 거 보면서 서로 손잡고 토닥이기도 하면서 굉장히
위안이 됐어요. 도보행진 할 때도 부모님들 옆에서 걸으면 제가 할

말이 없잖아요. 엄마도 영정을 들어야 하니까 부모님들이랑 걷는 게 더 편하신 것 같고. 그러면 형제자매들끼리 모여서 걸어요. 말도 나누고 서로 챙겨주고, 상황이 슬프긴 한데 힘이 되기도 하고 알 수 없는 감동이 차오르는 게 있어요. 의지가 많이 돼요. 생존자 친구들도 힘들텐데 언젠가 같이 만나고 싶어요. 만나서 친하게 지내고 싶어요. 서로 마주하는 게 힘들긴 하지만 또 서로가 서로에게 위안이 되는 존재일 것 같아요.

성당에서도 애들은 달라요. 제 옆에 거의 다 남았어요. 집회 있다고 애들한테 말 안 해도 가면 만나요. 일이 있을 때, 와주면 좋지만 못 올 수도 있고 오라고 한 것도 아닌데, 못 와서 미안하다는 말을 꼭 전하는 애들이 있어요. 그 애들도 부모님이 지지해주시는 건 아니라 거짓말 치고 오는 거예요. 자기가 가만히 있으면 못 살겠으니까. 애들도 풀 곳이 있어야 하니까… 저랑 동생이랑 마음이 맞아서 맨날 만났던 성호 친구는 일주일에 한번씩 만났어요. 성호 없어도 셋이 같이 있다고 생각하고 지내자면서.

/ 그렇게 안 살기로 다짐했어요

어른들한테 '이렇게 살아서 미안하다'는 말을 많이 들었는데 말만 그렇게 하지 고칠 생각을 안 해요. 저는 세월호에서도 아이들의 인권이 더 해쳐졌다고 생각해요. 가만히 있으라고. 배 안에서만이 아니라 학교도 그렇고, 제가 받았던 교육도 그런 거잖아요. 수직적으로. 넌 이거

해, 저거 해. 인격적으로 동등하게 대하지 않아요. 존중받지 못하는
느낌이니까 애들이 아무한테도 말 못하고, 슬픔을 감정을 억압하게
되잖아요. 이것도 인권침해라고 생각해요.

다른 어른들이 아직도 저희한테 얘기하세요. 너네가 힘들어하면
안 된다. 진짜 그 말 그만 듣고 싶거든요. 우리도 감정이 없는 로봇이
아니잖아요. 성호 장례 치를 때도 동생 시신 상태가 어땠냐고 저한테
물어보는 분들이 있었어요. 엄마한텐 차마 못 물어보겠으니까. "부모님
쉬시게 이제 너희가 좀 해라." 그런 걸 너무 많이 겪으니까 형제자매들은
우리 상태가 이렇다고 말하기 힘들었어요. 그런데 너무 말을 안 하니까
모르는 것 같아요. 조금이라도 우리 마음을 알아주면 좋겠어요. 알게
모르게 마음에 콕콕 박히는 폭력이 되고 있어요. 더 세심한 배려가
필요해요.

애들이 죽은 건, 침묵하는 사람들 때문이기도 하잖아요. 이 시대의
어른들. 제가 그런 사람이 된다면, 그래서 또 이런 참사가 일어난다면
죽는 것보다 더 비극적일 것 같아요. 그렇게 안 살기로 다짐했어요.
성호랑도 약속했어요. 불의를 보면 침묵하지 않고 진실을 알리려고
노력하고 그걸 넘어서 저보다 어린 사람을 인격적으로 대하며 의견을
존중할 거예요.

/ 어디를 어떻게 가야 할지

저는 또 휴학했어요. 그때 한 학기는 정부에서 지원을 해줬잖아요.

그런데 저는 동생 목숨값으로 학교 다니는 게 너무 싫은 거예요.
1년 지나고 엄마는 복학을 하라고 했는데 도저히 학교를 못 다닐 것
같았어요. 이대로 학교 다니다가 마포대교 갈 것 같고. 다녀야 돼서
다니는 건 아닌 것 같고.

동생이 없다는 느낌이 들 때는 말로 표현할 수 없을 만큼 끔찍해요.
정신을 놓다가 죽을 수도 있을 것 같고 너무 화가 나서 누굴 죽일 수도
있을 것 같은 감정이에요. 그런데 이게 며칠 않는 감기도 아니고 죽을
때까지, 아니 눈감아서도 가지고 가야 하는 고통이잖아요.

시간이 멈춰버렸다는 거, 시간을 잃어버렸다는 게 뭔지 알 것 같아요.
전 아직도 스무살 같고 4월 16일에 있는 것 같고, 이걸 벗어나서 살지
못할 것 같아요. 지금 뭘 할지 모르겠어요. 그냥 제 삶 자체가 엎어진 것
같거든요. 뒤죽박죽이 돼서 어디를 어떻게 가야 할지도 모르겠고 여러
갈래 길에서 어느 길을 선택해야 할지도 모르겠어요.

하지만 끌려 다니지는 않을 거예요. 이걸 끌고 살 것 같아요. 제가
살고 싶은 삶은 어려운 사람들과 함께 하는 거예요. 이렇게 살지
않으면 동생한테 미안할 것 같기도 하고. 이 일을 겪고 나서 더 확신이
들어요. 아직 시간이 더 필요하지만 이 경험으로 직업도 선택하고 삶도
선택하겠죠.

구술 박예나, 세월호 희생학생 박성호의 누나 | 기록 미류

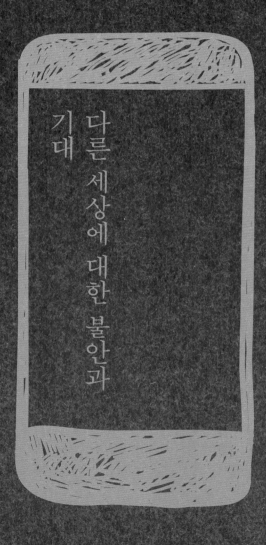

기대 다른 세상에 대한 불안과

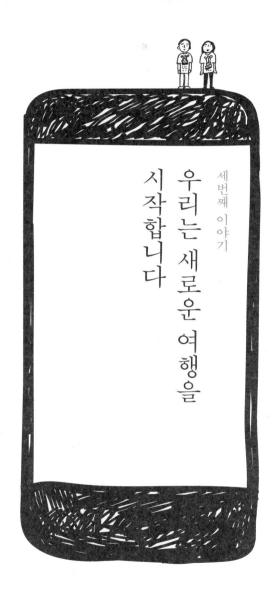

세 번째 이야기

우리는 새로운 여행을
시작합니다

절망 속에 핀 꽃으로
남기 싫어요

절망 속에 피어봤자 절망이에요.
뿌리 내린 곳이 절망이라 벗어날 수가 없어요.
그 절망을 좀 줄이자고요.
그냥 꽃밭에서 꽃피우게 하자고요.

제가 사고 이후에 양말을 모아요. 윤민이가 학생이다 보니까 멋부릴
게 양말밖에 없잖아요. 알록달록한 양말을 사던 게 기억나서 이것저것
샀어요. 윤민이한테 해줄 수 있는 선물? 막내한테 새 옷 입혀주고 싶다,
그런 마음이라서. 길 가다가 저 양말 예쁘다, 윤민이가 좋아하겠다
싶으면 두개씩 사요. 하나는 내가 신고 하나는 윤민이 꺼. 새 양말이
쌓이니까 둘째동생이 그만 좀 사라고. 윤민이 책상에 계속 쌓아놓기엔
애한테도 짐인 것 같고. 그래서 "100개 모이면 윤민이 이름으로
기부하자" 그랬더니 "낭비는 아니니까 그래라" 그래서 요즘도 가다가
예쁜 양말 있으면, '아 이건 사야 돼' 하고 사요. 하하.

그리고 윤민이가 좋아할 것 같고 같이 본 시리즈나 추억이 있는 영화가
극장에 걸리면 꼭! 보러 가요. 윤민이 학생증 가져가서 같이 영화보고
학생증 들고 인증샷을 하나씩 찍어요. 왠지 윤민이가 보고 싶어했을 것
같아서… 윤민이랑 같이 영화 보러 가는 거죠.

/ 선택

사고 직후 저는 스트레스가 되는 일들은 다 쳐내야 했어요. 안
그러면 미칠 것 같았거든요. 그 당시 크게 스트레스 받는 일이 윤민이
사건과 남자친구, 그리고 회사였는데, 너무 힘들어서 제일 먼저 놓은 게

남자친구였어요. 사랑은 아무리 힘든 상황에서도 할 수 있는데 연애는
혼자 하는 게 아니니까 안 되더라고요. 너와 싸울 힘이 없다, 너 때문에
힘들 마음이 없다며 제가 헤어져달라고 했어요. 마음의 여유는 조금
생겼는데, 여전히 힘들더라고요. 가족과 회사가 남았는데, 둘 중 하나를
골라야 해요. 그럼 뭐겠어요? 가족은 버릴 수 없으니까 회사를 놔야죠.

사실 사고 나고 바로 회사를 그만두려고 했어요. 정신이 무너졌다고
해야 하나? 회사에서도 상사 눈을 못 봐. 뉴스 보다 울음이 터지면
화장실에 가서 한두시간씩 울고. 회사 업무가 열개면 한두개밖에
못 하는 거예요. 근데 부모님이, 원치 않으셨어요. 엄마아빠는 딸
일이니까 어쩔 수 없이 해야 하는데, 남은 자식들은 깊이 연관되거나
휩쓸리지 말고 너희 삶을 살면 좋겠다고. 걱정을 덜어드리고도 싶고. 또
엄마아빠가 집에서 울고 그런 환경이니까 집에 있는 것도 힘들고. 그래서
그냥 다녔던 것 같아요.

많이 힘들다가 조금씩 괜찮아졌어요. 일상생활은 가능해졌는데
회사에 있으면 '내가 지금 여기서 뭘 하는 거지, 뭘 하려는 거지' 하는
생각이 계속 드는 거예요. 동생을 위해서 뭔가 해주고 싶고, 해야만 할
것 같아 회사 끝나면 간담회에 가고, 주말에 서명 받으러 가기도 하고.
하지만 그렇게 덜기엔 죄책감이 너무 컸죠. 너무 힘들어하고 뭔가를 계속
하려고 하니까 부모님도 정 힘들면 그만두라고, 네가 하고 싶은 대로
하라고. 미련 없이 회사를 그만뒀어요. 그때가 2014년 12월이었어요.

　사고 나기 전에 사람들이 저한테 넌 마음이 여리고 생각하는 게
어린 것 같다고 했어요. 몸은 성인인데 마음이나 생각하는 건 애였던
거죠. 철도 없고 세상도 모르고. 그런데 그 사건을 겪으니까 세상이
너무 무서운 거예요. 아이들이 무서운 일 겪고 나면 벌벌 떠는 것처럼
너무 무서운 거예요. 그러다 어느 날 문득 그런 생각이 들었어요. 왜
내가 숨어야 되지? 내가 잘못했나? 아무도 나보고 잘못했다고 안 해요.
내가 생각해도 그 사람들이 잘못한 거야. 그런데 왜 내가 피하지? 그
사람들이 사과하고 피해야 하는 거 아닌가? 맞은 놈은 발 뻗고 못자고
있는데 때린 놈은 잘 자요. 맞은 놈 입장에서 너무 속상한 거예요. 이게
뭐지? 저놈들은 뭐지? 억울함, 답답함, 그게 너무 힘든 거예요. 그래서
직접 찾아가서 "야, 니가 잘못했잖아, 사과해"라고 말해야겠다고 느낀
거예요. 말하지 않으면 아무도 모르잖아요. 그래서 어렸을 때부터 제
스스로 뭔가 하고 싶다, 해야겠다 해서 한 일이 없었는데, 말하고 싶어서
태어나서 처음 제 의지로 하겠다고 한 게 세월호 활동이에요. 독하게
마음먹고 한 활동이었죠.

　형제자매 이야기를 세상에 알리고 싶었어요. 형제자매도 이렇게
아프고 힘들다, 이 나라가 왜 이런지 모르겠다, 어른들이 원망스럽다…
형제자매들은 자기가 유가족이라는 사실을 밝히는 걸 굉장히
두려워해요. 뻔히 봤으니까. 언론이 하는 걸 봤고, 부모님들 기사에
악플 달리는 걸 봤으니까. 아이들이 더 잘 보잖아요. 소셜네트워크에
더 가깝고, 인터넷을 더 많이 하고. 그래서 얼굴 안 드러나게 할 수 있는

걸 찾다가 스케치북에다 쓰는 건 어떨까 했어요. 그걸 내가 하면 나도 형제자매니까 남들보다 더 쉽게 형제자매들이 만나줄 거 아니에요. 자기 마음도 더 쉽게 열어주고. 스케치북에 네가 하고 싶은 말을 써라, 그럼 내가 그걸로 영상을 만들겠다. 많은 형제자매들이 동참해줬어요. 52명이나 이야기를 남겨줬는데 영상시간이 짧아 몇 개 못 들어가니까 받아놓은 스케치북 내용이 너무 아까운 거예요. 이걸로 다른 것도 해보자 해서 한 게 광화문에서 스케치북 들고 한 퍼포먼스였어요.

활동하면서 죄책감이 많이 사라졌죠. 마음의 여유도 생기고 많이 단단해지고 당당해진 것 같아요. 그래서 돌아보면 둘 다 후회하지 않아요. 남자친구를 찬 거? '아, 나 잘했네.' 하하하. 회사 그만둔 거? 잘한 일인지까지는 모르겠지만 후회는 안 하니까 잘한 일이지, 그렇게 생각하는 거죠. 하하.

/ 일과 유가족

부모님 세대는 이 일에만 매달려도 가능한, 그러니까 인생의 황금기를 좀 지나고 있는 시점이라면 우리(형제자매들)는 거기를 향해 가야 하잖아요. 그런데 이 사건 때문에 이 나이 때에 가야 할 만큼 가지 못하고 제자리예요. 일상을 살아가야 하니까, 이제 좀 정신을 차리고 다시 가야 하는데 이미 사람들은 저 멀리 가 있고. 다른 사람들과 살려면 정신없이 다시 가야 하는데 너무 오래 제자리에 머물러 있다 보니 가는 방법을 다 까먹은 거예요. 세상 사는 법에 다시 적응을 해야 하니까 너무 힘들고 정신이 없어요. 마음은 바쁘고.

회사도, 아직 살아갈 날이 한참인데 집에서 쉬고만 있을 순 없잖아요. 1년을 쉬었으니 더 쉬면 취직이 어려울 것 같은 조바심에 구직을 했어요. 가족들은 저한테 눈치 주거나 취직하라고 하지 않아요. 오히려 회사가 작으면 잡일 다 해야 한다고 그냥 천천히 하라고, 급한 게 뭐 있냐고. 나는 급한데. 나만 급해, 나만. 하하.

면접 가면 정말 별걸 다 물어보는데 공백 기간 동안 뭐 했냐고 가장 많이 물어봐요. 지난 연말에 이 회사 면접 볼 때도 그러더라고요. 1년간 뭐했냐고. 역시 면접관 분들은 날 실망시키지 않아. 하하. 거기다 대고 활동했다고 말하기도 뭐하고. 윤민이 이야기부터 시작해야 하니까. 두루뭉술하게 말하고 '여행도 다녀오고 친구도 만들고 운동도 했다'. 면접관들이 그걸 좋게 봐주셨어요. "많은 경험을 했으니까 이제 회사에서 열심히 일할 일만 남았네요." 그렇게 말하고 뽑으셨어요. 유가족인 거 모르고.

출근 첫날 팀원들과 점심을 먹는데 우연히 일베와 세월호 이야기가 나왔어요. 당황을 안 할 수 없죠. 흠칫하죠, 아무래도. 근데 상사 분들이 일베는 도를 넘었다고, 세월호 희생자들한테 그렇게 말하면 안 됐다고 말하는 걸 들으니까 이런 곳이라면 다녀도 괜찮겠다 싶었어요. 얼마 후에 직장동료 한분이 제 손목에 노란 팔찌를 보셨나봐요. "윤아씨 안산 산다고 했죠?" "네." "단원고랑 가까워요?" 우리 집? 단원고에서 멀어요. 멀어요, 솔직히. 근데 어떻게 보면 제가 단원고에서 가장 가까운 사람이잖아요. 그래서 "가까워요" 그랬더니 "아~ 그렇구나". 더이상 안 묻더라고요. 저는 그것도 좋았어요. '단원고랑 가까워요?'는 세월호에

절망 속에 핀 꽃으로 남기 싫어요

슬퍼하는 사람인가, 아는 사람이 희생됐나, 그런 생각이잖아요. 노란 팔찌나 리본을 하고 있다고 무조건 유가족이라고 생각하지 않고. 그래서 '아 좋다' 그랬는데, 팀장님이랑 밥 먹는 자리에서 또 세월호 이야기가 나온 거예요. 팀장님이 자기 단골 미용실 원장님 자녀가 희생돼서 계속 신경 쓰면서 보고 있다면서, 제가 안산 사는 걸 아니까 아는 사람이 희생됐냐고 물어보시는 거예요. 제가 이 자리에서 얘기하면 분위기가 안 좋아질 거 같은데요, 하고 웃으면서 넘겼어요. 그런데 궁금하셨나봐요. 친척이 그렇게 됐냐고 조금 있다가 다시 물으셔서, "전 경고 했어요" 그러면서 담담하게 웃으면서 말하려고 했던 거 같아요.

"제 동생이요. 저 유가족이에요."

상사 분들이 당황하시는 거예요. 얼마나 당황스럽겠어요. 하하하.

솔직히 전 유가족인 게 싫어요. 그게 뭐가 좋아, 남겨진 가족이란 뜻인데. 그런데 그게 창피하거나 부끄럽냐? 아니요, 전혀요. 내 잘못이 아니니까. 그걸 왜 내가 창피해하고 부끄러워해? 그래서 그렇게 행동하고 싶었어요. 그냥 유가족이라고 말했어요.

다음날 출근하니 차장님이 부르셨어요. 차장님 첫마디가 미안하다고. 그러면서 실수한 거 있냐고. 저는 괜찮다고 그랬어요. 또 조심스럽게 물으셨어요. 윤아씨 앞에서 그런 이야기가 나오면 어떻게 하면 좋겠냐고. 신경 써서 '아, 이 얘기하면 안 되지' 이렇게 말 안 하는 게 나을까, 아니면 아무렇지 않게 하는 게 나을까? 만약 그게 사고 얼마 뒤였다면 말하지 말아달라고 했을 수도 있어요. 사실 주위에선 그렇게 신경 안 써요, 내가 웃는지, 우는지. 근데 나 혼자 "내가 웃네, 동생 죽었는데 뭐가 좋다고 웃냐 이 미친년아" 그러면서 욕하고. 주위에서 나를 이렇게 볼 것 같고, 나를 이렇게 생각할 것 같고, 나는 그렇게 하면 안 될 것 같고…
조심스럽죠. 근데 전 이미 너무 많은 상황들을 경험했고 활동하면서
너무 많은 이야기를 한 사람이잖아요. 편한 주제는 아니지만, 다들
잊어가는데 말해주니 고맙기도 하잖아요. 그래서 괜찮다고. 차장님이
회사에서 도와줄 일이 있으면 말하라고 하셨어요. 제 복이죠. 하하. 내가
들어온 회사가 우호적이었어. 하하. 소문이 빠른 곳이라서 곧 다 알게
되지 않을까 싶긴 한데, 당당하게 생활하고 싶어요.

/ 변화와 믿음

저희 집은 본래 가족들 간의 대화가 많은 집이에요. 엄청 화목한
딸부잣집 있잖아요. 일년에 한번씩은 꼭 가족여행 가고 함께 잘 노는.
저랑 윤민이는 나이 차이가 많이 나니까 저는 윤민이가 굉장히
귀여웠던 거죠. 태어나면서부터 자라는 과정을 다 지켜봤잖아요.
업어주고 자장가 불러주고 부르면 데리러 가고… 둘째는 두살 차이밖에
안 나요. 동생보단 친구 같은 느낌인데 성향도 많이 달라서 엄청
투닥투닥 싸우고 무시하고. 우리가 자매가 아니라 학교에서 친구로
만났으면 절대 친해지지 않았을 스타일이죠.
사고 나고 깨달은 게 제가 막내를 굉장히 편애하고 있었구나. 막내한테
못해준 걸 생각하는데 '더 해줬으면 좋았겠다'지 '내가 너무 못해준 것
같아', 그런 게 아니더라고요. 근데 사고 난 게 둘째였으면, 나는 정말
후회할 것 같다… 해준 게 아무것도 없는 거예요. 둘째한테 막내만

절망 속에 핀 꽃으로 남기 싫어요

예뻐했던 것 같다고 미안하다고 했더니 그걸 이제야 알았냐고. 하하. 그 이후로 둘째가 '뭘 하자, 뭐 사주면 안 돼?' 하면 웬만한 거는 들어주려고 해요. 그리고 마음이 힘들 때가 있으면 부모님한테는 티를 못 내니까 둘째랑 술 한잔 하면서 진짜 많은 이야기를 해요. 울기도 하고 웃기도 하고. 애는 상황 다 아니까. 무슨 일을 겪고 무슨 고민을 하는지도 다 아니까. 지금 보면 내가 답답한 마음을 털어낼 수 있는 존재죠. 나의 감정 분출구면서 상담자 같은 느낌. 가장 많이 의지하고 제일 편하고 제일 잘 통하는…

솔직히 사고 나기 전에는 엄마랑 더 대화를 많이 했어요. 나에게 엄마는 멘토 같은 분이라 고민이 있으면 엄마랑 얘기했는데 지금은 거의 대화를 안 해요. 뭐라고 할까? 안쓰러운 마음이 많이 들면서 엄마를 바라보는 시선도 바뀌고 관계도 바뀌고. 또 사고 전엔 '결정장애'라고 할 만큼 제 주장을 거의 안 했어요. 사고 후 6개월 동안 불면증을 겪었는데, 그러면서 내 감정에 휩쓸리는 시간이 굉장히 많아졌어요. 그 시간을 겪고 나니까 성격이 변하더라고요. 활동하려고 마음먹고 나니까 주장도 엄청 강해졌고요. 그래서 엄마가 뭘 하시면 예전 같으면 아무 생각이 없었을 텐데 지금은 뭔가 마음에 들지 않는 게 있고, 그걸 말을 할까 말까 망설이는 거죠. 엄마도 힘든데, 스트레스 받을 텐데 하면서.

하지만 엄마에 대한 믿음은 더 깊어진 것 같아요. 자식 입장에서 엄마아빠가 윤민이를 위해 하는 걸 봤잖아요. 링겔까지 맞아가며 도보행진도 하고, 단식에 삭발까지… 지금도 416인권선언 제정 활동도 하시고 반대표 일도 하시고 집회나 모임에도 가시고, 너무 바쁘셔, 너무. 엄마를 보면서 그런 생각이 들더라고요. 내가 무슨 일을 당해도

우리는 새로운 여행을 시작합니다

엄마는 내가 억울하지 않게 최선을 다할 사람이구나. 만약 엄마가 너무
힘들어서 못하겠다고 해도 저는 알겠다고 했을 거예요. 이해하긴 했을
거 같아요. 그게 얼마나 힘든 일인지 아니까. 하지만 이해하는 거랑 나를
위해 뭐든지 해줄 수 있는 사람이란 걸 믿는 거랑은 다른 거죠. 막연하게
생각하는 것과 정말 뭐든지 하는 모습을 본 것과는 믿음의 깊이가
확실히 다르다고 생각해요. 저는 그걸 봤으니까. 엄마가 나에게 그런
믿음을 주셨다는 게 감사해요.

/ 장벽과 상처

　할아버지랑은, 너무 멀어졌어요. 어릴 때 같이 살아서 저는
할아버지랑 사이가 매우 좋았어요. 생각해보세요. 손녀가 한달에 한번
정도는 할아버지 집에 혼자서라도 찾아가고 한달에 두세번씩 전화를
드려요. 근데 지금은 할아버지께 전화한 게 언제인지도 모르겠어요.
　아, 할아버지를 어떻게 설명해야 할까요? 박정희 대통령의 업적을
보도한 신문기사를 스크랩하시고, 새누리당 의원들과 친하시며,
6·25참전 유공자 협회에서 활동을 많이 하신… 그런 성향의 분이세요.
그런 시대를 살고. 저도 이해해요, 어쩔 수 없으니까. 근데 저한테도
활동하지 말라고 계속 그러시는 거예요. 당신 손녀가 그렇게 됐고,
내 동생이 그렇게 됐는데 어떻게 활동을 안 할 수가 있느냐 그랬더니
할아버지가 네가 그런다고 뭐가 바뀔 것 같냐고… 저는 그 말이 굉장히
충격이었어요. 할아버지한테 말했어요. 변하지 않아도 상관없다.

상관없는데, 내가 말 안 하면 잘못한 걸 모르지 않겠냐고. 알리다
보면 언젠가는 나랑 비슷한 생각을 하는 사람들이 나오고, 똑같은
말을 하는 사람들이 나오고, 그러다 보면 '아, 내가 잘못했구나' 하는
사람들이 나오지 않겠냐고. 가만히 있는 것보다, 내가 답답해서 죽는
것보다 말하다가 죽는 게 낫지 않겠냐고. 제가 활동하면서 언론에
자주 노출되고 그러니까 할아버지가 보기에는 나라에 반하는 행동을
많이 하는 거죠. 그래서 그랬죠. 나는 나라에 반하는 행동을 하는
게 아니라고, 상식적인 행동을 하는 거라고, 그걸 요구하는 거라고.
대통령이 나라는 아니지 않냐고.

더이상 할아버지랑 대화를 안 해요, 상처가 되니까. 모르는 사람이
상처를 주면 겉 상처예요. 악플 같은 거는 얼굴도 모르는 사람이 하는
거잖아요. 아무것도 모르면서. 그래서 기대할 것도 없는데, 손녀를 잃은
할아버지잖아요. 근데 어떻게 그렇게 말할 수 있지 싶고, 할아버지를
통해 그걸 겪고 나니까 친한 친구들한테도 기대를 안 하게 되더라고요.
그냥 사람들이 인간으로서 최소한의 예의, 형식, 이타적인 마음 이
정도만 있었으면 좋겠다 싶고…

또 어른들, 나이가 많은 어른들일수록 더 경계하게 되는 것 같아요.
저 사람들은 머리가 굳었을 거야, 자기만의 틀 안에 갇혀 있을 거야,
나라 하는 일은 무조건 따라야 하고, 다른 얘길 하면 빨갱이라고 무조건
싸잡아 말하고… 그런 편견? 이 사건에 대한 나이든 분들의 반응이 그런
식인 걸 많이 봐서 그런지 나이든 분들을 보면 부정적인 생각부터 먼저
드는 거예요. 피하고 싶고. 그 사람이 좋은 사람일 수도 있는데…

나이를 먹는 게 너무 무서워요. 나도 변할까봐… 기득권, 어른의 때가
묻을까봐.

윤민이를 생각해도, 나는 한살 한살 나이를 먹는데 윤민이는 점점
어려지거나 그대로 있으니까… 상상 속에 머무는 아이니까… 가슴이
아파요. 졸업식이면 스무살이 된 거잖아요. 그러면 애가 이제 성인이
되고 모습이 달라져야 하는데, 내 머릿속에 있는 애는 계속 교복을 입고
있어요. 애가 어떤 모습으로 성인이 됐을지 알 수가 없어요. 파마를
했을지, 어떤 남자친구와 연애를 할지, 꿈은 이뤘을지… 그 순간 자체가
없고 내가 상상해야만 되지 알지를 못해요. 내 동생 어떡해요, 스무살도
못 살고 가서…

솔직히 미래에 마주하고 싶지 않은 시간들이 있어요. 내가 세월호에
대해 기대했던 게 나쁘게 끝날 수도 있고. 나라의 힘이 너무 세서 좌절될
수도 있어요. 하지만 속상하긴 해도 후회는 안 돼. 그러면 그건 전
배드엔딩이 아니라고 생각해요. 우리가 너무 억울하고 진실을 밝히고
싶어서 하는 거니까 해피엔딩은 아니지만 아무 것도 한 게 없다고
생각하지 않아요. 후회가 남으면 뭐든 할 것 같아요. 처음이 어렵지
그다음이 어려울까요? 아니요, 안 어려워요. 또 생각 자체가 달라져서
나는 다르게 살고 있을 테니까.

예전에는 물 흐르는 대로 가자였다면 지금은 그래도 물 흐르는 곳이
어딘지는 제가 정하고 가는 것 같아요. 인생의 기준이 생겼으니까. 제
삶의 목표는 딱 하나예요. 윤민이를 만나러 갔을 때 얼굴 똑바로 들고

부끄럽지 않은 언니로 만나고 싶다. 근데, 그건 나잖아요, 나. 내 안에
기준이 있는 거고… 그 기준이 나 혼자라면 흔들릴 수도 있는데 힘든
시간 동안 가족들이 내가 뭘 하든 나를 떠나지 않을 거라는 믿음이 생긴
거예요. 아, 윤민이가 정말 사랑받고, 그 사랑을 나도 받고 있구나. 혼자
끙끙거렸던 시간들이 너무 아프고 힘들었지만 그걸 마음속 기둥으로
잡아놓다보니 좀 단단해지고 당당해지고. 부끄럽게 살지 않을 확신이
조금씩 생기는 거죠.

　어떻게 보면 절망 속에 핀 꽃인 셈이죠. 그런데 절망 속에서 피기까지
얼마나 힘들었겠어요? 꽃 피우려고 얼마나 아등바등 했겠어요? 그때
도와준 사람이 얼마나 많았겠어요? 근데 사람들은 그건 다 모르고
절망 속에 핀 꽃으로만 봐요. 힘든 상황에서도 예쁘게 피었네. 하지만
절망 속에 피어봤자 절망이에요. 뿌리 내린 곳이 절망이라 벗어날 수가
없어요. 그 절망을 좀 줄이자고요. 그냥 꽃밭에서 꽃피우게 하자고요.
꽃은 절망 속이 아니라 꽃밭에 있어야죠. 나는 꽃이 아니라 절망을
정화하는 미생물이 되고 싶어요. 사람들도 절망에서 핀 꽃은 계속 절망
속에 있다는 걸 직시했으면 좋겠어요. 절망을 없애는 것에 집중했으면
좋겠어요. 하지만 많은 사람들은 절망 속에서 핀 꽃으로만 보겠죠, 내가
뭘 하든. 그렇지만 나는 주저앉지 않을 거예요. 어떻게든 이겨내려고
발버둥치고, 발버둥칠 거예요.

.
.

구술 최윤아. 세월호 희생학생 최윤민의 언니 | 기록 유해정

제 일이지 않아요?

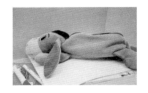

분명히 기억하는 건 애들이 배에서 탈출한 거라는 거…
그걸 구조했다고 말할 순 없잖아요.

세월호 진상조사 청문회에 갔어요. 증언을 한 해경이 '애들이 철이 없어서 인지하지 못해서 이런 일이 있었다'고 한 말, 이해가 안 갔어요. '가만히 있어라'라고 말한 건 어른들이잖아요. 그런 말을 한 어른들이 철이 없지 않나 생각이 들었어요. 가만히 있으라는 방송이 있었고 학생들은 그 말을 들었을 뿐이잖아요. 청문회에 나온 사람들은 막 일부러 그렇게 말을 하는 것 같더라고요. 나중에 자기가 한 말을 바꾸기 쉽게, 자기한테 불리한 게 있으면 기억이 안 난다고 하고, 거짓말도 많이 하고요. 질문을 했는데 사람들이 그런 식으로 대답을 하니까 어이가 없었어요.

/ 친구들

제가 이 사건을 겪은 거고 진상규명도 다 친구들 일이잖아요. 제 일이고 친구들 일이잖아요. 친구가 죽었는데 저희는 이유도 모르고, 갑자기 이런 일이 생기고 너무 이상한 게 많아요. 이거에 대해 밝히는 건 당연히 저랑 관련되어 있잖아요. 당연히 진상규명 하는 데 같이해야 된다고 생각해요. 오래 걸리더라도…

떠난 친구들 중에 중학교 때부터 친구였던 애들이 두명 있어요. 한명은 중학교 때부터 알고 지내다가 고등학교 와서 더 친해진 친구예요.

성격이 되게 활발하고 어른들한테도 잘하는 친구였어요. 저희 집에
자주 놀러왔는데 저희 아빠가 집으로 전화하면 그 친구가 받아서
"아빠" 하면서 장난을 쳤어요. 친구가 저 대신 아빠 밥도 차려주고
저녁까지 놀다가 아빠가 친구를 집에 데려다주고. 밖에 나가서 노는
것보다 집에서 자주 놀았어요. 그 친구가 손가락이 다쳐서 병원에
입원했었거든요. 그래서 수학여행을 안 갈까도 생각했었는데 그래도 단
한번이잖아요. 수학여행은 한번 가는 거니까… 저랑 아빠랑 가자고 해서
간 건데… 제 꿈에 한번이라도 나왔으면 좋겠어요. 꿈에서라도 보고
싶은데 아직도 안 나와요.

　다른 애는 중학교 때부터 친한 친구예요. 걔네 집에 버터 냄새 나는
식빵이 있었어요. 맨날 그 식빵 먹고 김치볶음밥도 해먹고 피아노 치고
놀았어요. 어느 날인가 친구가 저한테 전화를 했어요. 갑자기 누가
강아지를 집에 맡겼는데 무섭다고 어떻게 해야 되냐고. 그래서 집에 가서
봐주고. 학교 갈 때도 맨날 같이 가고 그랬어요. 또 한번은 그 친구가
울면서 오는 거예요. 처음에 장난인 줄 알고 웃으며 보고 있는데 알고
보니까 자전거랑 부딪혀서 넘어진 거예요. 핸드폰도 다 깨지고 자전거 탄
사람이 사과도 안 하고 그냥 갔대요. 친구가 자기 엄마한테 전화해서 그
사람 잡고… 그런 일들이 있었죠.

　친구들이 입이 무겁거든요. 뭘 얘기하고 싶을 때 걔네들한테 다 얘기할
수 있었어요. 전화해서 그냥 "너네 집 갈래" 하고 장난치면서 얘기하고
싶은데 지금은 그 친구들이 없어요. 제가 이 일을 겪었고, 일을 겪은
사람을 당사자라고 하잖아요. 그걸 내려놓을 수 없을 것 같아요. 어쨌든
제가 이 일을 겪은 건 변하지 않는 거니까… 변하지 않으니까…

애들하고 같이 있다가 저 혼자 객실에 남게 됐는데 어쩌다가 그렇게
된 건지 기억이 안 나요. 객실에서 어떻게 나왔는지도 기억이 안 나요…
그날 아침밥을 먹고 객실로 와서 누워 있었어요. 친구 두명은 매점에
가고 나머지 애들은 다 방에 있었는데 배가 기울어진 거죠. 처음엔
심각한 상황인지 모르고 친구들이 쑥 밑으로 내려가니까 그 모습을
보고 웃고 있었는데…

배가 계속 기우니까 불안해서 바로 구명조끼를 입었어요. 캐비닛
가까이 있던 애들이 구명조끼를 꺼내서 서로 나눠줬어요. 우리
중 한명은 화장실에 있었거든요. 그 애가 다쳐서 손에 피가 나는
상태였어요. 화장실에 있던 애도 구명조끼를 입어야겠다는 생각이
들었나봐요. 제가 내려오지 말라고… 위험하니까… 그런데 걔가 굴러서
내려온 거예요. 같이 구명조끼를 입고 가만히 있었어요. 그러다가 어딜
잡고 있으라 했나 막 그런 얘길 하다가… 잘 기억이 안 나요.

제가 아빠한테 전화를 해서 컨테이너 박스가 둥둥 떠다닌다고 얘길
한 건 기억이 나는데 아빠 말로는 빨리 객실에서 나가라고 했다는데
그건 기억이 안 나요. 창문으로 점점 물이 차는 게 보였어요. 객실
불은 꺼지고… 어두워지고 헬기 소리도 막 들리고… 방송에서 가만히
있으라고 하니까 그대로 있었어요. 그러다가 방송에서 헬기가 뭐 어쩌구
이야기 들리고, 아, 우리 살았구나… 다행이다 싶었죠. 저희 애들끼리는
헬기가 배를 끌어당겨서 구해주는 줄 알았어요. 그런데 그럴 수
없잖아요 생각해보면…

객실에도 물이 차기 시작했어요. 차갑잖아요. 캐리어, 애들 짐 위에 올라가 있었어요. 그런데 갑자기 캐비닛이 쓰러졌어요. 저는 쓰러진 캐비닛을 잡고만 있었어요. 친구가 빨리 캐비닛 위로 올라오라고 하는데 제가 팔 힘이 없어서 겨우 올라갔어요. 친구가 머리 긴 애들한테 머리 묶고 있으라고 해서 서로 묶어줬어요. 혹시 머리가 어딜 끼일 수 있으니까…

기억나는 건 어떤 애가 저보고 빨리 배에서 나오라고 했던 거, 그 친구는 체구가 작아서 저를 당겨줄 수 없었어요. 그래서 다른 애 한명이 저를 잡아줬어요. 제가 체구 작은 애한테 빨리 나가라고 하고, 저를 잡아준 애한테도 이제 나갈 수 있으니까 너도 가라 했어요. 그렇게 비상구 앞까지 갔는데 고무보트가 있었어요. 애들이 바다로 뛰어내리면 건져서 배로 올려주는 게 보였어요. 배에서 뛰어내리라는 말이 들렸어요. 막상 뛰기 어렵잖아요. 그런데 갑자기 배 안으로 물이 싹 들어오는 느낌이… 배 옆을 잡고 버티다가 이젠 뛰어내려야겠다 싶어서 뛰어내렸어요. 고무보트 타고 어디로 갔지? 서거차돈가?

서거차도에서 배를 타고 팽목항으로 갈 때도 신발을 못 신고 양말만 신은 채로 걸어다녔어요. 배에서 내릴 때 신발을 안 신고 있었거든요. 객실은 실내니까 신발을 벗고 있잖아요. 신발을 다시 신을 시간이 없었던 거죠.

그냥 그때는 무섭다거나… 모르겠어요, 배 안에서 어떤 생각을 했는지. 지금 생각해보면 그 상황에서 제가 죽을 거란 생각은 안 했던 거 같아요. 죽겠구나 생각을 하면 힘을 놓게 되잖아요. 배에서 나와서 그날 있었던 일을 얘기하다 보니까 어떤 부분의 기억이 없었어요. 기억하려고

막 애쓰거나 하진 않아요. 단지 그런 생각은 했어요. '왜 기억이 안 나지?'

분명히 기억하는 건 애들이 배에서 탈출한 거라는 거. 나온 아이들을 그냥 앞에서 건진 것 뿐이지 적극적으로 배에 들어가서 뭘 어떻게 했거나 그런 게 없으니까. 그걸 구조했다고 말할 순 없잖아요.

/ 행동

저는 심리치료 그런 것도 별로 안 좋아해서 하기 싫었어요. 고대병원에서는 어쩔 수 없이 해야 됐잖아요. 그게 싫었어요. 심리검사 하는 의사랑 얘기하는 것도 싫고 설문지 작성하고 계속 검사하잖아요. 그런 것도 싫고. 심리치료는 치료라는 말이 어쨌든 들어가 있잖아요. 치료가 안 좋은 게 아니긴 한데 저한테는 필요하지 않은 거 같아요. 그런 게 도움이 되는 애들도 있겠지만 굳이 저한테는 도움이 안 되는 거 같아요. 저는 멀쩡한데 치료하는 것도 싫고…

가끔씩 '내가 너무 멀쩡한 거 아닌가' 그런 생각을 해요. 애들은 다 우는데 나는 안 울 때, 너무 멀쩡한 건가 이런 생각이 들 때가 있어요. 그런데 그날만 그렇게 생각하고 더 생각 안 해요 굳이. 그 다음날 되면 저는 괜찮아져요. 사람마다 다르니까 그냥 안 울 수도 있다고 생각해요. 울고 나면 힘들어져요. 울면 힘이 빠지잖아요. 그러니까 안 울고 싶어요. 운다고 달라지는 게 없으니까 최대한 안 울고 싶어요. 달라지려면 행동으로 해야 되지 않을까요? 그게 훨씬 중요한 거 같아요. 제가 당사자니까 할 수 있는 선에서 하는 게 저한테도 도움이 되고 좋은 거 같아요.

언론이나 인터넷 악플에서 보상금 얘기 많이 나오잖아요. 저희가 돈을 바란다는 그런 얘기. 안 그런 사람들이 더 많으니까 이 일을 너무 돈 얘기로만 몰아가지 않았으면 좋겠어요. 저는 그런 악플은 안 보고 싶어요. 굳이 안 봐요. 봐봤자 말도 안 되는 말들일 텐데… 저는 안 좋은 얘기를 들으면 그냥 생각 안 해요. 그 대신 이 일은 더 알려져야 하니까 최대한 제가 할 수 있는 건 하려고요.

2014년부터 도보행진을 네번 정도 한 거 같아요. 1주기쯤에는 서울에서 했던 세월호 집회도 갔어요. 떨어져 있어서 캡사이신은 안 맞았는데 너무하다는 생각이 들었어요. 유가족들은 그냥 걸어가고 있던 거잖아요. 그런데 막아버리니까 뭐 어떻게 할 수도 없고… 이런 건 언론에 나오지도 않고 먼저 폭력을 썼다는 식으로 얘기하니까… 저한테 익숙한 장면이에요. 사실 옛날에도 집회 갔을 때 똑같은 걸 봤거든요. 어릴 때부터 제가 아빠를 따라다녔어요. 용산참사 집회도 가고, 광우병 촛불집회도 갔어요. 아빠가 가자고 해도 가기 싫으면 안 가는데 제 생각에는 안 좋은 일이 아니니까요. 사회에 득이 되는 좋은 일이라고 생각해요. 정부 입장에서는 마땅치 않게 생각할 수 있고 입장이 다른 사람도 있겠지만 저는 굳이 신경 안 써요. 그 사람들만의 생각이니까. 저희가 보기엔 문제가 있으니까 얘길 하는 거죠.

제가 "아빠는 진상규명 같이할 거지?" 물어본 적이 있어요. 아빠는 이 일을 제대로 올바르게 할 거라고 생각했거든요. 언젠가는 모든 게 밝혀질 거예요. 저희 일이고 저희와 관련되어 있으니까 당연히 해야죠. 이 일에 관련이 없는 사람들도 이렇게 다 함께하고 있잖아요. 당사자인데 저희도 해야죠. 힘들어도 이제는 해야죠.

유가족 분들은 얼마나 힘들겠어요. 2015년 12월에 동거차도에 가서 유가족들을 만났거든요. 거기서 인양 과정 지켜보고 계시잖아요. 화장실이 없어서 땅 파서 쓰고 천막에서 지내시니까. 잘 때도 불편할 거 아니에요. 부모님들 고생하고 있는 게, 쫌 그랬어요. 저도 처음에는 유가족들이 저희를 보면 속상해하실 거라고 생각했어요. 그분들 자식들은 못 돌아왔는데 저희는 나왔으니까… 아빠가 그랬어요. 저희 보고 싶어하신다고. 그때부터 인사드리고 만나기 시작했어요. 아빠랑 같이 왔다갔다 하면 유가족 분들이 잘 챙겨주세요. 저희가 어렵게 느꼈던 거지 만나보니까 괜찮았어요. 졸업식 끝나고도 분향소에 갔어요. 같이 졸업 못했으니까 분향소에 한번 들르는 게 맞다고 생각했어요. 친구들한테 인사하고 부모님들에게 인사도 드리고… 같이 졸업식 못한 게, 쫌 그래요. 같이 했으면 좋았을 텐데… 원래는 우리랑 다 같이 졸업하는 거였으니까…

학교에서 교실존치나 저희랑 관련된 일은 학생들의 의견을 물어보는 게 맞는 거 같아요. 조심스럽긴 하지만 물어보는 게 맞지 않나. 저희랑 관련이 있는 건데 저희랑도 얘기를 해야죠. 당사자인데 저희도 알아야 하니까. 의견을 물어볼 때도 설명을 자세히 해주면 좋겠어요. 저희가 평소에 많이 알던 게 아니잖아요. 설명해주고 찬성, 반대를 물어보면 설명을 안 해주고 물어볼 때랑 다를 수 있잖아요. 의견들이 여러가지 나올 수도 있고 다른 결과가 나올 수도 있으니까. 저희 학교 선생님들이 이 일에 더 관심을 가져야 된다고 생각해요. 저희 학교에서 일어난 거잖아요.

실감이 안 나요, 솔직히. 뭐라 해야 되지… 1주기 됐을 때도 실감이 안 났어요. 변한 게 없잖아요. 이 사건만 일어났을 뿐이지 변한 게 없잖아요. 그냥 이 사건만 딱 일어난 거고 다른 건 그대로니까. 정부의 잘못된 대처 때문에 많은 사람들이 희생된 사건이잖아요. 이 사건은 다른 사람한테도 일어날 수 있었던 거잖아요? 그러니까 잊지 않아야 된다고 생각해요.

진상규명은 필요한 일이니까 제가 할 수 있는 선까지 최대한 해야죠. 아빠가 항상 말해요. "지금은 부모들이 하지만 나중에 너희가 해야 된다." 그 말이 맞는 거 같아요. 그게 아빠 일이 아니라 제 일이지 않아요? 당연히 해야죠. 그동안은 미성년자였지만 이제 성인이잖아요. 그니까 해야 된다고 생각해요. 안 하면 나중에 후회할 거 같아요.

해결이 되려면 오래 걸릴 것 같아요. 끝나는 게 진짜 몇십년이 걸릴 수도 있어요. 이 일이 정부와 관련돼 있잖아요. 한번에 바뀔 수는 없는 거니까. 하다 보면 바뀔 거라고 생각해요. 처음부터 너무 큰 기대를 갖고 있으면 안 될 것 같아요. 그 기대에 못 미치면 빨리 포기해버릴 수 있으니까.

사람을 살리는 일을 하고 싶었던 거 같아요. 그래서 응급구조학과에 진학했어요. 소방서 119 구급대에서 일하고 싶어요. 그 일이 응급 상황에서 초기에 대처하는 거잖아요. 사람들을 처음 살리는 사람이잖아요. 그런 걸 하고 싶어서… 5년 후엔 제가 맡은 일에 최선을 다하는 구급대원으로 살고 있을 것 같아요. 물론 이 진상규명 일도 같이 할 거고요.

·
·

구술 장애진, 세월호 당시 단원고 2학년 | 기록 이호연

어떤 수학여행,
어떤 그날

나중에 선생님 되고 나서 만난 첫 제자들한테
그날 무슨 일이 있었는지
말해줄 수 있을지 잘 모르겠어요.

대학 면접 볼 때 같이 봤던 친구가 합격을 했더라고요. 면접 때 처음
본 친구였는데 걔랑 좀 친해져서 얼마 전에 그 친구한테만 얘기를 했단
말이에요, 단원고라고. 대학 가서도 왠지 친하게 지낼 것 같고 어차피
밝혀질 일이라고 생각해서. 되게 무서웠는데 의외로 이해해주더라고요.
말해줘서 고맙다고. 완전 막 울 뻔 했어요, 감동 먹어서… 아, 진짜 이런
사람도 있구나, 이런 친구가 얘 말고도 더 있겠구나. 완전 속 시원하고
되게 고맙고.

/ 어떤 친구

지금까지 어디 가서 단원고라고 이야기해본 적 없는 것 같아요.
처음에는 진짜 무서웠어요. 사고 이후에 학교 다닐 때는 다 알아볼
것 같고. 미용실 같은 데 가서도 어디 학교냐고 물으면 다른 학교라고
거짓말 치고. 바른 대로 말하면 그 다음부터 보는 게 달라지니까.
불쌍하다는 듯이 쳐다보는 거 싫으니까. 단원고라고 하면 그때 얘기를
물어보는 분도 있고. 지금은 대학 입학 앞두고 있어서 더 무섭고. 제일
걱정되는 건 다른 애들이 실수하면 "실수할 수도 있지" 그럴 텐데 제가
그러면 "쟤니까 그렇지" 이런 소리 들을까봐.
얼마 전에도 대학 신입생 행사에 갈까 말까 한참 고민을 했어요. 가서

상처받지 않을까. 서울 사는 친구한테 전화를 했거든요. 가고 싶은데 무섭다고. 친구가 가보지도 않고 어떻게 아냐고. 니가 단원고라고 말했을 때 싫어하면 그냥 걔랑은 아닌 거라고. 그러면서 가래요. 갔는데 정말 아무 일도 없었어요. 가서 친해진 친구가 있거든요. 그 친구한텐 아직 얘기를 안 했는데 나중에 알게 되더라도 변함없을 것 같아요. 저를 알아주는 한두명만 있어도 다른 애들이 비난한다고 해도 많이 힘이 될 것 같아요. 그때 학교 갔을 때 어떤 친구가 가방에 노란리본을 달고 있는 것도 봤거든요. 나도 지금 그걸 안 달고 있는데 걔가 달고 있는 거 보면서 괜히 부끄럽고. 되게 고마웠어요, 기억하고 있다는 게…

선생님이 되고 싶었어요, 어렸을 때부터. 초등학교 5학년 때 담임선생님이 너무 좋아서 '아, 저런 사람이 되어야지' 했다가 나중엔 '저런 선생님이 되어야겠다' 했어요. 뭔가 엄청 큰 존재 같았거든요, 저한테는. 근데 대학입시 앞두고 진짜 말도 안 되게 고민이 되는 거예요. 일반전형으로 경찰행정 쪽으로 합격했는데 제 꿈은 그게 아니니까 가는 게 맞나. 그렇다고 제 꿈을 쫓아가려고 특별전형으로 가자니 또 많이 걱정되고. 엄청 고민하다가 결국 선생님 되기로 마음을 정했어요.

만만한 대학교가 아니거든요. 잘하니까, 다들. 저도 공부를 좀 하는 편이고 계속 교사 하고 싶었던 것도 맞는데, 이 학교 들어오는 애들에 비하면 많이 부족하니까 처음부터 위축되는 게 있어요. 수업을 잘 따라갈 수 있을까. 그래도 친구들 걱정은 덜 하게 된 것 같아요. 어차피 욕하는 애들은 있을 거잖아요. 거기에다 대고 이런저런 얘기를 하는 건 씨알도 안 먹힐 것 같고, 가서 보여주는 것밖에 없는 것 같아요. 열심히 하는 모습. 꼭 임용고시 붙어서 당당하게.

고등학교 졸업하니까 아쉬운 게… 저는 수학여행 가고 싶어요.
한번도 가본 적 없거든요. 그게 처음이자 마지막 수학여행. 초등학교
때도 중학교 때도 항상 수련회 같은 데만 가가지고 주구장창 기합만
받았거든요. 2학년 때 간다고 해서 처음이니까 제가 갖고 있는 제일
예쁜 옷, 비싼 옷 이런 거 챙겨가지고 갔는데… 아, 그때 딱 바다가
무섭다는 걸 알았어요. 진짜 다 집어삼킬 수 있구나. 저 큰 배도 저렇게
집어삼키는데…

처음엔 심각한 줄도 모르고 웃었어요. 자다가 일어났는데 짐이랑
애들이랑 벽에 다 처박혀 있는 거예요. 맨 위에서 자고 있던 애가
굴러떨어지는 거 봤냐고 막 웃고 그러다가 핸드폰을 봤는데 저희 기사가
나온 거예요. 애들이랑 이게 뭐냐고. 저희끼리만 방에 있었는데 선생님이
저희 반 단톡에 너희 구명조끼 입고 침착하라고. 담임선생님이 그때
식당에 계셨나 그랬거든요. 가만히 기다리고 있었어요. 헬기 소리 들리고
배는 기울고 있으니까 진짜 바보같이 '헬기가 배를 끌고 가나봐' 이렇게
생각을 한 거예요. 끌 수가 없는데 그때는 그냥… 구조가 되고 있는 줄
알았거든요. 근데 창문을 보니까 점점 어두워지는 거예요. 깜깜하게,
바다에 갇히면서. 바닷물이 여기 아래 있었는데 점점 더 올라오니까, 아
이건 아니구나…

저희 방은 큰 방에다가 수납장 같은 게 가운데 세줄로 놓여 있었단
말이에요. 배가 기우니까 창문이 바다에 닿잖아요. 창문 틈 사이로
물이 들어온 거예요. 그때 저희가 수납장 안에 다 들어가 있었거든요.

못 들어간 애들 끌어주면서 '애 이리로, 이리로 보내라' 그러면서
껴안고 있었는데… 그때 배 안에 불이 꺼졌거든요. 한 친구는 울면서
해경 왜 안 오냐고, 오라고, 막 울부짖으면서 왜 우리 안 구해주냐고.
저는 다른 친구랑 둘이 손 붙잡고 울고. 어떤 친구는 막 기도하고.
구명조끼에 손전등 같은 게 달려 있었는데 그게 깜빡깜빡 켜졌다 꺼졌다
그러거든요? 배는 기울지, 이건 깜빡깜빡거리지, 어떤 친구는 울부짖지.
그러니까 완전 막 무슨 재난영화처럼…

　물이 들어오니까 수압 때문에 수납장들이 다 무너졌거든요. 갑자기
앞쪽 수납장에 있던 애들이 막 소리를 지르면서 무너지는 거예요. 보고
놀라자마자 저희도 무너지고. 무너지면서 물을 엄청 많이 먹었어요.
눈을 감으면서 살아야 되는데 살아야 되는데… 그때 무슨 생각이
났냐면, 예전에 엄마가 명주풀이 이런 거 했는데 제 인생은 완전
평범하다고 했거든요. '나 되게 평범하다고 했었는데…'

　숨도 잘 안 쉬어지고 정신이 하나도 없는데, 구명조끼 입고 있으니까
뜨잖아요? 떴어요. 신발장 있는 곳에서 애들이 올라가고 있는 거예요.
절벽처럼 기울어져 있으니까 막 뜨면서 올라가가지고 잡아달라고.
애들이 서로 잡아줘서 올라가고. 원래는 벽이었던 부분이 바닥이
됐으니까 거기를 밟고 걸어나오는데, 친구가 "저기 비상구다!" 해서
나가니까 앞에 어선이 있었나. 그분들이 잡아 끌어주셔서 잡고
나왔어요. 그냥 저희는 저희들끼리 나온 거죠.

　나오자마자 엄마한테 전화했거든요. 나 죽을 뻔 했다고, 나
나왔다고. 엄마가 그러냐고, 고맙다고. 제 부모님은 제가 멀쩡한 걸
아니까 안심하고 진도로 내려왔는데, 버스 같이 타신 다른 부모님들은

연락이 안 되니까 저희 부모님한테 우리 애 있냐고 물어봐달라고 계속 그러셨다고. 엄청 불안해하시고 그러셨을 것 아니에요, 다른 분들은…

저는 물에 대한 공포는 없는 것 같아요. 근데 짠 내는 진짜 싫어요, 바다 짠 내는. 끔찍해요 완전. 바닷물에 흠뻑 젖고 나서 몸에서 그렇게 짠 내가 났어요. 배에서 나오고 진도체육관 있는 데까지 가는데 한시간인가 걸린다고 그랬거든요. 그래서 배를 한번 더 탔어요. 대충 몸만 닦고 담요 덮고 있었는데 그래도 너무 춥고 짠 내도 계속 나고. 씻지를 못했으니까, 속옷까지 다 젖었는데. 배 안에서 자다가 일어나니까 막 꾸덕꾸덕하다고 해야 하나? 짠 내가 나는 거예요, 몸에서. 지금도 싫어요.

/ 어떤 장례식

정말 친한 친구가 세 명 있었는데 그중에 두 명이… 두 명이 못 나왔어요. 한명은 고등학교 1, 2학년 내내 계속 같은 반이고 서로 비밀 하나 없이 계속 붙어다니고 그랬던 친구. 또 한명은 중학교 3학년 때부터 친구여서 같이 고등학교 온 친구. 그때 병원에서 못 나가게 해서 한명 장례식엔 못 갔고 한명은 엄마랑 아빠한테 말해서 몰래 갔다 왔어요. 중학교 때부터 친구였던 그 친구 장례식.

병원에 있을 때 제 병실에 중학교 때 그 친구랑 같이 친했던 애들이 왔다갔거든요. 다 검은색 옷을 입고 오는데 그땐 몰랐어요. 아무 생각 없었어요. 근데 뭔가 약간 이상한 거예요. 페이스북에서였나? 제가

나중에 그 친구 소식을 확인했어요. 바로 병문안 왔던 친구들한테
전화해서 왜 나한테 말 안했냐고. 애들이 너한테 어떻게 말하냐고.
엄마도 저랑 그 친구랑 얼마나 친한지 알거든요. 가게 해달라고 했더니
엄마아빠가 알겠다고. 링거 꽂고 있었으니까 옷만 대충 갈아입고 링거 한
손으로 들고. 그때 장례식장에도 기자들 엄청 많았거든요. 제가 링거를
들고 가면 당연히 알 거 아니에요. 아빠가 살펴보다가 지금 들어가면 될
것 같다고 해서 옷 속에 숨겨갖고 들어가고.

친구 장례식장은 처음 가봤어요. 친구 부모님이 너무 힘들어하시는
거 보니까 어떻게 해야 할지도 모르겠고 너무 슬픈데 감당이 안 되는
거예요. 그래도 안 갔으면 후회했을 것 같아요. 못 가게 했으면 저는 진짜
난리쳤을 거예요.

고등학교 올라갈 때 그 친구도 그렇고 저도 그렇고 둘 다 되게
힘들어 했었거든요. 그 친구랑 밤에 놀이터에서 얘기하고 있는데
갑자기 비가 오는 거예요, 안 그래도 슬픈데. 둘이 동네 한바퀴 돌면서
울면서 비 맞았거든요. 그랬더니 완전 독감에 걸린 거예요. 그러고 한참
고생했던 것 같아요. 나중에 적응하니까 둘 다 완전 잘 지내고. 그랬던
친구였는데… 그 친구랑 저랑 다른 반이어서 마지막에 어디 있었는지
몰랐어요. 연수원 있을 때 걔랑 같은 반인 친구한테 물어봤었는데
자기가 봤다고. 그림까지 그려가면서 얘기해줬는데 막 상상되고
되게 소름끼치고. 다른 친구한테 들었는데 화장할 때 그 친구 삼촌이
그러셨대요. 그 친구 손에 멍이 많이 들었다고, 살려고 나오느라고
그랬다고. 그 생각 하니까 너무 마음이 아픈 거예요. 살고 싶어서
그랬다는데… 그 후로도 순간순간 그 생각이 났어요.

학교에 오랜만에 다시 갔더니 교실이 완전 달라져 있더라고요. 꽃이 책상마다 놓여 있고 돌아와달라는 메모가 붙어 있고 칠판에도 완전 가득하게 그런 말들이 적혀 있고. 같은 반이었던 친구 책상에 앉아서 음… 그때 나오면서 걔를 못 봤는데 내가 좀더 빨리 행동을 해서 데리고 나왔으면 지금 여기 있을까 그런 생각 하고. 나중엔 그 친구랑 같이 자면서 밤에 했던 얘기들 그런 것도 생각나고.

저희가 팝아트로 친구들 얼굴 그려서 부모님들한테 드렸었거든요. 저희가 친구들 위해서 할 수 있는 게 별로 없잖아요. 그런 거라도 할 수 있어서 좋았어요.

/ 어떤 고3

3학년 돼서는 또 수능이다 뭐다 해서 되게 힘들었어요. 1주기 한 일주일 전부터는 진짜 완전 우울증 이런 게 걸린 거예요. 감당이 안 돼가지고 틈만 나면 울고 집중이 안 됐어요. '그냥 없어져버렸으면 좋겠다' 그런 생각도 들고. 뭔가 혼자 있는 기분이었어요. 1주기 행사를 학교에서 했잖아요. 보다가 엄청 울고, 그러고 나서 아무 일도 없다는 듯이 괜찮아졌어요. 진짜 신기했어요. 근데 친구 하나는 계속 힘들어하다가 나중에 공부를 놨거든요. 그러니까 완전 괜찮아지더라고요, 완전.

대학 수시원서 접수할 때는 인터넷에 저희 사칭한 글도 많이 올라왔어요. 모의고사 2, 3등급인데 스카이 가는 게 뭐가 나쁘냐,

단원고 특별전형으로 서울대 갈 건데 뭘 준비해야 하나 이런 식으로.
이렇게 쓰면 누가 기분이 안 나쁘겠어요. 근데 그걸 사람들은 믿으니까.
엄청 속상하고 진짜 화도 나는데 거기에다 대고 뭐라 할 수도 없고. 완전
상관없는 제3자면 아니라고 댓글도 달고 그랬을 텐데 당사자니까 오히려
섣불리 나설 수가 없었어요.

특별전형으로 가더라도 거기 가는 애들 가까운 수준까지는 올리자,
그런 생각으로 고3 시절을 버텼던 거 같아요. 2학년 때 (희생된) 친구
아버님이 뒤에 뭐 달고… 아, 맞다 십자가. 그거 매고 진도까지 걸어가신
적이 있었는데 학교에서 저희가 다 같이 배웅해드렸거든요.

그날 그런 말씀을 하셨어요. 친구들 몫까지 열심히 살라고. 그 말
듣고 '아, 진짜 내가 그 친구 꿈까지 이뤄줄 순 없지만 적어도 내 꿈은
꼭 이루고 열심히 살아야겠다' 그런 생각했었어요. 열심히 하는 거는
저한테도 좋은 일이니까. 졸업하고서 원래 다들 노는데 저는 학원 다니고
있거든요. 다니기 싫은데도 지금 해도 모자라다는 생각하면서 참고
있어요.

/ 어떤 선생님

저는 딱 결정적인 순간에 학교 선생님들이 도움을 주셨어요. 약간
선생님 복이 있는 것 같아요. 그래서 제가 선생님 하려는 것 같기도 해요.
물론 '저게 교사야? 저런 교사는 되지 말아야지' 싶었던 선생님들도
있었지만.

연수원에 있을 때는 수업 안 하고 힐링 어쩌고저쩌고 그런 것만 했는데 선생님 두명 중에 한명한테 엄청 반감이 심했어요, 애들이. 그 선생님이 막 이런 게임을 하자는 거예요. 한명씩 상상으로 이야기를 이어가는 건데 첫 얘기를 '수학여행을 갔는데…' 이런 식으로. 저희들 다 '뭐지?' 어이가 없어서 하지 말자고. 병원에서 온 지 얼마 안 됐는데 그런 거 생각하기 싫어하는 애들이 훨씬 많잖아요. 아직도 힘들고. 그러고 학교에 다시 오니까 학교선생님도 다 바뀌었잖아요. 선생님들도 낯설고 그러니까 다들 좀 꺼려하고 밀어내고. 처음에는 엄청 그랬던 거 같아요. 그냥 다, 저희 빼고는 다…

저는 사회선생님이 제 얘기를 엄청 잘 들어주시고 힘들 때 위로되는 말도 많이 해주셨어요. 진학 문제로 어떻게 해야 될지 모르겠다고 울면서 전화했을 때도 잘 말씀해주시고. 제가 좋아하는 국어선생님도 있거든요. 나이가 많으신데도 열정적이고 뭔가 생각하시는 게 다른 세상 사람 같다고 해야 하나, 생각의 폭이 넓다고 해야 하나. 저희가 연수원에서 학교로 돌아온 다음에 그 선생님이 저희 학교로 오셨는데 저희들 한명 한명한테 짧게 편지를 다 써주셨거든요. 사회선생님이 나이 들면 국어선생님 같은 교사가 되고 싶다고. 그래서 제가 그랬어요. 젊었을 때는 사회선생님 같은 사람이 되고 싶고 나이 들어서는 국어선생님 같은 선생님이 되고 싶다고.

1학년 때 담임선생님도 '아, 진짜 멋있다' 생각했거든요. 최혜정 선생님. 학생들한테 정을 줄 때도 누구만 많이 주고 적게 주고 그런 거 없이 다 똑같이. 선생님한테는 저희가 첫 제자고 그러니까 좀더 각별한 게 있었던 거 같아요. 첫 시험 볼 때 컴퓨터 사인펜에다가 이름 스티커 귀엽게 하나하나 다 붙여가지고 햄버거 모양 젤리 같은 거랑 한명씩 다 주시고. 생일인 애들 다 체크해가지고 핸드크림 같은 거 주시고 그랬는데… 배에서 못나오셨어요.

그때 선생님 열네분 중에 두분이 배에서 나오셨잖아요. 두분 다 선생님을 그만두셨거든요. 교사로서 학생들을 지키지 못했다 그런 마음이시지 않았을까. 그러실 필요 없는데, 교사니까. 한분은 그날 이후로 뵌 적 없고, 한분은 애들 교실 가보시느라고 학교에 오셨을 때 지나가다 뵈었거든요. 뭔가 슬프고 공허한 그런 표정으로 앉아계셨는데 안타까웠어요. 살아나온 거는 우연이고 '나만 살아야지' 이렇게 나온 게 아니니까. 선생님도 애들 구하고 싶었을 텐데 너무 갑자기 일어난 일이어서…

/ 어떤 그날

저는 사고 딱 일어나고서는 잃은 게 많다고 생각했거든요. 그런데 지금 생각해보면은 그만큼 얻은 것도 많은 것 같아요. 저희 상담선생님이 그러셨거든요. "너희는 다른 너희 나이 때 애들이 겪지 못하는 경험을 해서 사람을 보는 눈이 생긴 것 같다. 다른 애들은 갖지 못하는 걸 가졌다." 그 말이 맞는 거 같아요. 그리고 새로 친구들도 얻었고 개인적으로는 아빠도 얻었고. 제가 아빠한테 그랬어요. 원래 아빠가 없는 것 같았는데 지금은 생긴 것 같다고. 아빠가 그렇게 생각해줘서 고맙다고. 제가 완전 어렸을 때 엄마랑 이혼했거든요. 그래서 아빠랑은 안 친했는데 그 일 있고서 아빠가 엄청 달라졌단 말이에요. 가족을 막 소중하게 생각하는 거 같아서. 요즘 제가 맨날 얘기해요. 엄마, 나이 들면 챙겨줄 사람 아빠밖에 없다고. 그러면서 계속 어필하고 있어요, 흐.

　나중에 선생님 되고 나서 만난 첫 제자들한테 그날 무슨 일이 있었는지 말해줄 수 있을지 잘 모르겠어요. 진실이 뭔지 궁금해요. 진짜 왜 일어난 건지, 진짜 단순한 사고인지. 근데 그때까지 밝혀질지 모르겠어요. 엄청엄청 오래 걸릴 것 같아서. 묻힐 것 같지는 않고 언젠가는 되겠죠. 한 십년? 제가 뭘 할 수 있을지는 잘 모르겠어요. 음… 할 수 있는 걸 해야 하는데, 그냥 지금까지 해왔던 거처럼 하면 되지 않을까요? 열심히 살면서 기억하고 그래도 도움 되는 일 있으면 하고.

구술 한성연, 세월호 당시 단원고 2학년 | 기록 배경내

사람들이
기억해줬으면 좋겠어요

그때마다 친구가 아직 살아 있다면,
그때 우리가 배를 타지 않았다면, 이런 생각이…

얼마 전에 지나 생일이어서 학교에 갔어요. 교실에 선물만 놓고
왔어요. 다른 친구들도 보려고 했는데 교실을 방문한 사람이 많아서
그냥 왔어요.

지나를 처음 만날 때 바로 옆 번호여서 행정실 청소를 같이 했어요.
행정실에서 저희 먹으라고 빵이랑 과자를 막 내놓으시는 거예요.
요구르트를 한개 받아서 지나한테 먹을래 했더니 괜찮대요. 새 친구
사귀어보려고 먹겠냐고 물었는데 괜찮다니까 어색해서 그냥 제가
먹었어요. 지나가 그게 너무 웃겼대요. 그리고 친한 친구 소정이랑 제가
생일이 하루 차이예요. 수학여행 가기 전에 소정이한테 생일선물로
사탕을 줬었는데, 그 사탕이 교실에 있는 소정이 필통 안에 아직도
있더라구요… 가끔 아무한테나 친구 얘기가 하고 싶을 때가 있어요.

/ 뭔가 텅텅 빈

저한테 친구는 쉬고 싶을 때 쉴 수 있는 안식처 같았어요. 심심하지
않게 놀아줄 사람이기도 하고. 엄마아빠가 맞벌이여서 친구 생겨서
정말 좋았는데… 분향소에 처음 갔을 때, 그때가 제일 많이 실감났어요.
애들 장례식을 못 갔었으니까 실감이 안 났는데, 앞에 딱 영정사진들이
있으니까. 국화, 아, 하얀 꽃들이 있으니까 확…

그 친구들이 너무 좋았으니까 비슷한 친구라도 만나서 그 자리를
채우고 싶긴 했어요. 채우고 싶은데, 솔직히 무리란 걸 느꼈어요. 똑같은
애를 찾는 건 무리고, 새로 만나는 친구가 마음이 맞았던 예전 친구랑
비슷해도 전과 똑같진 않더라고요. 똑같은 대화를 하는 건 아니니까
대신할 수는 없더라구요. 관계가 있잖아요, 새로운 친구를 사귀어도
그 자리는 비어 있고 새로운 자리만 있는 느낌이에요. 다른 친구가
생기더라도 그 친구가 먼저 간 친구와의 관계를 채워줄 순 없으니까
허전해요… 뭔가 텅텅 비어 있는 느낌.

/ 더 데려왔더라면

가끔 친구 부모님들한테 연락 올 때가 있어요. 부모님들은 저보고
아프지 말고 잘 지내라고 하시는데, 그때마다 친구가 아직 살아 있다면,
그때 우리가 배를 타지 않았다면, 이런 생각이… 텔레비전 같은 데나
길거리에서 은화 사진 보면 생각나요. 은화는 아직 못 나왔으니까.
배를 타기 싫어하는 애들도 있었는데, 비행기를 탔더라면! 비행기 타고
수학여행 가고 싶다는 애들도 있었는데. 병원에 있었을 때는 배가
침몰하지 않았더라면 아마 제주도 갔다와서 친구들이랑 같이 수업
받고 졸업하지 않았을까, 그런 생각도 했어요. 우리들은 1학년 때 너무
친해져서 나중에 커서도 만날 생각을 했으니까 계속 만나지 않았을까?
  지나가 그냥 헬기를 타고 나왔더라면, 배 기울기 전에 복도에라도
있었다면… 지나는 헬기 타기를 힘들어해서 다른 걸 기다렸대요. 그러다

못 나왔어요. 만약에 우리가 복도에 있었더라면 비상구로 쭉 가기만 하면 되니까 아마 쉽게 나왔을 텐데. 배가 기울 때 방에 있었으니까 나갈 곳이 문밖에 없는데, 문이 머리 위에 있는 거예요. 그래서 경사 때문에 못 올라갔어요. 복도에 있을 걸, 그런 생각도 들고. 그때 같은 방에 있던 친구들이 몇명 못 나왔어요. 다들 복도에 있었더라면 빨리 나왔을 텐데, 이런 생각이…

가만히 있으래서 구명조끼 입고 진짜 가만히 있었거든요. 막 무서워서 움직이려는 애들이 많았어요. 불 꺼지고 패닉이 와서 우는 아이들도 있었고. 근데 가만히 있으래서 가만히 있었는데 방송을 몇번째쯤 할 땐 그 사람이 말을 더듬는 거예요. 저는 들었거든요. 방송 이렇게 듣고 있는데 말을 계속 더듬길래, 아, 저 사람도 무섭나보다… 저희는 단체실이어서 가만히 있었는데 혼자 있었다면 가만히 안 있었을 거 같아요. 무서운데 침착하게 기다렸어요.

몇번째 칸 너머에 있는 친구까지 보일 정도로 칸이 다 무너져서 친구들이 미끄럼 타듯 사라지는 거예요. 방 안에 있는데 구명조끼 입어서 물에 떠갖고 발이 안 닿으니까 친구들이 서로서로 손을 잡고 올려줬어요. 저는 문턱을 밟고 친구 손 잡고 복도까지 올라왔는데 보라가 못 올라오는 거예요. 손을 잡았는데 양손을 잡아도 안 돼서 조끼를 잡고 끌어올렸어요. 예전에 본 어떤 영상이 기억났거든요. 거기선 물에서 구조할 때는 팔이 아니라 구명조끼를 잡고 올리더라구요. 남아 있는 애들은 다른 친구들이 끌어줘서 문 쪽으로 왔어요. 비상구까지 왔을 때 파도가 두세번 쳤어요. 갑자기 파도가 치고 물이 차면서 옆 칸에 있던 친구가 사라졌어요. 파도 힘이 세서 몸이 이렇게 휩쓸려 내려가는

거예요. 뭐라도 잡아야겠다 싶어 복도 손잡이를 딱 잡았어요. 그 후에
바닷물에 잠겨 눈을 감고 나가려 했는데 구명조끼 때문에 잠수가 안
되는 거예요. 구명조끼를 풀려고 했는데 안 풀어져서 숨이 찰 무렵, 전
파도에 휩쓸려 문밖으로 나왔어요. 그때가 제일 위험했던 거 같아요.
그날 기억이 아직도 선명해요. 지우고 싶지는 않아요. 또 힘든 기억은
유독 잘 나니까…

처음에는 저를 좀 탓했어요. 그때 친구들을 더 데려왔더라면 하고.
같이 있던 친구 보라도 그렇게 구했으니까 한명 더, 두명 더, 이렇게…
친구 부모님들이나 주위를 보면서 내가 죽었다면 다른 사람들도 그렇게
힘들어하겠지, 친한 친구들이랑 하늘에 같이 있을 수 있었겠지, 이런
생각도 했어요. 병원에서 상담할 때 이 얘기를 했더니 선생님은 잘
생각해보면 제가 못 구할 수밖에 없는 상황이었대요. 그래서 지금은
생각만 해요. 그냥 상상만.

/ 무기력

그렇게 가정을 해도 이뤄지지 않을 거란 걸 아니까 언제부턴가
신경을 안 쓰기 시작했어요. 답답하기만 하고. 달라진 거는, 어… 어…
뭔가 무기력해진 거. 무기력할 때가 많아요. 왠지 모를 외로움이랑
무기력함이랑 겹쳐서 되게 힘이 없어요. 뭘 하고 싶은 것도 없이 무료하게
생활하고. 예전에도 비슷했는데 그때 이후로 더 심해진 거 같아요.

화를 내기도 싫고 감정을 느끼기 싫다고 해야 하나. 그냥 아무
감정이 없는 상태가 편했어요. 뭘 느끼고 귀담아듣는 걸 한동안 피했던

거 같아요. 누가 뭐라 얘길 해도, 그렇구나 이렇게. 화를 내야 되는 상황인데도 넘어가고, 웃음도 많지 않고. 말다툼이 오갈 것 같은 상황이 되면 말을 안 해요. 그냥 가만히 있어요. 그냥 귀찮고, 대답하기도 귀찮. 사람들이 가끔은 그냥 알아줬으면 좋겠어요. 예전에는 친구들이 있었으니까 막 놀고 그랬었는데, 이제는 어색한 친구들이랑 같이 있으니까. 마음 맞는 친구를 찾기가 힘들어요.

혼자 많이 있고. 혼자 하는 것들을 좋아해요. 그냥 혼자 있을 때면 문득문득 친구가 생각나요. 집에 있을 때나 버스 탈 때나. 학교 상담선생님한테 얘기했는데 선생님이 "너한테는 애도가 필요하다" 이랬어요. 그때부터 애도에 대해 생각했어요. 친구를 보러 교실에 가거나 생일을 챙겨요. 수업시간에 친구 얼굴을 그린 그림들도 교실에 갖다놨어요. 편지를 써볼까도 했는데 잘 안 돼요. 평소에 글쓰기 같은 걸 잘 못해서 그런지, 손으로 쓰면 글씨체 때문인지 집중이 안 되고, 컴퓨터로 쓰면 생각이 휘익 안 잡히고… 교실 가고 생일 챙기는 그런 거밖에 못해요.

/ 친구 생각

집 근처에 '416기억저장소'*가 있어요. 이웃이나 416저장소에서

---

* 416기억저장소는 세월호참사를 기억하기 위하여 세월호에 대한 기억과 기록을 수집하고 공유하는 활동을 하는 곳이다. 이곳에서는 희생학생들의 생일잔치 등 다양한 추모행사를 열고 가족모임도 한다.

먼저 간 친구들 생일잔치를 해요. 한번은 416기억저장소에 불이 켜져 있어서 '아, 누구 생일인가' 싶어서 올라갔는데 (희생학생) 형제자매 모임인 거예요. 거기 계신 아저씨가 올라오래요. 갔더니 "너는 누구니?" 이러는데 거기 있기가 좀 미안했어요. 눈치 보이고. 괜히 절 보면 더 생각날까봐. 내 동생이나 오빠나 형제도 나왔더라면, 이런 생각이 날까봐… 그런 거 있잖아요, 괜찮아졌는데 절 보고 다시 힘들어질 수 있으니까. 그래도 다들 '더 열심히 공부해라' 이렇게 말해줬어요. 형제만큼 가깝게 오래 지낸 사람은 없잖아요. 그러니까 허전함이 아무래도 크게 느껴지겠죠? 거의 되게 친구처럼 지내잖아요. 형제 관계마다 다르긴 할 텐데 대체로 추억이 많으니까 허전할 거 같아요.

가끔 친구 부모님 뵈면 친구랑 너무 닮아서 더 생각이 나요. 특히 수진이 부모님이랑 소정이 부모님이 그 친구들이랑 진짜 닮았어요. 부모님들과 연락은 하는데 뵌 지는 오래됐어요. 저희한테 연락하면 되게 미안해하시고 그래서 제가 먼저 문자를 보낼 때도 있어요. 부모님들도 저희가 생각하는 거랑 되게 비슷해요. 서로가 미안해하는… '연락을 해도 괜찮을까? 바쁘지는 않을까? 친구 생각이 더 나지 않을까?…' 저희는 괜찮아졌는데 부모님들이 저희 눈치를 본다고 해야 하나, 연락하는 게 조심스러우신가 봐요.

/ 꿈과 소원

친구들이 꿈에 나오고 나서 우울증 같은 게 괜찮아졌어요. 애들이

다 살아나는 꿈을 꿨어요. 제 소원이 꿈에 나온 거예요. 언제더라, 되게
신기했어요. 학교 급식실 앞쪽에 여학생들이 뭉쳐 있었어요. 얼굴은 본
적 없는 낯선 얼굴이었어요. 제가 3학년은 대부분 아니까 우리 학년은
아니겠고 1, 2학년이다 싶어서 말을 걸었는데 반말을 하는 거예요. 1,
2학년인데 왜 반말을 하지 그랬는데 학생증을 보니 제 짝꿍인 거예요.
다시 얼굴을 봤는데 친구고, 그 짝꿍이랑 같이 놀던 친구들이 옆에
있는 거예요. 대화를 해봤더니 애들이 안 죽었었대요. 원래 안 죽었는데
저희끼리만 학교생활을 한 거라며 연수원 단체사진을 보여주는 거예요.
그 애들은 저희가 다닌 연수원에서 공부를 하고 있었다고.

그 뒤로는 괜찮아졌어요. 뭔가 후련하다 해야 하나. 다들 그렇게
표현하잖아요. 하늘나라에서 잘 지내고 있다, 그런 의미로 받아들여져서
좋았어요. 애들 다 잘 지내고 있나보다… 그 뒤로는 뭔가 슬픈 것도
없어지고 기운도 좀 내고 있어요.

/ 학교 이름

사고 이후에 다른 학교 친구 두명을 사귀었는데 저도 모르게 두명의
반응을 살피게 됐어요. 표정에서 반응을 살피는. "단원고야" 이러면
그러냐고 공감해주는 애도 있고, 동정하는 애도 있고. 얘랑 친구가 되면
날 계속 그런 눈으로 볼 것 같은 애도 있고. 그래서 사귀지 않으려고 할
때도 있고. 연수원 나와서 어디 학교냐고 물어서 "단원고야" 이러면,
"아, 아…" 그런 반응이 있어요. 그런 반응이 싫어가지고 다른 학교 이름

얘기하고 일부러 말 안 한 적도 있어요. 예전에는 친구를 사귈 때 학교에 대한 반응을 신경 안 썼는데.

대학교 들어가서도 어찌 해서 단원고라는 게 밝혀지면, 세월호사건 학생이구나 할 테고. 나중에 저 없을 때 저를 설명할 때 그런 식으로 설명이 될까봐 신경이 쓰여요. 그 사건이 아닌 제 특징으로 설명되면 좋겠는데… 머리 길고 쌍꺼풀 있고, 키는 보통이고 막 그런 식으로요. 오프라 윈프리 책에 이런 내용이 있대요, 오프라 윈프리가 백인 위주의 학교에 다녔는데 백인친구가 부모님한테 흑인친구를 소개하는 데서 그 말투가, 나는 착하니까 이 친구랑 어울리고 난 마음 좋은 백인이야, 그런 우월감이 묘하게 느껴졌다고 해요. 가식 같은 것 없이 대해주면 좋을 텐데, 동정이 아니었으면 좋겠는데…

/ 행진

예전에는 불쌍하다, 이런 감정이라도 있었는데 점점 덤덤해지고 어떤 사람은 '또 그 얘기야' 이런 식으로 내가 아팠던 걸 당연한 얘기로 받아들이고. 친구 한명을 잃어도 힘든데 선생님이랑 같이 놀던 친구 대부분이 그렇게 됐는데… 원래 고등학교 친구가 평생 친구라는데 다른 사람은 모를 거예요. 제 나이 때에 친구가 죽는 일이 흔하진 않잖아요. 친구 한두명이 죽더라도 슬픈데, 한꺼번에 잃었는데…

사람들이 이 사건이 지겨워질 때 한번쯤 자기 일로 받아들이면 좋겠어요. 그런 일이 또 일어날 수도 있으니까… 저도 가끔 이 상황

자체가 지겨웠어요. 패턴이 있잖아요. 유가족 분들이 시위를 하면 정부는 나 몰라라 하고 사람들은 그걸 알고 잠깐 분노했다가 또 잊어버리고.

200일째인가, 300일째인가 친구들이랑 같이 도보행진 했어요. 엄마도, 언니도 같이 가고. 차를 타고 가서 체육관에서 자고 다음날 아침밥을 먹고 다시 출발했는데 거기서 수진이 부모님을 뵀어요. 사탕 같은 먹을 걸 쥐여주시면서 힘들 텐데 열심히 걸으라고 하시고. 길 걷는데 웬 아저씨가 옆에서 몇학년이냐고 물어서 몇학년이라고 했더니 유나 선생님 아버님이더라고요. 거기서 인사도 하고. 걸으면서 힘들긴 했는데 사람이 점점 많아져서 정말 좋았어요. 뒤돌아봤는데, 이렇게 행렬이 쭉 나 있는데 다 사람이더라고요. 팽목항에 도착했더니 거기도 꽉 차고. 대단했어요! 이렇게 사람들이 계속 기억해줬으면 좋겠어요.

구술 김수연, 세월호 당시 단원고 2학년 | 기록 명숙

믿을 만한 곳은 아니다

이번 일 겪고 알게 된 거 하나가, 사람들이 진짜
잘 알아보지도 않았으면서 다 안다는 식으로
얘기한다는 거예요. 그게 너무 어이가 없어요.

예전보다 집안 분위기가 아주 조용해진 것 같아요. 둘째언니가
분위기 메이커였거든요. 언니 있으면 맨날 집에 노랫소리 들리고. 언니
꿈이 초등학교 6학년 때부터 가수였걸랑요. 그래서 노래학원 다녔는데
밤늦게 와도 집에 와서 맨날 노래랑 춤 연습하고. 그런데 지금은 그런 게
없으니까.

/ 집에선 웬만하면 표현하지 않아요

언니에 대한 얘기는 집에서 자주 안 해요. 엄마 때문에. 엄마가 많이
울어가지고. 제가 잘 몰랐었는데, 어느 날 자다가 우는 소리가 들려 뭔가
했더니 엄마가 우는 소리인 거예요. 그래가지고 안 그래도 엄마 힘든데
괜히 이야기 꺼내서 힘들게 하는 거는 아니다 해서.

아무래도 저희들보다는 부모님이 더 힘드실 거 아니에요. 동생이랑
저는 어렸을 때는 기억이 없으니까 언니랑 같이 지냈다고 해도 기억이
안 나고, 기억나는 걸로 치면 고작 10여년인데, 부모님은 언니가 태어난
순간부터 키운 거잖아요. 입히고 먹이고 하면서. 그런 거 하나하나
안 잊으셨을 텐데. 저희는 소중한 사람들 순서를 매겨 생각하면 가족
그리고 친구가 많은데, 부모님들은 오직 가족이잖아요. 근데 그중에
한명이 사라졌으니 부모님이 힘들 것 같구. 저는 힘든 걸 친구들하고

271

풀고, 부모님 앞에서는 웬만하면 표현을 안 하고 있어요.

/ 친구들은 다 같은 경험을 했으니까

학교에서는 그래도 많이 힘들진 않았어요. 저희 학교엔 유가족
형제자매가 거의 열명 가까이 있었어요. 친 형제자매만 있는 게 아니라
사촌인 애들까지 하면 정말 많았거든요. 학교에 유가족 애들이 많다는
게 안 좋은 거잖아요. 근데 그만큼 애들이 많으니까 자기 힘든 걸 나눌
사람이 많다는 거잖아요. 아무래도 친구들. 유가족 친구들은 서로
다 같은 경험을 했으니까. 어떤 친구들은 오빠가, 저는 언니가 그렇게
된 거잖아요. 근데 이 사건 때문에 외동이 된 애들도 많잖아요. 그것
때문에… 저는 당연히… 불행 중 다행? 자매가 많잖아요. 동생도 있고
큰언니도 있고. 그래서 초반에는 저도 애들 앞에서 언니동생 얘기를 못
꺼내겠는 거예요. 그러면 애들이 자기도 언니오빠랑 이랬으면 좋았겠다
이런 얘기를 하는데, 미안한 거예요.

이제 고등학교 가면서 친구들은 다 여기 일반고 가거든요. 근데 저만
여기서 먼 데 있는 대안학교에 가거든요. 그래가지고 애들이 막, 너는
거기 혼자 가면 안 힘들겠느냐 해서, 저도 잠깐 생각해봤어요. 지금은
주위에 애들이 많잖아요. 그래서 기분도 잘 이해해주고 그러니까 덜 힘든
거 같은데, 이 근처 일반고 가도 만나기 힘든데, 가뜩이나 저는 멀리 가서
더 만나기 힘들고. 거기서 혼자 잘 버틸지도 모르겠고…

/ 언제까지 이럴 거냐고, 고만하라고…

애들이 많다 보니까 처음엔 학교에서 유가족 애들만 따로 모아서
상담치료도 하고 미술치료도 하고, 요리 같은 활동도 하고. 선생님들도
전에 가르쳤던 제자 중에 희생된 학생들이 많아서 저희를 잘
이해해주셨어요.

학교에 '예술의 향기'라는 곳이 있어요. 원래는 학교 미술작품을
전시해놓는 곳인데 그날 이후 저희들이 쉼터같이 쓸 수 있었어요.
애들이 수업시간에도 울고, 심한 애는 숨을 못 쉬어갖고 응급실에
실려가고, 막 계속 울음이 안 그치고, 애들이 밥도 안 먹고… 그렇게
힘들어해서 초반에는 되게 자유롭게 거길 갈 수 있었어요. 그러다
갑자기 샘들이 '너희가 너무 자주 가니 수업에 지장이 있다' 이런 식으로
말하는 거예요. 그러곤 하루에 몇번 가라, 나중엔 일주일에 몇번만
가라 이런 식으로 막 줄어드는 거예요. 애들도 처음에는 샘들 말을 잘
들으려 했어요. 하지만 참사 후 100일이 되고 200일이 되고, 점점 더
시간이 갈수록 형제자매가 없는 시간이 실감이 나기 시작하니까 애들이
더 힘들어하고, 그러면 보건실에 가서 '힘든데 한시간만 쉬면 안 되냐'
하는데, 그게 자꾸 많아지니까 이젠 보건실에서도 저희를 안 받아주는
거예요. 또 상담실 가면 다른 상담받는 애들이 있으니까 거기서도 안
받아주고. 마지막에 선택을 한 게 도서관. 근데 샘들이 '너희가 도서관에
갔다는 걸 우리가 어떻게 아냐'라는 식으로 말하시는 거예요. 그러면서
점점 어느 순간부터 저희가 어디로 갈지 모르게 됐어요. 거기서 또
애들이 힘들어가지고…

273

믿을 만한 곳은 아니다

1년이 지났을 땐가, 1주기가 다가오니 애들이 막 힘들어지는 거예요. 수업 못 들어가고, 밖으로만 돌아다니고. 그러다 애들이 힘들어서 그냥 운동장에 앉아 있었는데, 그때 한 샘이 저희를 보고 왜 여기 있냐고 하셔서 저희가 갈 곳이 없어서 그렇다고 했더니, 언제까지 이럴 거냐고 고만하라고 애들한테 막 그런 식으로 말을 한 거예요. 애들이 안 그래도 힘든데…

근데 (유가족) 애들끼리 돌아다니다 보니 이제 반에 친구가 없는 거예요. 그러니까 더 교실에 들어가기 싫고… 그날(416) 이후로 애들이 밥을 못 먹었거든요. 교실에선 더 못 먹겠는 거예요. 그래갖고 밖으로만 돌아다니다 학교에 수석선생님 개인 방이 있는데 그곳에 가게 됐어요. 거기는 한 예닐곱명 앉을 수 있는 탁자가 있어요. 샘이 교실에서 밥 먹고 싶지 않을 때 이 방에 와서 밥을 먹어라 해서… 그때부터 한두명씩 그 수석교사실에서 먹다가 지금 애들이 점점 불어나서 일곱명 정도가 먹고, 쉬거나 놀거나. 이제는 자주 안 쉬는데, 그래도 어느 날 한명이 울적해지면 애들이 다 울적해지는 거예요. 그런 날은 샘들한테 허락받고 수석교사실에서 쉬든지… 그러고 있어요.

/ 416 이후에 알게 된 것들

전에는 '아, 우리나라가 참 멋진 나라다, 우리나라보다 나은 나라는 없다'고 했는데, 제가 생각했던 나라가 아닌 거예요. 경찰 분들도 위에서 시키는 대로 유가족한테 막 함부로 하고… 경찰도 정말 열심히 해서 됐을

텐데, 시키는 대로만 할 때 '내가 왜 공부를 해서 이런 일을 해야 하나'
생각하는 분도 있을 거 아니에요. 그런 걸 보면 경찰 분들이 불쌍하기도
하고, 그런데 그렇지 않은 경찰도 있으니까… 도대체 경찰을 왜 하는지…
전에 엄마가 '나중에 이 나라 말고 다른 나라 가서 살자, 안산에서 못
살겠다'고 했거든요. 근데 그땐 제가 막았단 말이에요. 그건 안 된다고…
그런데… 이젠 '믿을 만한 곳은 아니다'…

저희가 뭘 달라고 요구한 게 아니잖아요. 자기들끼리 보상금 얼마
주고, 특례입학 하게 해줄테니까 조용히 하라는 식으로 얘기한
거잖아요. 이번 일 겪고 알게 된 거 하나가, 사람들이 진짜 잘
알아보지도 않았으면서 다 안다는 식으로, 조금 나온 글 하나 가지고
자기들 멋대로 추측해서 얘기한다는 거예요. 그게 너무 어이가 없어요.
한번 일을 겪어봤으면 그 일을 계기로 해서 앞으로는 그런 일이 없게
해야 되는데, 사람들이 그런 생각은 안 하고 그냥 막 하는 거잖아요.
그러니까 그게 좀 그래요. 아무 생각이 없는 건가.

/ 그리고 나의 선택

안산에서 세월호 추모행사를 한 적이 있거든요. 그때 엄마가
말해줬는데, 2000명이 넘게 모였는데 그중 1500명가량이 학생이고
나머지가 어른들이라고. 엄마가 그걸 보고, 안산에 있는 고등학교에
보낸다고. 어른들보다 학생들이 더 관심을 가져줘서… 저도 처음에는
언니가 다녔으니 내가 대신 단원고 졸업할까 했는데, 이젠 아니에요.

학교 친구들 중에 단원고 가겠다는 애들이 많아요. 유가족 애들 중에서도 가서 자기가 언니오빠 대신해서 잘하겠다고 하고. 지금 다니는 중학교에는 단원고에 다녔던 제자를 둔 선생님이 많단 말이에요. 그래서 학교도 저희를 많이 이해해주려 했는데, 단원고는 처음에는 '진실이 밝혀지길 바란다'고 하다가 지금은 '교실 빼라'는 식으로 얘기하잖아요. 그래서 전 애들이 그런 의무감으로 가는 게 좀⋯ 전 애들이 정말 가고 싶지 않으면 안 갔으면 좋겠다는 마음이 있어요.

저는 대안학교로 가요. 처음엔 엄마가 추천했어요. 엄마는 언니들도 일반고에서 갇힌 교육을 받기를 원하지 않으셨는데, 결국은 가서 그런 일을 당한 거잖아요. 그래서 너만큼은 이렇게 똑같은 교육 환경에서 가르치고 싶지 않다고 추천해주신 건데, 저도 그런 생각이 드는 거예요. '아, 나도 이렇게 꽉 막힌 교육을 받고 싶지 않다.'

설명회 들으러 학교에 처음 간 날, 학교 중앙에 현수막이 걸려 있는 거예요. 근데 거기에 저희 언니 생일 때 만든 시가 적혀 있는 거예요. 그 시가 딱 걸려 있고, 거기에 저희 언니 이름도 딱 있고! 그래서 제가 그나마 다른 학교를 가는 것보다 이 학교에 오는 게 더 낫겠다는 생각이⋯ 적어도 이 학교 사람들은 유가족을, 저를 나쁘게 생각하지 않는다는 거잖아요. 그래서 그나마 여길 가면 좋겠다 생각하게 됐어요. 근데 이 학교 가면 애들이 제가 유가족인 거 모르잖아요. 알게 돼도 제가 유가족이니까 불쌍하다 그런 건 아니었으면⋯ 그냥 뭐 평범하게 대해주고, 유가족 앞에서 조심해야 될 것들을 애들이 좀 이해해주고 도와줬으면 좋겠어요.

우리는 새로운 여행을 시작합니다

구술 유성은, 세월호 희생학생 유예은의 동생 | 기록 정주연(루트)

아프지 말고,
힘들지 말고,
행복하게

그래도 이겨내야죠.
힘들어도 티 안 내는 게 최고죠.
아직까지는 슬퍼하면 안 될 거 같아요.

49제 끝나고 그 주에 입대를 해서… 많이 힘들었죠. 입대를 연기하려고 했는데 부모님이 어차피 갈 바에는 빨리 갔다와라, 그래서 갔죠. 갔는데 많이 힘들더라고요. 이제 전역을 바라보고 있으니까 그나마 괜찮지, 그때는… 계속 어떻게 됐다, 어떻게 됐다는 소식이 전해오는데 저는 군인 신분이다 보니까 집회를 나갈 수도 없고 아무것도 못하잖아요. 내가 오빠인데 왜 나는 아무것도 못하지, 이런 생각도 들고… 지금 (내게는) 나라가 적인데 나라를 지킨다고 이러고 있으니… 진짜 미친 세상이죠. 군인이다 보니까 할 수 있는 게 없고 빨리 전역만 기다리고 있어요.

/ 나라가 적인데 그 나라를 지킨다고

군생활은… 다 똑같죠. 계급 낮을 때는 뛰어다니고 욕먹고 그러다가 짬이 높아지면 편해지고. 군대에서만이 아니라 사고 난 뒤에 새로 알게 된 사람들은 (유가족인 것을) 아무도 몰라요. 그전에 사귀었던 친구들은 알죠. 정말 친한 친구들은 제 성격을 아니까 일부러 아무 말도 없이 옆에 그냥 있어줬는데, 별로 안 친한 친구들이 저를 불쌍하게 여기더라고요. 그것도 화가 났어요. '내가 뭐가 불쌍하나? 불쌍한 거는 내 동생인데. 참사를 당한 거는 내 동생인데…' 사람들이 그렇게 보는 게, 참사를

279

당한 건 내 동생인데 나를 불쌍하게 보는 게 속상하고 화나고. 또 나를
대하는 태도가 달라지기도 하더라고요. 그래서 원래 친한 애들만 알고
군대에서 새로 만난 친구들에게는 말 안 했죠.

딱 한번 군대 동기랑 싸웠어요. 뉴스에서 세월호 보상금 이야기가
나왔는데 동기가 "쟤네는 돈을 다 받아놓고 뭐 하는 짓이냐?" 그래서.
나중에 몰랐다고 사과하더라고요. 제 집이 안산인 거는 알고 있으니까
관련 있겠구나 짐작은 했지만 잘 몰랐다고. 그런 애들이 생각보다
많겠죠. 힘을 안 줘도 되니까, 거짓 정보에 속아서 저희를 싫어하지는
않았으면 좋겠어요.

원래는 지뢰폭파병이었는데 보직을 변경해준다고 해서 저는 취사병
간다고 했거든요. 그런데 어머니가 행정병이 좋겠다고 하셔서 인사과
행정병으로 가게 됐어요. 이제는 익숙해졌는데 처음에는 너무 힘들었죠.
남들이 다 쉴 때 계속 일하고, 새벽까지 야근도 많이 하고, 그래서 잠도
못 자고. 그러다 보니 후회도 했지만 이제 끝나가니까 뭐… 군생활
하면서 뉴스 보는 시간이 정해져 있으니까 대충 어느정도 소식은
알았죠. 다 믿을 수는 없다는 것도 알았지만. 어머니 아버지도 전화하면
잘 안 알려주시니까, 제가 안다는 것 자체만으로도 걱정하시니까 일부러
저도 안 묻고 그랬죠. 제대하면 그냥 그동안 못해왔던 일들, 집회도 가고,
일주일에 한번씩 동생도 보러 가고, 어머니도 도와드리고… 돈 벌면서
복학 준비도 하고 싶어요.

/ 알바비가 늦게 들어와 바지를 못 사줬어요

이제 3월이면 제대해요. 대학에 가서 한 학기를 마치고 휴학을 했어요. 군대 가기 전에 하고 싶은 것은 다 해보자 해서 휴학하고 있었는데 입대 두 달 전에 그 일이 터졌죠. 그때 10대를 대상으로 하는 마케팅 설문지 알바를 하고 있었는데 4월 16일 이전에 단원고에 한번 찾아간 적이 있었거든요. 도언이랑 도언이 친구들도 만났죠. 선생님께 양해를 구하고 반에 들어가서 설문지를 받았는데 그때 도언이가 수학여행 갈 때 입을 바지 하나만 사달라고 했어요. 그런데, 사주기로 했는데 수학여행 출발 전까지 돈이 안 들어왔어요. 그래서 못 사주고…

그날은 알바 쉬는 날이어서 친구들이랑 술 먹고 집에 들어와서, 새벽에 들어와서 늦잠을 자고 있었는데 일어나 보니 부재중 통화가 엄청나게 와 있더라고요. 아버지한테서도 부재중 통화가 찍혀 있길래 걸어보니까 뉴스를 보라고… 텔레비전을 딱 틀었더니 '전원구조 완료' 그렇게 뜨더라고요. 아버지한테 "다 구조됐대요, 걱정마세요" 그러고 있다가… 아버지랑 어머니랑 집으로 오셔서 바로 다같이 팽목항으로 갔죠. 도착하기 전에도, 도착했을 때까지도 당연히 아무 일 없을 거라고 믿었는데… 아니더라고요. 그다음부터 진도체육관에서 새로운 소식을 기다리며… 그냥 화도 많이 나고, 내가 체육관에 있다는 사실이 실감도 안 나고… 좀 현실감이 떨어지는 느낌. 이상하게도, 어머니하고 아버지하고 계속 저한테 집에 들러서 옷을 가져오라고 하셨는데, 안 간다고 그러다 어쩔 수 없이 제가 집에 간 사이 동생이 돌아왔어요. 하필 그날…

한달만에 돌아온 거 같아요. 정확하게 며칠인지 기억은 안 나는데,
진짜 실감이 안 났던 거 같아요. 아직까지도 실감이 안 나요. 어쩌면
제가 바로 군대에 가서 더 그런지 모르겠는데, 아직까지도 집에 가면
있을 거 같고… 그래도 제가 든든하게 있어야지 부모님이 괜찮으실 거
같아서 웬만하면 안 울려고 했는데, 저까지 울면 저까지 다 포기하고
그러면 다 무너질까봐, 그게 무서워서… 그때 당시에는 오히려 웃으려고
노력하고 괜찮은 척하고 그랬는데… 결론은 아직까지 실감이 안 나요.
도언이가 없다는 게…

/ 동생을 대신한다는 게 웃기는 말인 줄은 알지만

도언이랑은 그렇게 친하지는 않았어요. 사춘기 때 한창 사이가 안
좋다가 다시 좋아지려던 때였죠. 동생도 사춘기가 지났고 저도 성인이
됐으니까. 도언이가 뭘 사달라고 하면 사주고. 도언이는 활발하고 평범한
아이였어요. 또래 여자애들처럼 꾸미기 좋아하고, 놀기 좋아하고,
항상 바라는 게 많은… 그리고 착했죠, 확실히. 제가 부모님 속을 많이
썩였어요. 부모님이랑 도언이랑 같이했던 추억 같은 게 별로 없어요.
도언인 언제나 집을 지키고 있었고 저는 밖을 싸돌아다녔죠. 도언이랑
이야기해본 적도 별로 없고. 언제나 집을 지키는 것은 도언이고 밖에서
하고 싶은 거 하는 건 저였으니까. 자취하면서 집에도 잘 안 들어오고
그래서 자연스레 가족들이랑 저는 멀어지고… 그랬죠.
부모님은, 진짜 누구보다도 제일 힘들어하시는 거 같은데… 도언이는

저랑 달리 좀 당차기도 했고, 애가 여자다 보니까 저랑 정반대로 애교가 정말 많았어요. 저는 아들이다 보니까 부모님 대신 친구들에게 고민 상담하고 친구들과 가까워지고, 그래서 밖으로 나돌아다니는데 도언인 부모님과 좋게 지내고. 원래 저는 어머니 아버지랑 얘기 안 하고 웬만하면 혼자 해결하려고 하는… 그래서… 도언이 자리를 대신하려고 해도 못하겠더라고요. 대신한다는 게 웃기는 말이기도 한데, 아직까지도 딸처럼 행동하는 게 진짜 힘들어요.

　이제 너 하나밖에 없다, 네가 부모님께 잘해야 한다는 말을 많이 들었죠. 저는 당연하다고 생각해요. 진도체육관에 있을 때, 어머니도 계속 우시고 아버지도 안 우시는 척 했지만 우신 게 다 보이고. 그게 보이니까 많이 힘들었어요, 엄청 많이. 아버지하고 어머니는 저의 우상이고 슈퍼맨 같은 존재, 항상 흔들리지 않는 존재였는데 흔들리는 모습을 눈앞에서 보니까 정말 가슴이 아프고 많이 힘들었어요. 그런데 거기서 저까지 힘들다고 슬프다고 울어버리면 진짜 되돌릴 수 없을 정도로 모든 게 다 무너질까봐, 그게 너무 무서워서 일부러 괜찮은 척도 하고, 그러다가 또 너무 힘들면 체육관 뒤에 가서 울기도 하고. 장례식 때도 아마 딱 한번밖에 안 울었을 거예요. 입관할 때, 딱 그때만 울고 나머지는 어떻게든 울음을 참아보려고 하고…

　많이 울었죠. 친구들이 안 도와줬으면 정말 많이 힘들었을 거예요. 진도체육관에 있을 때 친구들이 돌아가면서 내려와줬어요. 제가 밤에 잠을 못 자니까… 졸려도 깨어 있어야 했는데 친구들이 왔을 때는 친구가 저 대신 새벽에 깨어 있고, 제가 잠깐 쪽잠을 자고 그랬죠.

　그래도 이겨내야죠. 힘들어도 티 안 내는 게 최고죠. 끝날 때까지는,

모든 게 다 정리될 때까지는… 슬퍼하고 울고 이런 거는 모든 게 다
끝났을 때, 끝나고 다 결판짓고 다 끝났을 때… 아직까지는 슬퍼하면 안
될 거 같아요.

/ 진실이 밝혀진다고 도언이가 돌아오는 것도 아니고

　저랑 관련이 없으면 신경을 아예 안 쓰는 성격이라서, 이런 일이
벌어질 거라고는 상상도 못했죠. 저와는 먼 일처럼 생각했었는데…
아마 다른 사람들도 똑같을 거예요. 직접 관련이 안 되면 모르겠죠.
그런데 당사자들은 미치죠. 결코 잊을 수 있는 일이 아니니까…
　그런데 진짜… 계속 생각해봤는데 모르겠어요. 왜 일어났는지, 무엇
때문인지. 다 못 믿겠어요, 이 나라를. 입대하기 전에 친구들이랑 술
마시면서 이야기했는데, 누구 잘못인지 모르겠다고. '선장이 잘못한
건지, 누구를 욕해야 하는지도 모르겠다, 대통령을 욕해야 하냐, 경찰을
욕해야 하냐, 선장을 욕해야 되냐, 나라 전체를 욕해야 하냐, 나는
모르겠다.' '도대체 누가 이런 일을 벌였는지, 진짜 실수인지, 고의적으로
의도를 갖고 한 건지, 나는 아무것도 모르겠다, 그래서 더 미쳐버리겠다.'
　아직까지도 정확하게 나온 게 없잖아요. 벌써 시간이 2년 가까이
되어가는데, 말이 되나 싶어요. 2년 동안 그거 하나 못 밝혔다는 게. 2년
동안 안 나왔다는 거는 국가에서 뭔가 감춘다는 건데. 딱 봐도 구린내는
나죠. 이제 착하게 살면 안 되겠죠. 어떻게 해서든 알아내야죠.
　솔직히 되지도 못할 싸움을 왜 하나, 이런 생각이 들죠. 특히 제 입장,

아들의 입장에서는 부모님이 하는 건 좋다 이거예요. 그런데 그러다가
부모님이 몸이 상하셔서, 추운 날 더운 날 밖에서 집회하다 몸이 너무 안
좋아지시면 어쩌나… 휴가 나올 때마다 보면 몸이 아프시니까요. 어디
가서 뭐 하시는 건 말릴 수가 없으니까 그렇다 치고, 건강을 잃으시면…
그러다 부모님이 잘못 되면 저는 어떡해요. 버틸 게 없어져버리는 거죠.
부모님이 계시니까 제가 이렇게 버티는 거지. 그런 상황이 저는 더
무서운 거죠. 도언이도 없는데 부모님까지… 그러면 이 세상에는 저
혼자인데 저 혼자서 헤쳐나가기에는 아직까지는 겁이 나요. 군대에서
전화할 때도 항상 부모님에게 몸 챙기시라고, 그 말밖에는 안 했어요.
지난 세월호 1주기 때 휴가 나와서 광화문에 같이 갔었거든요. 일부러
그때 휴가를 맞춰서 갔는데, 어휴…

　솔직히 진실이 안 밝혀져도 힘들고, 밝혀져도 힘들 거 같아요.
밝혀졌는데 정부가 이래서 이렇게 됐다, 그래서 정부가 미안하다,
그러고 끝이 나도 어이없을 거 같고. 그래도 결과적으로 도언이는
돌아오지 않을 거고… 저는 그냥 여기서 제 부모님 건강하게 진상규명
끝내고 다른 나라로 가고 싶어요. 여기에 더이상 있기 싫어요. 그런
사람들 많잖아요. '박근혜가 뭘 잘못했냐? 왜 박근혜 욕을 하냐'라는
사람들이요. 근데 박근혜가 대통령이잖아요. 가족으로 따지면 아버지
어머니인데 당연히 그만 한 위치에 있으면 그만 한 책임이 있는 거죠.
그런데 계속 떠드는 애들만 떠들고, 찌라시 뿌리는 애들은 계속 거짓말만
하고. 이제는 '그래, 니들이 다 해먹고 살아라, 나는 다른 나라로
갈란다' 이런 마음이에요. 또 진실을 밝히는 것만이 좋은 것만 같지는
않아요. 감당할 수 없는 진실이라면, 부모님이나 제가 받아들일 수 없는

진실이라면… 그래서 겁이 나기도 해요.

/ 노란리본과 노랑나비

어제는 친구들이랑 술 마시고 놀다가 밤에 혼자서 잠깐 세월호 합동분향소에 갔다왔어요. 저는 산책하는 걸 좋아하고, 꿈이 요리사다 보니 집에서 요리하는 거 좋아하고. 원래는 무용을 하고 싶었어요, 현대무용. 그런데 부모님이 반대하셔서 대학 전공으로 호텔조리학과를 선택하게 됐죠. 그때만 해도 요리사가 그렇게 뜨는 직업은 아니었는데 갑자기 떴더라고요. 인식이 많이 좋아진 거 같아요. 부모님은 공무원 하라고 하셔서 그때 부모님 속을 많이 썩였어요. 꿈은 호텔에서 일하다가 제 음식점 창업하는 거예요. 일식에도 관심이 많고 칵테일에도 관심이 있어서 작은 레스토랑 하나 차리는 거.

동생이 꿈에 자주 나와요. 항상 배경은 집이고, 그전이랑 똑같은 모습. 그런 날은 하루 종일 아무 일도 못하죠. 군대에서 짬이 낮을 때는 실수해서 많이 혼나기도 했고. 지금은 짬이 높아져서 그렇지는 않지만 하루 종일 멍하고. 현실감이 많이 떨어져서 지금이 꿈 같고, 꿈이 진짜 같기도 하고 그래요.

아무한테도 하지 않았던 이야기인데 49재를 지내러 절에 갔을 때 어머니가 안에 들어가신 사이에 노랑나비가 어머니 신발에 딱 앉는 거예요. 어떤 일에 의미를 부여하는 건 결국 인간이지만, 노란리본과 노랑나비… 신기하더라고요. 한참 주위를 맴돌다가 날아갔어요.

어머니한테는 말씀 안 드렸어요. 또 마음 상해하실까봐.

　믿으실지 안 믿으실지 모르겠지만 세월호 사건 터졌을 때 집에서 자고 있었다고 했잖아요. 그때 꿈에 도언이가 나왔었어요. 도언이랑 놀다가 잠에서 깼는데 사건이 터져 있더라고요. 그래서인지 그 뒤로도 도언이가 자주 꿈에 나왔어요. 도언이 학교 교실도 몇번 가봤죠. 근데 메모를 남기거나 그러지는 않아요, 어머니가 보실까봐. 보시면 또 속상해하실 테니까…

　언젠가는 부모님이랑도 이런 이야기를 해야겠다고 생각해요. 언제까지고 피할 수는 없겠죠. 도언이 한테는 그냥 항상 이렇게 말해주고 싶어요. 가족보다는 친구가 더 중요했고, 관심도 못 주고, 좋은 오빠도 아니었지만… 네가 다시 태어난 거기서만큼은 하고 싶은 거 하고, 사고 싶은 거 사고, 정말 아프지 말고, 그냥 항상 행복했으면 좋겠다… 미안하지만 그전에 있었던 일은 다 잊어버렸으면 좋겠다… 늘 웃고 행복했으면 좋겠다… 부모님 걱정하지 말고, 아프지 말고, 힘들지 말고, 행복하게.

·
·

구술 김태우, 세월호 희생학생 김도언의 오빠 | 기록 강곤

오빠가 주고 간
선물

오빠가 마지막까지 걱정해주다 갔으니까,
나한테 그런 말을 해주고 갔으니까,
나한테 힘을 주고 갔으니까.

상복을 처음 입어본 거였거든요. 부모님 장례식 때나 입을 줄 알았는데 오빠 장례식 때 입게 될 줄은 몰랐고, 그 나이에 입을 줄도 몰랐고. '아, 검은 색 옷이다, 오빠 사진이 저기 있네…' 뭐가 뭔지 하나도 모르겠고, 사람들이 들락날락거리고. '이게 현실인가' 그런 생각도 들었고. 오빠 시신이 일어나서 "야, 이거 장난이었어. 서프라이즈!" 이럴 거 같고…

/ 학교를 버틸 수 있는 이유

'웃는 얼굴 콤플렉스'랄까… 흐흐흐. 그냥, 뭐라 해야 하지, 어릴 때부터 그런 소리 많이 들었거든요. 너는 표정이 왜 그러냐고. 보는 사람은 기분이 나쁜가봐요. 아무 표정 안 하고 있으니까. 그래서 '웃고 다녀야겠구나' 생각이 들어서 남 앞에서는 안 울려고 하고… 아, 근데 잘 안 되더라고요. 진짜 슬픈 건 슬픈 거니까.

학교 입학하면 친구들이 제가 유가족이라는 걸 자연스럽게 알게 될 거라고 생각했어요. 담임선생님이 봄이 다가오니까 꽃도 피고 이러는구나 그러면서 우셨거든요. 그때 저도 눈물이 나왔거든요. 벌써 꽃피는 계절이구나, 1년이 다 되어가는구나… 저도 울고, 담임선생님도 제가 왜 그러는지 아시니까 같이 울고. 그러면서 애들이 제가 유가족인 걸 자연스럽게 알게 된 것 같아요.

중학교 때는 지금보다 훨씬 내성적이고 말도 없고 이런 성격이다 보니까 친구도 많이 없었는데 고등학교 와서는 폭탄 터뜨린 것처럼 좋은 친구를 많이 만났어요. 저희 반 애들은 전체적으로 세월호에 대해 관심을 갖고 있어요. 노란리본도 달고 다니고 가끔 세월호 얘길 꺼내도 이해해주고 오빠 교실에도 같이 가고. 애들이 기억하고 있고 내 맘도 잘 이해해주고 있구나… 참 고맙더라구요. 교실존치 문제도 한명 한명 다 생각이 다르니까 되게 혼란스러웠어요. 친구들한테 물어봤거든요. 교실존치에 반대하냐고. 아니라고, 우리는 찬성하는 쪽이라고, 교실이 남아 있어야 된다고. 그러니까 가슴이 뭉클해지면서 너무 감동받은 거예요 진짜…

그래도 친구들은 그런 식으로 생각해주니까, 애들이라도 그렇게 생각해주니까. 3학년들 졸업식 전날에도 살짝 머리가 아프고 기분이 별로였거든요. 애들이 무슨 일 있냐고. 이 착한 친구들이 걱정을 하더라고요. 학교 때문에 속상하고 이 학교 다니고 싶지 않다고 생각할 때도 있었어요. 정작 사고가 터진 학교인데 너무 우유부단하게 대응하는 건 아닌가 싶어서 중학교 졸업하면서 단원고로 와야 하나 그런 고민도 했었고. 그런데도 버티고 있는 이유가 제일 큰 건 오빠, 두번째는 학교 친구들.

단원고는 중학교 2학년 때부터 생각하고 있었어요. 오빠가 고등학교 입학하고 처음 교복을 입고 왔는데 교복이 너무 예쁜 거예요. '나도 이 교복 입고 싶다' 그 정도 관심만 있었는데 오빠가 단원고를 다니다가 희생됐잖아요. 학교를 다 못 다녔잖아요. '내가 오빠 대신해서 졸업장을

따면 되지 않을까. 오빠랑 같은 학교 다니면 좋지 않을까. 오빠를 더
자주 볼 수 있지 않을까' 이런 생각이 든 거예요. 아빠가 처음엔 절대
가지 말라고, 그 학교 못 믿겠다고, 그런 학교에 너까지 보낼 수는 없다고
하셨지만요. 저랑 같은 이유로 입학한 유가족 신입생도 여러 명 있어요.

/ 생존자 언니오빠들을 보는 마음

　동아리에서 3학년 선배들 처음 봤을 때 생각했거든요. 3학년이면
생존학생이겠구나… 언니오빠들한테 궁금한 게 많았어요. 그때는
어땠는지, 지금은 괜찮은지, 어디 아픈 데는 없는지… 물어보고 싶은 게
많은데 물어볼 자신도 없고, 상처 건드리지 않을까 싶었고, 말할 엄두도
안 나고. 배 안에 있다가 올라온 거잖아요. 그러니까 나보다 더 힘들
거라는 생각이 들고. 초반엔 되게 힘들었어요. 말을 붙이는 것만으로도.
시간이 지나서 몇몇 언니오빠들이랑은 친해지고 이러니까 어떤 부분을
알게 되고 얘기할 수 있게 됐어요. 생존자들도 힘든 거 아니까. 어쨌든 남
같지 않으니까.

　저번에 학교에서 3학년들이 합창했는데 제가 객석 맨 앞에 앉아
있었거든요. 언니오빠들이 노래 부르는 모습이 너무 귀엽고 좋았는데
전체를 둘러보다가 울컥한 거예요. 3학년이 원래는 이렇게 적지
않은데… 수능 보기 전날에도 강당에서 3학년들 잘 갔다오라고 식
하나 올렸거든요. 끝나고 언니오빠들 가는 거 보니까 눈물이 왈칵
터진 거예요. 같이 가는 사람들 중에 250명이 더 있어야 하는데… 우리

오빠도 저렇게 가야 하는데…

　자기한테 의지하라고 한 친구들이 많았어요. 많이 고마운데 그런 느낌 받는 거 맨날 맨날 얘기 할 수도 없고, 생존자 언니오빠들한테는 더 말할 수가 없잖아요. 그러다 보면 저 혼자 감당한다고 해야 하나?

/ 하필 소풍 갔던 날

　그날이 하필 학교에서 소풍갔던 날이었어요, 서울랜드로. 원래는 아빠를 일곱시 반에 깨우는데 그것보다 더 일찍 나와야 해서 아빠한테 전화한다 해놓고는 깜빡하고 안 한 거예요. '어떡하지, 아빠 화내시겠다' 그러면서 전화를 걸었는데 아빠가 정말 벌벌 떠시면서 전화를 받으시는 거예요. 목소리 떨리는 게 느껴지고… 첫마디로 "아빠, 죄송해요" 그랬는데 아빠가 오빠 탄 배가 침몰하고 있다고… 내가 들은 게 뭔 소리지? 너무너무 이상하고 혼란스럽고. 애들이 무슨 일이냐고. 우리 오빠가 탄 배가 침몰하고 있다고… 애들은 위로하듯이 '괜찮아, 잘 되겠지 뭐, 설마 죽겠냐' 그런 식으로 얘기하고. 저도 모르게 울컥해서 "장난하냐. 우리 오빠 진짜 죽을 수도 있는 거야"라고 말하고… 핸드폰으로 계속 기사 보면서 울고. 단원고에 아는 선배 있는 애들도 많았거든요. 걔들도 울고. 같은 학년 중에 유가족이 된 애가 네명이에요.
　첫 희생자가 2학년 4반에서 나왔는데 저희 오빠랑 같은 반이었거든요. 그 뒤로 나온 희생자도 세명이었나, 다 4반인 거예요. 우리 오빠랑 같은 반인데 싶으니까 더 불안하고. 그 뒤로는 이름은 안 밝히고 그냥 '여학생 시신 하나 추가 발견' '남학생 두명 발견' 이렇게만 나오니까 저 남학생이 우리 오빠면 어떡하지 그러면서 막 떨고. 하루 지나고는 '아직 하루밖에 안 지났으니 살아 있을 거야' 그렇게 생각하고… 다음날 학교에 갔었거든요. 애써 괜찮은 척하면서 교실에 들어갔는데 애들 분위기도 장난 아니고 나를 처다보는 시선도 너무 부담스럽고. 괜찮은 척하고 있는데 괜찮은 척하는 게 더 이상해 보이는 거예요. 학교에서 핸드폰을 걷었는데 제 핸드폰은 안 걷었어요. 엄마아빠랑 연락하면서 계속 기사 확인하고…

그 다음날에 저도 진도에 갔었거든요, 학교 빠지고. 다 정신없는 분위기고, 우리 애 살려내라는 사람들 소리도 들리고. 이게 다 무슨 일일까… 4월 22일 11시 57분에 오빠가 나왔어요. '아, 이제 오빠가 올라오는구나' 했는데 오빠가 움직이는 채로 나오는 게 아니니까… 시신을 보고 싶었는데 아빠가 절대 보지 말라고, 그게 계속 기억에 남아서 나중에 병이 될 수 있다고. 저희 가족 중에 저 빼고 다 봤어요. 시신을 안 봐서 다행이라는 생각도 들지만, 한편으로는 오빠 얼굴이 조금씩 잊혀지는데 차라리 시신을 봤더라면 죽을 때까지 계속 오빠 생각이 날 것 같고…

/ 아빠의 마음

저희 가족은 4월 16일 이후로 아무리 웃고 있어도, 아무리 좋은 일이 있어도 안 힘든 날이 없었던 거 같아요. 다른 유가족들도 마찬가지일 거예요. 아빠는 자기가 살아가는 이유의 50퍼센트를 잃었다고…
50퍼센트가 오빠고 나머지가 나라고. 저까지 잃으면 아빠는 살 이유가
없다고. 그 얘기가 되게 슬펐어요. 아빠는 얼른 저 다 키워놓고 오빠한테
가고 싶다는 말씀도 하세요. 저는 '왜 그런 얘기를 하냐' '아빠 가면 난
어쩌냐' 그러고. 근데 아빠가 많이 힘드시다는 걸 잘 알고 있으니까.
아빠가 그렇게 힘들어하시는 이유를 진짜 잘 알고 있으니까.

　아빠가 친엄마랑 이혼하고 혼자서 오빠랑 저를 키우신 게 6년 정도
되거든요. 제가 초등학교 2학년 때 이혼해서 중학교 가면서 새엄마랑
재혼했어요. 아빠가 엄청 힘들 때 지금 엄마를 만났대요. 아빠한테 힘이
많이 돼주셨나봐요. 그때 큰오빠랑 큰언니도 새로 생겼어요. 흠… 어렸을
때 친엄마가 이유 없이 저희를 때렸거든요. 그때마다 제일 많이 맞은
게 오빠였어요. 여러가지 어이없는 일들도 많이 하게 하고 저희들 갖고
아빠한테 상처를 주려 하고… 그래서 저희가 많이 안 좋은 상태였어요.
사랑이라는 게 뭔지 제대로 알지도 못하는 어린 시절을 보냈으니까.

　저는 기억이 안 나는데… 제가 아빠를 붙잡고 친엄마랑 이혼하고 우리
셋이서 살면 안 되느냐고 울면서 그랬대요. 그래서 이혼하신 거래요.
그런 걸로도 아빠가 많이 미안해하시고, 아빠가 지켜주지 못했다
생각하시고. 혼자서 직장 다니면서 집안일까지 두가지 일 하면서 되게
힘들게 키운 자식인데, 그런 자식을 잃었으니까. 아빠는 너무 미안한 게
많아서 오빠 사진도 못 쳐다보겠대요. 아빠가 도보행진 했을 때 오빠
신발 신고 걸었거든요. 음… 오빠한테 그런 아빠 마음 전하고 싶어서
그런 게 아닐까.

우리는 새로운 여행을 시작합니다

/ 이름을 드러낸다는 것

초반에는 엄마아빠 쫓아다니면서 서명운동도 다니고 국회도 가고 청와대시위도 가고 광화문도 가고 도보행진도 가고 여기저기 많이 다녔어요. 참사 백일 때 도보행진하고 서울시청광장이었나 거기 가서 엄마가 오빠한테 쓴 편지 읽을 때 같이 무대도 올라가고. 엄마가 같이 올라가자고 그랬던 것 같은데, 그때는 제가 사람들 앞에 서는 걸 한참 부끄러워할 때여서 고개를 푹 숙이고 있었거든요. 죄지은 사람처럼.

1주기 때 유가족 형제자매들이 기자회견 했을 때 다른 애들은 마스크 쓰는데 저는 안 썼어요. 티비에도 나오고 기사에도 뜨고 페이스북·트위터에도 뜨고 어차피 다 팔린 얼굴, 으으윽… 제가 어떻게 이렇게 됐는지 저도 되게 신기해요. 엄마가 활동 많이 다니시고 발언도 많이 하고 그러시는데, 그런 걸 보고 저도 같이 변해간 게 아닐까. 엄마한테 그런 용기를 얻어서 '사람들한테 내가 아니라 세월호를 알리려 한다, 나는 유가족으로서 형제자매로서 세월호를 알리겠다'는 마음으로 활동했던 것 같아요.

사람들이 '세월호충'이니 뭐니 유가족 욕을 많이 하잖아요. 처음엔 보고 되게 충격 먹었었거든요. 어떻게 이런 욕을 할 수 있지? 이제 그만할 때도 되지 않았냐고도 하고. 대통령은 쳐다도 안 보고 개무시하는데… 단원고 와서 한창 오빠 학생증 달고 다닐 때 '쟤가 트위터에서 겁나 욕먹던 걔야?' 이런 식으로 얘기한 애도 있었고, 나한테는 내색 안 하고 부모님한테 뭐라 하는 사람들도 있었고. 내가 이름을 내놓고 활동하는 것을, 뭐라 해야 하지, 이상하게 이야기하는 사람들 때문에 상처받기도 했어요.

여기저기 다니면서 몸소 겪으며 어떤 식으로 되는지 알아가자는 마음으로 계속 활동했어요. 유가족이라고 해도 세월호에 대해서 다 알지는 못하니깐. 어린 나이이기도 했고. 그때 아픔을 잘 견뎌내서 지금의 내가 있다는 생각이 들어요.

사실은 저희 엄마도 처음에는 '새엄마니까 나서면 안 된다'고 생각하셨거든요. '솔직히 새엄마면 계모 아니냐'는 욕을 먹기도 했고, '2년 정도밖에 안 되면 같이 산 것도 아니다'라는 식으로 얘기하는 사람도 있었고. 그런 사람들 때문에 엄마가 상처를 많이 받았고. 저도 너무 화가 났거든요. 정말 엄마에 대해 하나도 모르면서 그런 식으로 얘길 하니까. 사람들이 나한테 잘 대해주고 호의를 베풀어주는 게 동정심으로 그러는 게 아닐까 하는 생각도 들더라고요. 새엄마니까 분명 못 해줄 게 뻔하다고, 저를 불쌍하게 봤을 수도 있을 것 같았어요. 나는 절대 불쌍한 사람이 아닌데⋯ '아, 내가 그렇게 불쌍하게 보이나? 내가?'

엄마가 이혼하고 어떻게 살아왔는지 들으면 눈물 날 정도로 슬프거든요, 정말. 그만큼 힘들게 살아오다가 아빠랑 재혼하고 엄마가 정말 사랑하는 사람의 자식을 잃었는데 그러면 엄마 자식인 게 맞잖아요. 2년이면 다른 사람한테는 짧게 느껴질 수도 있지만 저희한테는 짧지만 길게 느껴졌던 시간이에요. 오빠는 엄마 만난 지 한달도 안 돼서 바로 '엄마 엄마' 할 정도로 친엄마처럼 관계를 맺고 이랬는데⋯ 엄마가 오빠 보고 싶어서 펑펑 우실 때도 있고 많이 힘들어하는데 사람들이 그렇게 얘기하니까. 엄마는 그래도 나가야겠다는 생각이 들었나봐요. 오빠를 위해서도 그렇고. 일이 제대로 진행되는 것도 아니니까. 엄마가 그러시는 걸 보면 정말 감사하다는 생각이 들더라고요. '나도 아빠도 참 사람 잘 만났구나.'

사실 처음에는 지금 엄마가 반갑지가 않았어요. 제가 반항도 많이 했었고요. 살면서 알게 됐어요. '이분은 정말 좋은 사람이다.' 엄마가 삭발하셨을 때 우리 가족을 위해 저렇게까지 해주시는구나라는 생각도 들었고. 엄마가 발언하는 거 들으면 정말 '우와'라는 감탄사밖에 안 나온다고 해야 하나? 그런 모습도 닮고 싶고.

/ 오빠가 주고 간 선물

저한테는 오빠가 힘이 많이 되어줬어요. 힘들 때 오빠가 안아준 적도 있었고. 중학교 때도 같은 학교여서 오빠가 가끔 우리 반에 찾아올 때도 있고, 나도 가끔 오빠 반 찾아갈 때도 있고. 티격태격도 많았어요. 어떨 때는 밖에서 가까이 오지 말라고도 하고, 정말 짜증날 때는 옆에서 아는 척하지 말라고 그러기도 하고. 오빠가 손도 많이 잡으려고 했는데 제가 거부한 적도 많았고요. 오빠가 수학여행 가기 전에도 질풍노도라고 해야 하나, 저도 오빠도 예민할 때니까 둘 다 짜증내고, 집에 들어오면 '왜 이제 와' 그러면서 짜증도 많이 내고. 하필 그때 사고가 터져갖고…

다른 유가족 친구가 자기 오빠가 꿈에 나왔는데 꿈이 안 좋았나 봐요. 일어났는데 자기가 울고 있었다고 하더라고요. 진짜 픽 내려앉는 느낌. 얼마나 마음 아팠을까 걔가 걱정되기도 하고 우리 오빠도 안 좋게 나오면 어떡하나 걱정도 되고. 아, 근데 얼마 전에 오빠가 꿈에

나왔거든요. 나쁜 건 아니었어요. 제가 오빠가 너무 그리워갖고 오빠를
만나니까 오빠 손이 너무 잡고 싶었나봐요. 오빠가 "왜 이래, 징그럽게"
이러는 거예요. 그래도 잡았거든요. 잡았는데 촉감까지 되게 생생하게
기억에 남아서… 말랑말랑했던 살들이 느껴지고…

오빠랑 저랑 방이 하나밖에 없어서 오빠는 거실에서 생활하고 저는
방에서 생활했는데 공부할 때는 방에서 하라고 2인용 책상을 사서
놔뒀거든요. 지금은 한 자리가 남아가지고 볼 때마다 생각나고.

오빠 마지막 동영상*은 나중에 받아서 집에서 따로 봤어요,
친구들이랑. 처음에는 안 보여주셔갖고… 처음에는 오빠가 남기고
간 말이 되게 막 슬프고. 그런 생각도 들었어요. '오빠는 그때 자기가
나올 수 없다는 걸 안 게 아닐까.' 많이 무서웠겠죠, 그 배 안에서…
살려달라고 외치면서… 되게 보기가 힘들었어요. 근데 나중에는 자기가
나올 가능성이 없다는 걸 예상하고 그 가능성을 나한테 나눠주고 간
게 아닐까 하는 생각이 들더라고요. 오빠가 마지막까지 걱정해주다
갔으니까, 나한테 그런 말을 해주고 갔으니까, 나한테 힘을 주고
갔으니까, 그래서 좋은 사람들도 만났고 어떻게 보면 우리도 혜택을 많이
받은 셈이니까 오빠가 선물을 주고 간 거나 다름없다고 생각해요. 그
힘을 조금조금 나눠서 평생 써야겠다, 그 힘을 갖고 열심히 살아야겠다.

* 단원고 희생자인 박수현 학생이 침몰하는 세월호 안에서 찍은 동영상에 김예원의 오빠, 김동
혁 학생의 모습도 담겼다. 김동혁 학생의 마지막 말은 "내 동생 어떡하지"였다.

우리는 새로운 여행을 시작합니다

아, 아, 아… 사람들이 저보고 애늙은이 됐대요, 흐으으으. 할머니 같다고요. 그런 말 들으면 '내가 정말 산전수전 다 겪었구나' 이런 생각도 들고 '그렇게 많이 자랐나'라는 생각도 들고. 마음 같아서는 이민이라도 가고 싶은데 그건 왠지 도망치는 것 같아서 차라리 남아서 나라를 바꿔야지 그런 생각도 들고요. '이대로 가면 정말 답이 없다.' 밝혀지기는커녕 더 잊혀질 것 같기도 하고. 그래도 우릴 기억해주고 같이 웃고 울어주고 움직여주는 사람들 덕분에 마음의 기지개를 활짝, 하하… 정말 말 같은 건 힘이 없으니까.

정부가 우리한테 무슨 짓을 저질렀는지 사람들이 알았으면 좋겠어요. 배 안에서 언니오빠들은 벽까지 부수면서 발버둥쳤는데 이 정부는 그 모습을 눈 감고 그렇게 보냈다는 걸. 나라는 잊는다고 해도 시민들만큼은 절대 잊지 않았으면 좋겠다는 바람도 있고. 이런 일에 좀더 공감하는 10대들을 보면서 어른들이 본받았으면 좋겠고. '솔직히 이 정도 했으면 된 거 아냐'라는 생각보다는 세월호 가족들이 왜 이렇게 발버둥을 치는지에 대해 물음을 가지면 좋겠고. 맘대로 해석하지 말고 시나리오 짜지 말고, 으… 정말 궁금한 게 있으면 우리한테 물어볼 수 있으니까요.

요즘에는 '세월호에만 신경 쓰지 말고 네 앞날도 걱정해라' '니가 앞으로 뭐할지에 대해서도 생각해봐라'라는 얘기를 진짜 많이 듣고 있어요. 으하하하, 저도 그래야겠다는 생각이 들기는 해요. 제가 꿈 이루려고 노력하는 게 오빠가 원하는 게 아닐까 싶은데… 세월호에만

빠져 있을 수만도 없고 세월호를 잊고 살 수도 없으니까. 이것저것 해야
한다는 부담도 있지만 그래도 어쩌겠어요. 이게 나한테 주어진 것들인데
전부…

부모님께 오빠 몫까지 해야지 싶은데 잘 안 될 때가 많아요. 고등학교
가서 방과후수업, 야자까지 하고 돌아오면 진짜 피곤해요. 씻는 것조차
싫을 정도로. 학교에서도 항상 웃는 얼굴로 지내야 하니까, 가끔 슬프고
그러면 그냥 짜증이… 예전엔 아빠가 일 끝나고 오시면 주말 내내
엎어져서 주무시는 게 정말 이해가 안 됐는데 고등학교 와서는 그
이유를 알 것 같은 거예요 진짜. 너무 뼈저리게…

강아지 키운 지 4개월 정도 되나. 이름이 메이예요. 친구가 강아지
이름은 촌스러운 걸로 지어줘야 오래 산다고. 저희도 그렇게 지으려고
하다가 좀 뜻있는 이름으로 지어주자고 해서, 엄마가 중국어로 여동생이
'메이메이(妹妹)'라고 했어요. "좋아요!" 그래갖고 메이가 됐어요. 저도
아이 낳으면 그런 식으로 이름 지으면 좋겠다고 생각했어요. 저는 애를
좀 많이 낳고 싶거든요, 하하. 지금 엄마는 열일곱 시간인가 진통 끝에
큰오빠를 낳았대요. 저도 살짝 걱정되기는 하는데 그래도 416 이후로
애는 무슨 일이 있어도 둘 이상은 낳겠다는 생각이 들어서… 아직
결혼도 안 했는데, 이제 열여덟인데, 흐흐.

구술 김예원, 세월호 희생학생 김동혁의 동생 | 기록 배경내

스스로가 강했다는 사실을
잊지 않으려고요

쓰다가 지우고 쓰다가 지우고. 계속 그러다가
졸업식 전날 새벽에야 답사를 완성했어요.
어떻게 써야 아무에게도 상처주지 않고
나도 힘들지 않고 듣기 거북하지 않을까.

사람들 다 빠져나가고 의자만 남은 텅 빈 운동장을 볼 때 안도감이…
아, 끝났다 드디어. 서로 안으면서 우리 진짜 끝났다고, 감사히
잘 끝났다고. 사람들 다 가고 게시판에 붙여놓은 포스터 하나
하나 마무리하면서 보는데… 그곳마저도 애들이랑 다 추억이 깃든
곳이잖아요. '내가 너희를 위해서 여기에는 이런 거 했고 여기에는 이런
거 했고 부스도 다 있고… 드디어 끝냈어.' 꿈만 같은 거예요, 그 하루가.
와! 이런 하루도 있구나.

/ 하루

416 1주기 추모제를 저희가 준비했거든요. 사실 희생된 친구들을
위해서 저희가 한 게 많이 없잖아요. 어른들 같은 경우에는 진도
내려가서 체육관 봉사도 하고 같이 진상규명운동을 해주시거나 하는데,
저희 3학년 애들은 숨어서 지낸다고 해야 하나. 괜히 나갔다가 얼굴
다 공개되고 그게 다른 애들한테도 영향을 끼치니까 서로 조심스럽단
말이에요. 근데 우리가 노력해서 친구들을 추모할 수 있는 기회가
생겼으니까 그게 너무 감사했어요. 그때가 시험기간이었거든요.
학생회도 새로 구성하는 때여서 저희가 면접 보고 그러느라 엄청
바쁘고 힘들었는데… 그래도 시험이나 학생회보다 그게 1순위이라고

생각했어요.

처음엔 학교에서 학생회에서 준비하라고, 그래야 추모제를 학생회 전통으로 이어갈 수 있다고. 근데 저희끼리 상의해서 그건 아니다, 하고 싶은 1~2학년 애들이 있으면 지원해서 하게 하자. 추모제 준비하면서 스스로 치유가 될 거라 생각했거든요. 그 마음으로 애들도 지원했을 거예요. 한달 정도 준비했는데 힘들 때도 많았어요. 갈등 이런 것도 엄청 많고 날짜 다가왔을 때는 맨날 회의를 했는데 회의도 길고 지치고. 그랬는데도 한 53명? 그 인원이 다 모여서 회의하고. 추모제 때 사람들도 진짜 엄청 많이 왔었어요. 저희가 애들 학교생활 했던 거 찾아서 영상 만들었거든요. 영상 보고 우시는 분도 있고. 마지막에 그 영상 틀면서 〈이젠 안녕〉이라는 노래를 틀었는데 다 같이 불렀거든요. 그 많은 인원이 같이 노래 부르면서 다 같은 생각을 한 거잖아요, 그 아이들 생각을. 그 자리를 우리가 만들었다는 게… 너무 벅찬 거예요. 참여해준 사람들에게도 되게 고맙고.

/ 그 순간

어… 구조를 기다렸던 시간들. 그때 가만히 있었던 그 순간들이 잊혀지지 않아요. 그때 우리 반 애들이 복도에 쭈르륵 앉아 있었어요. 돌아갈 수 있다면 바로 그 순간으로 돌아가고 싶어요. 애들한테 다 소리를 질러서 밖으로 나가자고 할 것 같아요. 그러고 나서 시간이 된다면 반대편 쪽으로도 가서 애들 내보내고. 그때 시간이

많았었거든요. 되게 많은 애들이 있었거든요. 시뮬레이션을 되게 많이
해요. 병원에 있을 때는 매일매일 그랬어요. 아직까지도 그런 생각 많이
해요. 그 순간만이라도 되돌아갔으면 좋겠다…

저희가 원래 방에 있었거든요. 근데 방이 엄청 기우니까 뭔가 아니다
싶어서 일단 복도로 나왔어요. 복도에 안전 바가 있었어요. 그걸 잡고
있으면 뭔가 안전할 것처럼 보였거든요. 주황색깔 구명조끼 입고 다들
앉아 있었어요, 이렇게 이렇게 두줄로 나란히. 그 순간이 제일 아쉬워요.
(인천항에서) 원래는 출발하지 않을 수도 있었는데, 그때는 다시 돌아가도
말릴 수 없을 것 같은 그런 분위기가 있었어요. 다들 "가자!" 이런
분위기여서. 근데 제가 생각하는 그 순간은 애들이 뭔가… 확실히…
그래서 더 아쉬운 것 같아요.

그것도 되게 슬펐어요. 병원에 가서 애들이랑 얘기를 했어요. 그 애
어디에 있었냐고. 서로 정보를 공유하는데 제 친구들이 어디 있었는지
모르겠는 거예요. 못 찾겠는 거예요. 저도 이렇게 애쓰는데 부모님들
마음은 얼마나 그러실까. 행방을 모르니까…

전 엄청 기적적으로 살았어요. 제가 음… 잠수를… 물이 차서
잠수를 했거든요. 근데 복도로 쭈욱 빨려 들어갔거든요. 물에 빨려
들어가면서, 어떻게 할 수도 없이 순식간에. 혼자니까 더 무서운 거예요.
물에 부우우 떠내려가는데 어느 순간에 멈췄어요. 아, 끝났다, 나는
망했다, 여긴 어딘가. 제가 거의 포기를 했어요. 눈을 떴는데 바닷속에서
이것저것 둥둥 막 떠다녔어요. 희망이 안 보였거든요. 죽는구나 하고
가만히 있다가 어떻게든 살아보자, 끝까지 해보자 이래가지고 위를
잡아 뜯으면서 나왔어요. 근데 어느 순간에 물에 딱 뜨더니 나왔어요.

스스로가 강했다는 사실을 잊지 않으려고요

그 순간에 뭔가 되게… 제 삶이 너무 아까운 거예요. 어떻게든 해보자 그랬는데 다행히 떠가지고. 저한테는 진짜 긴 시간이었어요. 아직도 생생해요. 진짜 기적 같아요. 뭔가 신이 도와준 것처럼, 제가 무교인데도.

그때 친구랑 셋이 손을 잡고 나오고 있었어요. 한 친구는 저희가 원래 나가려고 했던 그 길 따라서 나왔다고 하더라고요. 그 친구가 하는 말이, 제가 물에 빨려 들어가자마자 다른 친구 한명도 같이 빨려 들어갔대요. 제가 손을 놓치자마자 그 친구도 손을 놓치고… 제가 빨려 들어간 곳으로 그 친구도 빨려 들어갔으니까 그 친구도 살아 돌아올 줄 알았는데 못 나왔다고.

이 얘기를 거의 해본 적이 없는데… 말하면서 그 순간이 생각나잖아요? 그러면 그 순간에 느꼈던 감정이랑 지금 감정이랑 똑같아요. 너무 아쉬워요, 너무 아깝고.

초반에는 그 생각뿐이 안 났어요. 진짜 친했던 친구들. 정말 하루하루가 고통스러웠어요. 저희 아빠가 돌아가셨을 때보다도 어쩌면 더… 뭔가, 삶에 희망이 없어 보인달까. 다른 사람들에 대한 불신도 생기고. 내가 이렇게 아프고 고통스러운데 왜 살아야 되지? 정말 그만할까? 그런 생각도 많이 하고. 엄마가 아니었으면 그런 생각 더 많이 했을 거예요. 1학년 때 친했던 친구들이 너무 좋았거든요. 내 평생 가장 행복한 시기인 것 같다, 이 친구들은 정말 내 인생 친구들이다… 그런 생각하면서 학교생활 했었어요. 근데 그 친구들을 다 잃었으니까.

병원에서 연수원으로 오고 나니까 뭔가 새로 정해야 하는 것들이
많았어요. 공부도 하고 일상생활도 해야 하니까 새로 정해야 하는
규칙도 많아지고 생활 패턴도 달라져야 하고. 그러니까 대표 역할이
필요하잖아요. 제가 그때 부회장이어서 자연스럽게 대표 역할을 맡게
됐어요. 방송국장 하던 친구가 우리 애들 생각하면서 하자고, 우리가
해야지 누가 하겠느냐고. 1학년 때 친했던 친구들이 제가 부회장 할 때도
응원도 많이 해주고 힘이 많이 돼줬어요. 그랬는데 그 애들이 그렇게
돼서… 그 친구들 생각하면서 선거에 나갔어요.

대표 역할에 치중해서 일을 하는 동안은 생각이 없어지더라고요.
애들 생각도 덜 나고. 다른 생각을 할 수 있게 되고. 물론 일이 재미있는
것도 있었어요. 아, 나는 몰두할 게 있어야 괜찮아지는구나. 실제로
괜찮아졌거든요, 엄청.

연수원 있을 때 프로그램 기획했던 게 진짜 최고로 잘한 일인 것
같아요. 병원에 오래 있었어도 애들이 서로 이름도 모르는 경우가
많고 서로 관심도 없었어요. 연수원에서도 처음엔 계속 그랬어요. 원래
친구들은 없고 새로 보는 친구들만 많고 환경도 낯설고 그러니까.
그러다가 저랑 친구들 네명이서 런닝맨 같은 게임을 기획했어요. 밤
늦게까지 계속 기획하고 시뮬레이션 해보고 엄청 열심히 준비했어요.
남자랑 여자 다 섞어서 팀을 짰거든요. 게임을 해야 되고 이름도 불러야
되니까 그때 많이 친해졌어요, 다들.

감동받았던 게, 넓은 강당이 있는데 게임이 끝나고 나니까 의자, 책상

이런 걸 다시 다 정리해야 되는 거예요. 너무 힘든데 어떡하지 그러다가 저희 단톡이 있거든요. 와서 좀 도와달라고 했더니 애들이 다 내려와서 도와주는 거예요. 친해지니까 웃으면서 장난치면서 정리하고. 그때 이후로 서로에 대한 경계를 풀게 되고 서로 끈끈해졌던 것 같아요.

저희는 한사람 한사람이 아니라, 전체 단원고 학생이 하나로 보인다고 해야 하나. 뭔가 75명 중에 한명이 어떤 행동을 하면 전체가 다 포함되는? 한명이 어떻게 되면 전체가 같은 눈초리를 받게 되는 그런 게 있어서 부담이 되게 컸어요. 친구들 중에 한명한테 무슨 일이 생기면 그걸로 다른 애들한테 영향이 가니까. 단원고 기사 그런 게 뜨면 애들이 정신적으로 힘들어할까봐 그것도 걱정되고. 많이 힘들어하는 친구가 있으면 약간⋯ 죄책감도 느꼈어요. 저희는 서로 다 알잖아요. 서로서로 보듬어줘야 한다는 걸 알고 있는데 그런 일이 생기면 제가 잘못한 것 같은 거예요. '아, 내가 무관심했구나. 애들 힘들어하는데⋯' 근데 저뿐만 아니라 다른 친구들도 다 비슷한 마음이었던 것 같아요. 그래서 더 서로 보듬으려고도 했던 것 같고. 서로 걱정하고 있다는 걸 아니까 내가 더 힘을 내야겠다, 더 열심히 살아야겠다 이렇게 되고.

/ 반복

학생회장을 하다 보면 외부인을 만나게 되는 일도 되게 많아요. 원래는 새로운 사람 만나고 어울리고 그런 게 재미있었는데, 2학년 때는 사람에 대한 경계가 되게 심할 때라서 사람들 많이 만나야 하는 일을 괜히 한다고 했나 후회한 적도 많았어요.

　고3 때 한참 예민한 시기에는, 자기소개서 쓰고 원서 쓰고 그럴 때는 외부활동에도 못 나가겠더라고요. 아무리 친한 사람이라고 해도 혹시 내 존재가 싫지 않을까… 그 사람들이 오히려 꼭 오라고 오라고 그러고, 가면 되게 반겨주는데, 괜히 저 혼자서 그렇게. '너네 특례 가는 거 괜찮아. 너네 그렇게 힘들었는데.' 이렇게 생각해주시면 감사하고 힘이 되는데, 저희를 엄청 욕하는 사람들도 이해를 하고 존중을 해요. 어… 제가 생각해도 과분한 제도인 것 같아요. 저도 특례를 써서 대학 갔지만 그 과정에서 회의감도 엄청 들었고 죄책감을 느낄 때도 많았고. 음… 사실… 솔직히 얘기하면… 속으로도 당당하지 못해요. 우리는 공부할 수 없는 환경이었고 그래서 그런 제도가 주어졌다고 백퍼센트 당당하게 말을 못해요. 물론 힘들어서 공부 못한 시기도 있었지만 더 노력해서, 극복해서 공부를 했어야 하지 않나 그런 생각도 들고. 아, 이게 되게 복잡한데… 정원 외여도 다른 학생들한테 상대적 박탈감을 준 거에 대해서 미안하고.

　근데 친구들마다 상황이 정말 달랐어요. 저는 원래 상담받고 이런 걸 되게 안 좋아해서 초반에도 싫다고 했거든요. 반면에 정말 필요한 친구도 많더라고요. 처음부터 정말 힘들어하는 친구들도 있었고, 저 같은 경우엔 그게 3학년 때, 몇달 전에 왔어요. 실제 트라우마 증상 이런 거, 허억 허억 숨이 막 막힌다거나 공황 이런 거… 페이스북에 나오는 저희들 얘기나 세월호 관련 단어를 봐도 되게 심했고. 애들 힘든 거, 아픈 거 중간 중간에 많이 보고 들을 때마다 이런 생각 했었어요. 아, 우리는 공부가 우선이 아니구나. 우리 인생에서 지금은 공부나 대학이 먼저가

아니라 정신적으로 건강한 사람이 되는 게 우선인 거구나. 아직까지도
배 사진이나 바다같이 생긴 큰 강 사진, 세월호 글씨만 봐도 힘들어하는
경우가 되게 많거든요. 강도는 서로 다르지만.

사람이라는 게 자기가 겪지 않으면 모르는 것 같아요. 바로 옆에
있는 가족들도 잘 모르는데. 애들도 똑같이 얘기해요. "나는 그때 되게
힘들었는데 우리 엄마는 그걸 몰라."

저희가 어떤 학교생활을 하는지 다른 사람은 모르잖아요. 아무리
관심있는 사람들도 저희가 2학년 시절의 교실에 가서 어떤 감정이
드는지, 어떤 생각을 하게 되는지 전혀 모른다고 생각해요. 그게 너무
당연하니까 이해가 가요. 그래, 그 사람들한테는 우리가 쉽게 대학 가는
것처럼 보일 수도 있겠구나.

근데 또 깊게 들어가서 생각하면, '우리 이렇게 힘드니까 대학에
대해서 어느정도 정부가 해주는 게 맞지 않나'라고 말하는 게
자기합리화는 아닐까… 그러면서 또 죄책감이 들고. 그게 계속
반복이에요. 사실 그런 생각도 있단 말이에요. 뭔가 국민들로부터
우리를 적으로 만들려고 한 건 아닐까. 대학특례 얘기 나오니까
국민들이 등을 돌리기 시작하는 게 보이잖아요. 그래서 일부러 더
과분한 정책을 만들어주지 않았나. 근데 또 그런 정책을 우리가 어쨌든
이용한 거잖아요. 올바른 정책이 아니라고 생각하면서도 또 그거를 쓴
거에 대한… 나쁜 짓 한 것 같은 느낌? 나도 어쩔 수 없는 인간인 건가,
이런 생각도 들고. 그래서 계속 스스로 말해요. 책임감 가져야 돼. 이왕
이렇게 된 거, 조금이라도 당당해질 수 있게 공부를 열심히 하자.

졸업 즈음에는 정말 부담되고 힘든 게 많았어요. 제가 대표라는 거에 너무 익숙해져버리다 보니까 당연하게 생각하고 여기저기서 부탁하는 게 되게 많았어요, 어른들이. 저밖에 없다고 생각하긴 하는데, 어떨 때는 너무 부담스럽고. 제가 당사자니까 이제는 부모님들이 아니라 저희가 나서야 한다는 걸 아는데, 힘드니까 그것도 부담스러워지는 거예요.

역할이 너무 과분해지는 느낌? 허들이 많은 느낌? 막 달리고 싶은데 이것도 넘어야 되고 저것도 넘어야 되고, 그냥 앞만 보고 싶은데 주변 신경써서 넘어야 하고. 쉬고 싶은데 맡은 역할은 해야 되겠고. 끝나지 않을 것 같은 거? 그때는 그게 너무 고통스러웠어요.

무엇보다 사고 나고 어른들한테 되게 실망을 많이 했을 때, 어른들 만나는 일을 계속해야 한다는 게… 교실존치 문제도 그래요. 저희 의견을 듣긴 들어요. 그럼 반영하는 거냐? 그것도 아니래요. 그럴 거면 왜…

어른들이랑 얘길 하면 이렇게 해야 된다, 설득하듯이 말해요. 우리가 제대로 의견을 펼치지도 않았는데 '애들 의견이 이렇다' 이러고. 그게 약간 물리는 거예요. 그러면서 어른들에 대한 신뢰 같은 게… 예전에는 어떻게 생각하는 게 옳은 건가 생각을 많이 했었는데 지금은 내가 무슨 얘기를 해도 어차피 듣지 않으니까 그냥… 내 나름대로 애들 상처 보듬고 그래야겠다 이렇게 생각하게 됐다고 해야 하나.

엄마가 보상금 받지 말고 소송 가자고 했을 때 엄마가 되게 존경스러웠어요. '아, 내가 생각하는 이상적인 어른? 멋있는 어른 중에 우리 엄마가 포함되는구나.' 제가 힘들까봐 포기할 수도 있는데 억울한 부분 파헤치겠다는 거고 국가책임을 묻겠다는 거니까, 끝까지.

저한테도 의미가 큰 게, 유가족분들 자체가 제 친구들하고 하나라고 해야 되나? 그분들이랑 함께한다는 건 저한테 희생된 친구들이랑 함께한다는 의미여서, 그게 맞다고 생각하고.

친했던 친구들이 제가 병원에 있을 때 나왔어요. 그때는 병원에서 못 나가게 했거든요. 엄마도 장례식 가지 말라고. 엄마한테 너무 화가 나는 거예요. 작은 일도 아니고 그런 큰일인데, 그 의미를 이해를 못해주나. 근데 나중에 엄마가 장례식 못 보내줘서 미안했다고 얘기하셨거든요. 엄마가 고마웠어요. 의미를 알아주니까.

/ 졸업

"우리에겐 세월호 사건이라는 겨울도 찾아왔지요. 혼란스런 병원생활. 새로운 환경의 연수원, 다시 돌아온 학교, 그리고 그 속에서 따라오는 수많은 시선과 비난들. 아마 모두에게 힘겨운 여정이었을 것입니다. 하지만 이것만은 잊지 말아주시기 바랍니다. 우리의 학창시절은 헛되지 않았습니다. 비록 다른 전국의 고등학생처럼 온전히 학업과 꿈에 열중하지 못했다 말할 수도 있지만 말로는 차마 표현할 수 없는 삶의 고난과 역경을 겪었고 그것을 함께 극복하고 성장하는 법을 배웠습니다. 대학에 가서도 사회에 나가서도 스스로가 강했다는 사실을 잊지 마십시오."

우리는 새로운 여행을 시작합니다

쓰다가 지우고 쓰다가 지우고. 계속 그러다가 졸업식 전날 새벽에야 답사를 완성했어요. 어떻게 써야 아무에게도 상처주지 않고 나도 힘들지 않고 듣기 거북하지 않을까. 되게 신경 쓸 게 많은 거예요. 너무 할 말이 많은데 어떻게 다 표현을 해야 되나. 애들 마음을 제일 알아줄 수 있는 거는 당사자인 나인데, 그걸 알면서 형식적으로 넘기고 싶지도 않고. 가장 중요한 건 3학년 애들이 이 얘기를 듣고 상처받지 않았으면 좋겠다… 친구들한테 수고했다는 걸 진심으로 얘기하고 싶었고, 저 스스로에게 하는 말이기도 하고. 이렇게 쓰는 게 맞는지 되게 걱정했는데 다행히 애들이 잘 썼다고, 공감 많이 됐다고. 아, 드디어 끝났다, 휴~

졸업식 끝나고 딱 집에 왔는데 저도 모르게 생각에 잠긴 거예요. 계속 생각하다 보니까 1학년 때부터 생각나고 2학년 때, 3학년 때까지 파노라마처럼. 아, 진짜 많은 일이 있었구나. 이젠 끝났구나. 끝난 게 너무 행복했다고 해야 하나. 너무 지겨운 것도 많고 너무 힘들었던 것도 많아서. 근데 그 끝이 약간 외롭다는 생각도 했어요. 음… 뭔가… 물론 의지되는 친구들이 있기는 한데 그걸로는 약간… 좀 욕심을 내자면, 1학년 때 그 친구들도 같이 있어서 나를 좀 위로해줬으면 좋겠는 마음.

며칠 전에 어쩌다 하루 종일 집에 혼자 있게 됐어요. 근데 뭐라고 해야 되지. 너무 외롭고 공허하고 애들이 되게 보고 싶은 게… 마침 1학년 때 애들이랑 장기자랑 했던 노래가 나오는 거예요. 그 노래 들으면서 분향소에 갈까 생각하다가 못 가겠는 거예요. 잠도 못 잘 것 같고 너무너무 기분이 안 좋아질 것 같고. 그래서 가려고 하다가 돌아왔거든요, 그냥. 거기는 아직 아닌 것 같아요. 너무 힘들어요. 그래서

313

스스로가 강했다는 사실을 잊지 않으려고요

공원 같은 데도 애들 보러 잘 안 가요. 애들이 다 뿔뿔이 흩어져 있는데 한번씩 가보면, 볼 때마다 기분이 너무 이상하고, 가면 내가 알던 그 애들이 아닌 것 같은. 애들한테 미안한 마음이 있는데 못 가요 진짜. 내 친구가 아닌 느낌이 제일…

/ 전환

다들 그렇게 말을 했어요. "너희는 평생 가지고 가야 된다. 단원고라는 건 부정할 수 없는 현실이다." 그러고 싶지 않은데 너무 많은 걸 알고 경험해서 스스로도 평범하지 않다는 걸 되새기게 되더라고요. 그랬는데… 이제는 그래도 약간 벗어났다? 조금 평범할 수도 있겠다. 대학교에 들어가면 단원고라고 하기보다는 그 학교 학생이라고 말할 수 있는 자리가 많아지고 그렇게 자기소개를 할 수 있고, 그런 게 더 많아지지 않을까 하는 기대? 학교도 달라지고 주로 지내는 장소도 달라지잖아요. 안산 여기 주변은 다 하나씩은 추억이 있는 곳들이 있잖아요, 애들이랑. 이제는 뭔가 달라질 거를 기대해요.

졸업하고 제가 홍콩 삼촌네 갔거든요. 처음엔 몰랐는데 섬이 있더라고요. 들어갈 때 배를 타야 된다는 거예요. '아, 뭐지? 어떡하지? 미쳤다.' 너무 무서운 거예요. 표정관리도 안 되고. 얘기도 못하고 저 혼자 끙끙 앓았는데 확실히 제가 나아진 걸 느낀 게… '이기자, 이기자' 그런 게 많이 생긴 거예요. 확실히 졸업 이후에 많이 커졌어요.

결국 배를 탔어요. 긴장되어갖고 손을 꽉 잡고 가는데, 다행히 티는 안 냈어요. '결국엔 탔네!' 옛날이라면 상상도 못했을 일인데 하나하나 극복하는 게 되게 스스로 기특하면서… 아, 진짜 내가 평범하게 살 수 있겠구나. 예전엔 '내가 이렇게 무서워하는데 아예 평범한 생활을 할 수 없지 않을까' 그랬는데 이제는 아니니까. 다른 사람들이랑 섞일 수 있다는 그런 기대감? 안도감?

약간 이기적일 수도 있는데, 제 삶을 더 생각하고 싶어졌어요. 그동안 많이 수고했으니까 이제는 버틸 수 있을 만큼만 하자. 희생된 친구들한테 미안한 게 많지만, 이제는 내 삶도 생각할 수 있게… 그렇다고 아예 손을 떼려는 게 아니잖아요. 소송도 그렇고 제가 당사자니까 제 삶을 잃지 않으면서 해나가야죠.

세월호 이후에 저는, 어… 그냥 삶이 나눠진 것 같아요. 친구들을 잃었지만 그만큼 좋은 사람들도 생겼고 배운 것도 성장한 것도 많아서, 더 나쁜 삶이라고 말하기에는 제 주변 좋은 사람들한테 미안하고. 그렇다고 그 친구들이 없는 삶을 더 좋은 삶이라고 말하기에는 너무 미안하고. 그래서 전환? 그냥 삶이 다른 거.

구술 이혜지, 세월호 당시 단원고 2학년 | 기록 배경내

우리는 이제
숨죽이지 않을 것이다

가만히 있으라. 이게 어쩔 수가 없어요.
이런 게 너무 만연하잖아요.
자신들이 바로 아이들에게 '가만히 있으라'고 해서
아픔을 겪는 당사자이신데도
또다시 자기 애들은 걱정이 돼서 가만 있으라고.

사실 기억이 안나요. 4월 16일 이전에 내가 어땠는지… 아무리 해도 기억이 안 나요. 제가 어떻게 살았는지… 그 당시에도 이렇게 자기 전에 항상 울었나, 안 울었나? 그때는 울 일이 있었나? 울었다면 그때는 무슨 일로 울었지? 지금은 하루가 온통 지현이 생각인데… 4월 16일 이전에 제게… 기억이란… 그저 그때는 생각해보면 너무 행복했었던 것 같은 거예요. 동생도 있지, 언니도 있지, 엄마아빠도 있지. 내 할 일 하면 되지. 어떤 고민을 가지고 살았지? 난 뭐 했었지…?

/ 416 이전엔 제가 이랬더라고요.

살면서 이토록 짧은 기간 동안 엄청난 것들을 많이 경험한 건 처음이에요. 더러운 것도 많이 봤고. 세월호 진실과 관련해서 심증은 있는데 물증이 없어서, 세월호와 관련된 모든 것들이 정치적인 어떤 힘으로 밀리고, 어떤 개인의 힘으로 할 수 없는 그런 걸 깨닫게 되니까. 그렇다고 해서 모두 힘을 모으는 것도 어렵고. 1주기 때 그렇게 난리가 났어도 모르는 사람이 태반이에요. 가장 가까운 사람들도 모르더라구요. "어, 그런 일이 있었어? 서울에 사람들이 그렇게 많이 모였어?" 언론이 안 보여주니까. 현장에 있었던 사람은 다 알잖아요. 그때 얼마나 많은 사람이 모여 강하게 싸웠는지… 근데 모르는 거예요.

그때서야 생각이 났어요. 제가 정치·사회 관련 기사를 잘 보고
그랬지만, 이렇게까지 깊이 있게는 아니었다는 것을. 겉핥기였죠.
지현이 사고 나기 딱 1년 전, 태안에서 해병대캠프 사고가 났었잖아요.
지현이 또래 애들이 그렇게 됐을 때, 제가 포털사이트에서 관련 기사를
진짜 안 본 게 없었어요. 클릭해서 본 거는 파랑색으로 변하는데
파랑색이 아닌 게 없이 엄청 많이 찾아보고, 울고, 쟤네들 어떡하나
막 그러고. 진짜 관심이 엄청 많았었거든요. 근데 지나고 보니까 그
사건에 대해서 슬프고 자극적인 기사들을 그냥 소비했던 거였더라고요.
오열하는 부모님들, 실려나오는 애들, 그런 것들만 보고, 이후에 어떻게
마무리됐는지는 관심이 없었던 거예요. 울고, 슬퍼하고, 애도했지만
거기에서 끝이었어요. 416을 겪으며 보니까 해병대캠프 사건도 아직
처벌도 제대로 안 됐고 여전히 진행 중인 상태더라고요. 그니까 제가
사람들한테 뭐라 못하겠는 거예요. 왜 슬퍼만 하고 행동하지 않느냐고.
그런 사람들에게 나쁘다고 말을 할 수 없는 거예요. 저도 그렇게
살았으니까.

/ 꿈이었어야 했는데

얼마 전에 꿈을 꿨는데 지현이가 나온 거예요. 그런데 꿈에서 지현이가
없어요. 지현이가 안 보여요. 지현이를 찾아도 찾아도 나오지 않아요.
꿈에서 오열을 해요. 지현이가 없으니까. 그러다 꿈에서 깨요. '아, 너무
다행이다, 꿈이었어' 했는데. 현실에도 지현이가 없는 거야. 그 잠깐 영점

몇초, 1초, 5초도 안 되는 순간 동안 안심이 돼요. '아, 꿈이었어' 했는데
이게 현실이라는 게 발끝에서 머리끝까지 소름으로 쫙 와요. 한두번이
아니라 이런 꿈을 진짜 자주 꿔요. 그럼 정말 많이 우는 거야. 일어나서
그 잠깐 동안 '아, 진짜 너무 다행이야' 했는데, 그건 꿈인데… 지현이가
없는 현실은, 이건 깰 수가 없잖아요.

지현이가 나왔을 때 보기 힘들었어요. 하지만 안 볼 수가 없었어요.
확인해야 했으니까… 안 본다는 거는 상상할 수가 없는 거예요…
지현이가 나온 날, 날이 엄청 좋았어요. 지현이는 완전 그대로. 어디
한군데 이상한 데 없이. 팔에 핏줄 있잖아요. 그게 파랗게 똑같아요.
그냥, 그냥, 똑같아요! 하나도 다른 게 없어요. 피가 흐르고 있는 듯.
뭐가 다른지 모르겠어요. 그러니까 믿을 수 없는 거예요. 그냥 손이 엄청
불었어요. 목욕탕에 오래 있던 애처럼 쪼글쪼글하게.

또 하나가 얼굴에 이렇게 상처가 난 거예요. 얼굴 한쪽 눈썹 위부터
반대편 광대뼈까지 사선 모양으로 껍데기가 벗겨졌어요. 어디에 쓸린
것 같아요. 껍데기가 벗겨졌는데, 그게 너무 슬픈 거예요. 지현이가
지금 숨을 안 쉬고 죽었는데, 그게 슬픈 게 아니고 여기 다친 게, 그게
너무 슬퍼서 꺼이꺼이 목이 터져라 울고. 얼마나 아팠을까. 애가, 애가
죽었는데 딴 게 보이는 게 아니고 "왜 여기가 다쳤냐구, 왜… 상처가
났냐구!" 막 이러면서… 너무 아팠을 거 같은 거예요. 그래서 지현이가
살아 있을 때 다친 게 아니고 차라리 숨이 멎고 난 후 쓸렸으면… 살았을
때 다쳤으면 너무 그냥 상상도 하기 싫고…

장례식이 기억이 없어요. 거의 잊어버린 것 같아요. 새하얗다 해야
하나. 큼직큼직했던 것들만 기억나지, 3일이 어떻게 지나갔는지…

3일이나 하잖아요. 근데 그 3일이 기억이 안 나요. 그래서 누가
말해달라고 하면 할 말이 없어요. 저는 장례할 때 그 3일보다
장례식장에 가기 전날이 진짜 지옥에서의 하룻밤 같았어요. 내 눈
앞에서 동생이 시신보관소, 냉동고에 있는 거잖아요. 그게 말이 안 되는
거잖아요. 그 쪼그만 냉동고에 동생을 놓고 집에 온다는 거 자체가 말이
안 돼서. 지옥에서 하룻밤을 보내고… 지금 생각해도 말이 안 되는 거
같아요. 그 당시만 해도, 그 일주일 전만 해도, 완전 생기 넘치던 앤데…
(울음)

팽목항 신원확인소에서 났던 향기인지 냄새인지, 약품냄새? 그
닦아주는 냄새가 있는데 되게 특이한데 그 냄새가 거의 몇달은 계속
나는 거예요. 제 코에서. 실제로 나는 건 아닌데 계속 나는 거 같은
거예요. 계속계속… 비누향을 맡는데도 그 향기가 나요. 너무 이상한
게… 샴푸, 그냥 남들은 '아, 향기 엄청 좋다' 하는 그런 샴푸 냄샌데도
저는 그 냄새가 나는 거예요. 그게 되게 오래 남더라구요. 지금은 안
나요. 대충 어떤 거였다고 기억만 남았지. 근데 당시엔 거의 서너달을
계속 그 냄새가 나는 거예요. 너무 신기한 거 같아요, 사람이. 제가 전에
같으면 '냄새가 삼개월 동안 계속 났어' 하면 이해를 못했을 것 같아요.
이젠 제가 정신적 고통을 겪어보니까 그럴 수 있더라구요. 하지만 이해
못해주는 사람이 많아요. 그래서 어디 가서 말 안 하죠. 이렇게 가방
안에 바디미스트라고 하는 걸 넣어가지고 다녔어요. 그 향이 날 때마다
뿌렸어요. 맡기 싫어서, 고통스러워서. 제가 이런 경험을 한 건 아무도
몰라요. 엄마아빠도 모르고. 저 혼자 아는 거예요.

요즘도 아침에 전철 타고 오면서 가면서도 막 울어요. 퇴근하면서도,

일하다가도 막 울어요. 뜬금없이. 신기해. 어느 날은 밥 먹다가 막
갑자기 우니까 엄마도 아무 말도 안 하시고 따라 우세요. 밥 먹다가
그냥… 순간순간 그냥 막 슬퍼요. 자기 전에도. 사고 일어난 지 600일이
넘었는데 600번 넘게 울었어요. 자기 전에 울지 않는 날은 손에 꼽아요.
어느 날은 울면서 자고, 울면서 깨요. 내가 왜 울었는지도 몰라요. 눈물이
그냥 이렇게 눈에서 뚝뚝 떨어져서… 사람이 이렇게 많이 울 수가
있을까요?

/ 지현이 없는 시간이 어떻게 흘러왔지

　내 동생 지현이는 완전 털털하고 남자애 같았어요. 막내인데도
애교도 없고, 제가 백번쯤 부르면 한번 귀찮다는 듯이 대답해줘요.
하하. 예뻐요. 눈썹도 그려놓은 거 같구, 귀도 엄청 쫑긋해서 이쁘고,
머리는 앞뒤 짱구예요. 하하… 귀여워! 지현이 친구들이 저랑 지현이랑
많이 닮았대요. 목소리도 말투도 똑같대요. 생긴 건 닮았지만 저는
왕따였어요. 언니가 지현이랑 친했죠. 언니랑 저랑 연년생인데, 지현이가
저한테는 맞먹어도 언니한테는 꼭 '큰언니' 하고 부르면서 잘했어요.
언니는 지현이하고 뽀뽀도 하고, 엄청 예뻐하고. 저는 개랑 전혀 그러지
않아요. "나 지현이랑 뽀뽀도 잘하는데?" 이러면 나는 "무슨 소리야~
캬악" 이러고. 난 상상도 못할 일인데. 언니는 지현이를 마냥 막내로
봤고, 저는 여섯살 차이가 나는데도 애들처럼 막 싸웠거든요. 그래서
제가 더 힘든 것 같아요. 너무 많이 싸워갖고. 잘해준 게 없는 거 같구.

언니는 지현이랑 많은 시간을 함께 못해서 그게 한이 되나봐요.
저는 대학 다니고, 언니는 학교 앞에서 자취하고, 지현이는 고등학생
되니까 야자하구, 근 2년간을 세 자매가 잘 못 봤어요. 이제 저도 언니도
졸업반이고 지현이 고등학교 2학년이니까, 일년만 지나면 지현이는
스무살 되고, 우리도 취업하면 잘 놀자고 했었는데, 그게 일년밖에 안
남았었는데, 그걸 미룬 게 후회돼요. 왜 미뤘을까. 하고 싶은 건 그때
다 해야 되는데. 근데 상상도 못했던 거죠. 지현이 스무살 되면 술도
사줘야지, 막 이렇게… 꿈꾸고 그랬었는데…

지현이 그렇게 되고 언니가 너무 싫은 거예요. 안 우니까.
장례식장에서도 하나도 안 울고. 그래서 내가 언니한테 화냈어요. 언니는
슬프지도 않냐고 막 뭐라 했는데, 언니가 그때서야 엄청 울었어요.
그러곤 나까지 울었으면 좋겠냐고. 그러면 어떻게 하냐고 하면서
막 우는데 그때 알았어요. 언니한테 미안했어요.

/ '너는 어떠니?'라고

제가 처음에, 사고가 나고 거의 100일 정도를 방에서 안 나왔어요.
거의… 나올 수가 없어… 무서워… 지금은 엄청 좋아진 거죠. 당시에는
길 가면 사람들이 다 날 쳐다보는 것 같고, 내가 다 유가족이라는 것을
아는 것 같고, 안산은 넓은 동네는 아니니까 제가 길 가고 있으면 '쟤
유가족 아니야? 쟤 유가족이지?' 하는 시선을 주는 것 같았어요. 내
얘기가 아닐 때는 "그게 가능해? 몰라, 아무도 몰라" 이렇게 말했을텐데,

그 당시에는 정말 심했어요. 그 당시에는 정말 사람들의 시선이 느껴졌고
무서웠어요. 그래서 집 밖엘 안 나갔어요. 집에 혼자 있지도 못했어요.
오직 나간 것은 혼자 못 있어서 엄마아빠 따라 나간 거고. 엄마가 집앞
슈퍼에 가신 그 5분도 혼자 못 있고 그랬죠.

그니까 엄마가 너무 걱정이 되는 거예요, 제가. 맨날 울고, 밖에도
안 나가고, 친구도 안 만나고 하니까… 어느 날 엄마가 제 친구 일하는
직장에 찾아간 거예요. 그리고 그 친구한테 울면서 얘기한 거예요. "우리
서현이 좀 만나줘라. 아니면 쟤 큰일나겠다"고. 제 친구가 긴 편지를 써서
갖다줬어요. 그런데 그 편지를 보니까는 제가 정신이 확 드는 거예요.
그리고 방에서 엄마아빠가 거실에서 얘기하는 걸 들었는데 '병원에
보내야겠다', 제 상태가 너무 안 좋으니까 걱정이 되셔서 그렇게 이야기
나누시는데… 아, 이게 정말 불효구나, 지현이도 없는데. 내가 지금
뭐하는 거지. 내가 지금 엄마아빠한테 어떤 짓을 하고 있는 거지. 내가,
지금! 그때부터 내가 이러면 안 되겠다…

그때 바로 형제자매를 만나야겠다 생각을 했어요. 애들하고 연락이
닿아서 나가려는데 그때 형제자매 공간이 생길 거라 연락이 왔어요.
그러면서 너희가 쓸 공간이니 와서 함께 만들어갔으면 좋겠다고
하시는데, '아 이걸 가야겠다' 생각이 들었어요. 그때가 거의 처음 나온
거예요. 형제자매들과 작년(2014년) 겨울쯤부터 만나기 시작했고,
〈우리함께〉*라는 공간에 간 것도 그때 쯤이에요. 가니까 선생님들이

---

* 〈우리함께〉는 안산 지역공동체 회복을 위한 복지관 네트워크를 말하는데, 이곳에
유가족 형제자매들이 편하게 들러 심신을 쉴 수 있도록 마련해둔 공간이 있다. 이 글에서
〈우리함께〉란 그 공간을 의미한다.

계시잖아요. 만났는데 처음으로 "너 어떠니?"라고 물어봐주시는 거예요. '엄마아빠 어떠니?'가 아니고, '너 뭐하고 싶니, 너 뭐가 좋니? 뭐 먹고 싶니?' 그렇게.

그전까지 만나는 사람들마다 그래요. "네가 먹어야 엄마를 챙기지." 저는 장례식장에서 죽을 것 같구, 아무것도 보이지 않는데, '네가 힘을 내야지' '네가 먹어야 엄마를 챙기지, 빨리 먹어라' 이러는 게 너무 싫었어요. 정말! 거의 일년이 지나도 여전히 만나는 사람마다 "너는 괜찮니?"가 아니고 "엄마 괜찮니?" 이래요. 어쩔 수 없어요. 저도 알지요. 알지만 저도 너무 힘들었는데 아무도 너는 어떠냐고 물어주지 않았거든요.

근데 거기 가면 저희 말을 다 들어주니까 그걸로도 너무 치유가 되는 거예요. 또 형제자매끼리 만나서 세상에 화나는 것들에 막 욕도 하고, 때론 "난 엄마가 그러면 너무 싫어" "어, 나두!" "사람들이 그렇게 하는 거 싫어~! 싫드라~" 이런 말도 하면서… 〈우리함께〉엔 울고 싶을 때 실컷 울 수 있는 공간이 있는데, 여기 오면 오히려 아무도 안 울어요. 우리끼리 만나서는 웃기도 하고. 울기 위한 공간을 만들었는데 그 방은 거의 폐쇄 직전… 그러면서 제가 세상에 다시 나온 것 같아요. 집에서 혼자 있을 수도 있게 되고. 제가 밖에 나오기 시작하고부터는 힘든 내색을 잘 안 해요. 엄마아빠 앞에서는.

그니까 〈우리함께〉가 좋은 거예요. 유일하게 우리한테 초점을 맞추니까. 처음부터 '너희들까지 생각이 못 미치니, 너희만을 위한 공간이 필요하겠다'고. 항상 그런 마인드로 한명 한명. 전혀 어떤 차별도 없이 다 소중하게. 뭘 얘기를 하면 충고하거나 그건 어떻게 하라 말하지

우리는 새로운 여행을 시작합니다

않고, 그저 들어주세요. 누가 힘들다고 말하면 '네가 이런 마음을 가져봐, 그럼 다 좋을 수도 있어' 이렇게 말하잖아요? 그러지도 않아요. 있는 그대로. '네가 그래서 힘들구나' 하고. 그런 것들이 좋은 것 같아요. 울면 우는갑다, 웃으면 웃는갑다… 그게 제일 편한 건데. 그렇게 대해주는 것이. 그래서 '아, 여기 있으면 너무 자유롭다' 하는 마음이 들어요.

/ 산 사람은 살아야 된다고?

저는 싫은 말이 뭐냐면, "걔 운명이 거기까지였던 거야"라는 말이에요. 태어날 때부터 거기까지였다는 말이 되게 싫어요. 운명이 거기까지인 사람이 어딨어? 다 늙어서 행복하게 살고 싶지. 이게 운명이었냐고. 그런 말 들으면 짜증나는데, 사람들은 쉽게 말해요. "산 사람은 살아야 된다"는 말도 저는 너무 싫어요. 산사람을 제대로 살게 할려구 지금 이러는 건데, 산 사람은 어떻게 살라고… 참… 유가족들이 우리만 잘 살려고 싸우는 것도 아닌데… 그 말 하면서 그냥 참고 살라고 해요. 그럼 이렇게 말하고 싶어요. "산 사람은 살아야지, 근데 생각있게 살아야지!" 저부터 좀 달라져야 하는데. 저 조심하려고 해요. 남한테 상처 안 주고 살아야지. 제가 너무 많이 상처를 받아서… 416 이후 부지기수로 상처를 받았어요. 사람들은 몰라요. 그게 상처를 준 건지도.

한번은 사고 나고 얼마 안 돼서 학교에 가야 되는 일이 있었어요. 용기를 내서 화장도 하고 학교에 갔어요. 친구는 제가 화장도 하고 가니까 조금 나아졌나보다 생각했나봐요. 제가 진짜 처음으로 용기를 내서 그 친구에게 진도에서 이런 일이 있었고 너무 힘들었다고 말했는데, 제 친구 리액션이 "헐, 쩔어, 대박⋯ 나 소름 돋았어" 이러는 거예요. 그게 걔한테 소름 돋는 얘기, 스릴러 같은 얘기, 완전 가십거리인 거예요. 그 말이 제겐 엄청 상처가 된 거죠. '아, 내가 얘기하는 게 다른 사람들한테는 가십거리구나. 이렇게 말하면 안 되겠다.'

그때부터 입을 다문 거죠. 그 후 일년도 더 돼서 다시 대학교 친구들을 만났어요. 제가 이제는 좀 괜찮아졌겠지 하고 용기를 내서 만났는데, 일베 얘기가 나온 거예요. 근데 친구 한명이 일베는 그냥 정치적 성향이 다른 커뮤니티일 뿐이다, 이렇게 말하는데 너무 분노스러웠어요. '그냥' 정치적 '성향'이 달라서 죽은 아이들 사진을 어묵이라고 비유하고 그럴 수 있는지. 제 표정이 바로 바뀌었던지 이제 애들이 눈치보고 불편해하는 분위기가 된 거죠. '아, 세상에 별의별 사람이 다 있구나' 싶고. 그래서 그날 친구들 만난 걸 후회했어요. '아직 내가 준비가 안 됐다. 이런 얘기 듣고도 견딜 수 있어야지 사람 만날 준비가 된 거다'라고.

언젠가는 또 한 친구가 저를 위로하려고 이러는 거예요. "만약에 내 동생이 그렇게 됐으면 나는 지금쯤이면 잘 살고 있을 텐데, 너는 워낙에 정이 많아서⋯ 아직까지 이러니까 내가 마음이 아프다. 너무 속상하고." 걔는 저를 위로하려고 이렇게 말하는 건데, 단어 선택이 잘못된 거죠. 잘못되어도 너무 잘못된 거죠. 걔 입장에선 제가 그냥 단순히 동생을 잃은 거예요, 교통사고 같은 우연 그 이상도 이하도 아닌 거죠. 제가 어떤 참상의 중심에 있는 사람이 아니고, 그냥 안타까운 사고로 동생을 잃은 하나의 유가족일 뿐인 거죠. 단순히 동생을 잃은, 사랑하는 가족을 잃은 사람은 세상에 많잖아요. 그 사람들도 가슴이 아프겠지만, 이건 그냥 가슴이 아픈 게 아니죠. 그게 아닌데! 제가 사람들한테 바라는 건 큰 그림을 봐달라는 거예요. 세월호참사라는 큰 그림 안에 유가족이라는 걸. 그걸 봐주지 않고, 그저 안타깝게만 말해요. 아, 짜증나…

/ 떠나보내고, 새롭게 만나고

사람들은 제가 웃으면 괜찮은 줄 알고, 제가 울면 왜 그러냐고 해요. 그럼 전 어떻게 해야 되는 거예요? 스트레스예요. 그러니까 아예 그런 사람들은 안 만나는 거죠. 416 이후로 친구가 없어요. 다들 바뀌었을걸요. 저뿐만 아니고, 엄마아빠도, 다른 유가족 형제자매들도 똑같을 걸요. 많이 울어요. 어떤 애들은 친구들 번호 핸드폰에서 다 삭제했대요. 너무 상처를 많이 받아서.

옛날 친구들을 많이 잃은 대신에 유가족 형제자매들끼리 서로 의지하며 새롭게 친해졌어요. 아마도 서로에게서 서로의 형제자매 모습을 찾는 것 같아요. 저도 지금 단원고 다니는 고등학교 2학년 되는 형제자매 애들을 만나면 개네들이 너무 예쁘고, 다 지현이가 보여요. 지현이랑 한두살 차이밖에 안나고 단원고 교복까지 입고 있으니까. 어떤 아이는 언니가 없어졌고, 나는 이제 동생이 없어졌고, 그래서 보면 챙겨주고 싶고, 서로에게서 위안을 찾는 거죠. 형제자매들끼리.

제가 유일하게 만나는 친구가 있는데, 걔는 제게 안 물어봐요. 제가 울면 슬픈갑다, 제가 웃으면 기분 좋은가보네. 유가족은 어떠해야 한다는

우리는 이제 숨죽이지 않을 것이다

거 없이 그냥 저를 저로 봐주는 거예요. 그래서 편할 때가 있어요. 저는 오히려 제 기분을 맞춰주려고 조심스럽게 하는 것보다, 대놓고 '요즘 세월호 어때? 어떻게 돌아가고 있어?' 막 궁금해하고 그러는 게 더 힘이 되는 거 같아요. 416 관련해서 제가 새롭게 만난 활동가 청년들이 그러세요. '청년하다'라고 하는 분들인데 그분들이 '진실서포터즈'라고 만들었어요. 그분들이 저한테 형제자매 중에서 진실서포터즈에 함께 해줄 사람이 있으면 좋겠다고 해서 만났는데 이곳에선 정말 열띠게 토론해요. 세월호라는 주제로 공부하고, 어떻게 할까, 어떤 방식으로 나갈까 토론해요. 이름도 좋아요. 진실서포터즈. 그곳에 갔을 때 힘을 얻었어요. 아 이런 사람들이 있구나. 세월호 관련한 일에 필요하면 무조건 나와서 함께하는 거예요.

사고 이전에는 이렇게 좋은 사람들이 많은지 몰랐어요. 그땐 이렇게 힘든 사람이 있는 줄도 몰랐고, 이렇게 돕는 사람이 있는 줄도 몰랐어요. 아예 몰랐어요. 전혀! 내 일이 아니라 생각했으니까. 그러니까 사고 이전에 저는 어떻게 살았는지 모르겠어요.

/ 손에 쥔 걸 놓아야지 새로운 걸 쥘 수 있지

어쨌든 손에 쥔 것을 놓아야지 또 새로운 걸 쥘 수 있잖아요. 쥐고 있는 게 썩어 문드러져가는데 계속 쥐고 있어봤자… 또 새로운 걸 집으면 돼. 그렇게 생각을 하거든요. 그랬더니 미련이 없는 거예요. 정말 새로운 사람을 많이 알게 되었고, 많이 배웠고, 그게 달라진

거예요. 제가 이후에 뭐가 더 달라졌냐 하면 더 넓은 걸 보게 된
거죠. 저희를 도와주고 싶어하는 많은 사람들이 보인 거죠. 천주교든,
불교든 어느 종교의 누구든지. 저희가 대단해서가 아니고 그저
피해자고 유가족이니까 정말 잘해주시는 게 느껴져요. 아, 나도 이렇게
살아야겠다, 받은 만큼. 다른 사람들을 나도 더 배려해줘야겠다. 이게
달라진 점 같아요.

또 하나 변한 게 제 전공을 바꾼 거예요. 원래는 도시계획부동산학과에서
부동산을 전공했었어요. 4년 내내 부동산 수업을 들었는데 416 이후
권력 가진 사람들, 돈 가진 사람들이 정말 싫어졌어요. 그래서 그런
사람들 돈 만들어주는 것 같은 전공이 싫어서 바꾼 거예요. 생각에도
없던 도시계획으로 바뀐 거죠. 도시계획은 개발이긴 한데 요즘은 그래도
사람들이 살아온 것을 중심으로 조금씩 살기 편하게 하는 방향으로
접근해요. 그러니까 좋아요. 완전히 갈아엎는 게 아니라서. 제가 집에서
100일 넘게 집에 있었다고 했잖아요. 그러다 처음 간 곳이 서점이었어요.
거기에 도시계획기사 자격증 책이 있어서 막연히 책을 사왔는데, 시험
보고 이렇게 이쪽 일을 잡게 된 거예요. 우연 같지만 사실은 우연이 아닌
거죠.

416 이후에 저는 조급함이라든가 이런 게 없어졌어요. 평소 같았으면
졸업하고 취업이 안 됐으면 막 불안하고 초조했을 텐데, 그런 건 하나도
신경 안 쓰이고… 내일이 없는 거 같아요. 제가 너무 많이 변했어요.
한번은 제가 되게 좋아했던 어른 한분이 제 면전에서 유가족을 막
비난하는 거예요. 옛날 같으면 뛰쳐나오고 울었을 텐데 그냥 참았어요.
이제는 참는 법도 배우게 되는 것 같아요. 나를 이해하지 못하는 사람을

이해하게 돼버린 거예요. 이런 현실이 너무 슬픈데.

/ '또다시' 가만히 있으라구요?

우리는 매순간 형제자매를 그리워해요. 매일 밤 그들을 잊지 않기 위해 동생이고 언니고 형이고 아우인 그 아이의 머리끝부터 발끝까지를 기억해곤 해요. 그런데 세상은 자꾸 잊으라고, 그만하라고. 그리움은 도저히 멈출 수가 없는데 그만하라고만 해요.

엉터리 시행령 나오고 부모님들이 삭발하는 그 순간 우리가 모였어요. 각 대학교 총학에서 다 성명서를 냈어요. 청년들도 내고, 여기저기서 막 그러는데 우리 형제자매는 뭐하는 거지? 이거 아니다, 우리도 뭐라도 해야 한다. 가만히 있을 순 없잖아요. 그때 우리도 성명서 내고 해야겠다는 생각이 든 거죠. 처음엔 기자회견까지 할 생각은 없었고, 성명서를 쓰자고 했는데 준비하다가 거의 삼사일 만에 일이 막 번져가며 기자회견까지 간 거죠. 근데 모인 우리끼리 낸다고 이게 형제자매 모두의 성명서는 아닌 거잖아요. 그래서 연락망을 다 동원해서 접촉을 한 거죠. 그런데 부모님들은 이걸 그리 반기지 않으셨어요. 저희가 뭘 나선다는 것 자체가 걱정되셨던 거예요. 형제자매들 얼굴이 나오는 게, 이미 아이를 하나 잃었는데 아이를 하나 더 잃는 기분이 드신 거예요.

저번에 특별진상조사위원회(이하 특조위)가 만들어질 때, 형제자매가 특조위원들한테 메일을 하나씩 보내면 좋겠다는 의견이 나온 적이 있어요. 근데 그때도 형제자매가 나서는 게 걱정되셔서 안 된다고, 하지

말라고. 법적으로 뭘 해달라는 게 아니고 그냥 순수한 저희 마음을
전하는 걸로. 일테면 중고생 형제자매들이 언니가 보고 싶고, 억울하지
않게 해달라, 저희가 좋은 세상에 살 수 있게 해달라, 뭐 그런 메일
있잖아요. 이걸 하려는데 부모님들께서 차단해버리셨어요. 보낼 거면
부모님들의 검토를 거쳐서 보내래요. 그게 저희는 너무 싫은 거예요.
저희가 정치적 용어를 써가며 그러는 것도 아니고, 그냥 '언니가 보고
싶다' 이런 거 쓴다는데… 부모님들은 지키고 싶은 거죠, 뭐! 나쁜 일,
궂은 일 다 자신들이 하고 애들은 가만히 있게 하고 싶으신 건데, 우리
형제자매 생각은 그게 아닌 거였죠.

그때 너무 힘들었어요. 할 수 있는데 못하게 하니깐. 가만히 있으라고
해서 애들이 그렇게 됐는데, 저희한테 가만히 있으라고 자꾸 하시니까.
성명서 준비하면서도 또 그러실까 걱정이 돼서 위원장님한테 전화하기
전에도 저희끼리 '뭐라 말해? 안 된다고 하면 어떡하지' 걱정했어요.
근데 그때 당시에는 뭐라도 해야 하는 시기여서 저희가 성명서 낸다니까
'괜찮다, 열심히 준비해봐라' 하셨어요.

가만히 있으라. 이게 어쩔 수가 없어요. 이런 게 너무 만연하잖아요.
자신들이 바로 아이들에게 '가만히 있으라'고 해서 아픔을 겪는
당사자이신데도 또다시 자기 애들은 걱정이 돼서 가만 있으라고.
그래서 이번 단원고 교실존치 피케팅하는 것 주제가 이거예요. "또다시
가만히 있으라?" 또.다.시. 그래서 애들이 이렇게 됐는데, 또다시 가만히
있으라고 하니. 하지만 부모님들한테 뭐라 할 순 없어요. 이해가 가니깐.

사실 저도 만약에 10대였으면 이렇게까지 활동한다거나 그러진
못했을 거예요. 10대인 형제자매들은 어느정도 보호의 굴레 안에

있으니깐. 하지만 대학생은 좀 달라요. 정보도 많이 접하고, 세월호모임이라든가 뭐 이런 것도 할 수 있고, 그러면서 더 알게 되고. 하지만 고등학생들은 말을 못하잖아요. 들어주는 사람이 없으니까.

또다시 이런 일이 나면 안 되지만, 대구지하철이나 세월호 같은 대형참사는 몇년 주기로 나잖아요? 그런 일이 생겼을 때, 그 일에 얽힌 형제자매들을 위해 무슨 일을 하고 싶다는 생각을 해요. 이런 일이 생기면 안 되지만! 만약 생긴다면 알려주고 싶어요. 형제자매들에게 어떻게 해줘야 하는지, 어떻게 대해줘야 하는지. 왜냐면 지금은 그런 체계가 없으니까 우리한테 그런 걸 해줄 사람이 아무도 없잖아요. 나를 완전히 이해해주는 사람이 있으면 너무 좋을 것 같다는 생각이 드는데, 혹시나 그런 일이 있을 때 제가 그런 사람이 되어주고 싶어요.

/ 엄마아빠의 '동료'가 되어 진실에 다가가려고요

우리 형제자매들끼리 얘기했어요. 416협의회 같은 곳처럼 대표가 있으면 안 된다. 시간이 흘러도… 아무튼 지금은 아닌 거예요. 시행령 성명서를 낼 때는 제가 주로 했었죠. 이번 교실존치 문제는 다른 형제자매가 주가 되어 기자회견도 준비했고요. 또 다음에 어떤 문제가 터지면 그때는 다른 형제자매를 주축으로 하는, 그런 식으로 가려구요. 전체의 얘기가 되어야지, 소수에 집중되고 결정이 되면 안 되는 거죠.

형제자매는 너무 상황도 다르고, 다른 생각도 너무 많아요. 부모님들은 어느정도 비슷해요. 일하시다가 그만두셨고, 활동하시거나 아니시거나.

우리는 나이도 제각이고 상황이 너무 다르니까 하나의 얘기가 될
수 없는 거예요. 제가 얘기하는 게 형제자매 전체의 얘기가 될 수 없는
거예요. 부모님들은 그게 가능할지 몰라도. 그래서 저희는 대표를 두지
않기로 결정했어요.

지난 1주기 형제자매들이 낸 성명에 이런 표현을 넣었어요.
'엄마아빠의 동료가 되어 진실에 다가가겠다'고요. 이런 말이 하고
싶었어요. 부모님한테 우선 말하고 싶었고, 높으신 분들한테 말하고
싶었어요. 시행령으로 부모님들을 괴롭혔잖아요. 어느 순간에 보상금도
얘기 나왔고요. 높으신 분들, 종편방송들은 이렇게 괴롭히면 언젠간
우리 부모님들이 보상금 받고 떨어져나갈 거라고 생각하는 것 같아요.
그렇기에 '동료'라고 한 것은 이게 끝난 게 아니라는 말이었어요.
정치권의 임기는 몇년이지만 세월호 형제자매라는 이름의 임기는 죽을
때까지니까. 우리가 잊지 않고 있으니까. 부모님 세대에서 밝혀내지
못하면 우리 세대에서라도 꼭 밝혀낼 것이다. 그걸 권력에게 말하고
싶었던 거예요. 엄마아빠들한테도 말하고 싶었어요. 엄마아빠들이
이렇게 하다가 지치셔도 우리가 자라난다. 권력은 지금 착각하고 있어요.
착각하면 안 돼요. 일이년 지나서 끝날 일이 아니거든요.

나라 돌아가는 꼴을 보니. 광주민주화운동만 봐도 수십년을 싸워서
진실을 밝혔어도 아직도 일베는 조롱하잖아요. 폭도라고. 세월호
가족들도 나중에 빨갱이라고 안 그러겠어요? 나중에 그럴지도 모르죠.
하지만 신경 안 써요. 이렇게 말할 수 있는 건 우리가 지금 이렇게
노력하기 때문이겠죠. 진실을 위해 싸우기 때문에…

어떨 땐 너무 힘들어서 '안 해야지. 난 안 할거야… 나중에 딴

나라에 가서 살아야지…' 막 이런 생각을 해요. 근데 지칠 때 되면 시행령 같은 거 만들어 확 열받게 해주고, 또 지칠 만하면 청문회에서 쏟아내는 거짓말을 듣고 확 속이 뒤집히고… 아주 이 나라가, 이 정부가 형제자매들의 가슴에 불을 훅~ 질러요. 그래서 어쩔 수 없이 하게 돼요. 우리의 숙명 같은 거죠. 하하…

구술 남서현, 세월호 희생학생 남지현의 언니 | 기록 정주연(루트)

생존학생과 형제자매, 멀고도 가까운

생존학생과 형제자매 들은 안산과 단원고라는 공간을 공유한다. 형제자매 중에는 단원고 졸업생도 있고 희생된 형제자매를 따라 단원고에 입학한 사람도 있다. 생존학생에게 형제자매는 떠난 친구의 동생, 형, 오빠, 언니다. 세월호참사 전에는 서로 몰랐지만 지금은 만나서 밥을 먹는 사이가 된 이도 있고, 그전에는 만났지만 지금은 만나기 어렵게 된 이도 있다. '생존자'와 '유가족'이라는 다른 위치가 만든 조심스러움과 불편함이 이들 사이에 존재한다. 이들에 대한 다른 사회적 시선과 태도 또한 그들 간의 거리감을 만든다.

남 같지 않지만 만나기는 어려운

이 책에서 우리는 생존학생과 형제자매의 이야기를 함께 담고 싶었다. 세월호참사에서 각기 위치는 다르지만 '사회적 10대'라는 위치가 만들어 낸 공통된 이야기가 있을 거라 짐작했다. 그들 사이에 놓인 미안함과 불편함의 복잡한 거리만큼 이 작업 또한 그 시작이 쉽지만은 않을 듯했다.

다행히 우리의 제안은 그들의 지지와 응원을 받았다. "남 같지 않으니까." "같은 10대니까 통할 수 있을 것 같아요." "궁금한데 아직은 만나긴 힘드니까 책을 통해서라도 알고 싶어요." 그들에게는 서로의 고통을 헤아리려는, 닿고 싶은 마음의 길이 이미 이어져 있었다. 아직 서로에겐 전하지 못한.

'그리움'은 생존학생과 형제자매가 희생학생에 대해 다 같이 느끼는 감정이다. 떠난 가족에 대한 그리움과 두고 온 친구에 대한 그리움. 다만 이 감정이 만나는 자리에는 고통과 추억이 엉켜 있다.

/ 오빠가 살아 있을 때 어땠냐고 물어보고 싶은데 생존학생에겐 친구니까 불편할 거 같고 슬플 것 같고. 가장 가까이에서 본 피해자잖아요.
/ 생존한 언니오빠들한테 궁금한 게 많았는데 상처를 건드릴까봐 물어볼 자신도 없고…

생존학생들의 그리움에는 미안함이 더해진다. 나만 살아 나왔다는 죄책감. "유가족에게 저희 존재 자체가 상처일 수 있으니까. 저희를 보면 더 힘들 수 있으니까 그게 너무 죄송하죠." 스스로도 품은 미안함에 무게를 더하는 것은 생존자와 희생자를 갈라놓는 사회적 시선이다. '그래도 너는 살아 돌아왔잖아.' 생존학생들은 유가족이나 형제자매에 대해 한편으로는 미안하고, 한편으로는 피하고 싶은 마음과 싸워야 했다. "졸업식은 축하받는 자리인데 유가족들이 오셨으면 더 힘들었을 것 같아요. 축하받지 못할 것 같고 축하받는 게 미안하기도 하고."

형제자매들도 자신의 오락가락했던 마음과 싸웠던 시간이다. 생존학생을 대면하는 것도 부담스럽고, 그런 자신을 보는 것도 괴롭고, 생존학생이 힘들어하는 모습을 보는 것도 곤란한, 여러 감정이 요동치는 시간을 보냈다.

/ 마음이 오락가락하는 거죠. 형제자매한테는 생존학생들이 완전히 편할 수는 없어요. 그런데 유가족 비난하는 사람들은 생존학생들도 엮어서 비난하거든요. 죽음의 문턱까지 갔다 온 건데… 친구는 못 왔고 나만 왔어… 월화수목금토 거의 한달 내내 장례가 있었어요. 그런데 애들은 다 그걸 겪고… 저는 걔네들한테 욕하고 이런 게 막 슬퍼요.

/ 사고 초기에는… 걔네들 잘못이 아니라는 걸 머리로는 알아요. 그런데 마음 한켠에서 스멀스멀 올라오는 거죠. '내 동생도 데리고 나와주지. 그럼 내 동생도 옆에 있었을 텐데.' 근데 걔네들이 그 정신없는 와중에 어떻게 하겠어요? 머리와 마음의 갭이 너무 큰 거죠. 갭이 있다는 게 너무 싫고 내가 너무 나쁜 년 같고 스스로가 경멸스러운 거예요. 계속 그 마음이랑 싸웠어요.

/ 우리도 이만큼 힘든데 생존학생들은 얼마나 힘들까? 부모님들이 다 이해해주는 것도 아닐 테고. 무슨 사건이 터지고 언론에서 나올 때마다 걱정이 돼요. 불편하지만 언젠가 만나고 싶어요. 만나서 친하게 지내고 싶어요.

/ 졸업식 때도 축하한다고 전하고 싶었어요. 너무 애를 많이 썼잖아요. 공부하는 것도 힘들었을 텐데… 그동안 고생했다고 만나서 밥 사주면서 기죽지 말고 힘내고 잘 지내라고 얘기하고 싶어요.

이렇게 간절히 가닿던 마음도 그들 간 고통의 무게가 비교되거나 세월호에 대한 사회적 관심이 줄어든다고 느낄 때, 자신이 노력했던 마음이 인정받지 못할 때에는 다시금 흔들리기도 한다.

/ 어느 날 아빠가 그러더라고요. 형제자매들이 생존학생들도 좀 챙기라고. 만나보고 위로도 해주라고. 나도 힘들어 죽겠는데… 서러워서 방에 가서 울었어요. 이렇게 모르는구나. 세상의 관심은 부모님들과 생존자에만 초점을 맞추고 형제자매에 대한 관심은 없구나.

/ (생존학생들이) 아픔을 잊고 싶을 수도 있지만 SNS에 잘 살고 있는 사진은 올라오는데 세월호 관련해서 아무것도 안 올리는 걸 보면 속상해요. 세월호에 대한 관심이 점점 줄어드는 상황을 보면 더 그렇죠.

/ 저희도 힘들지만 유가족들이 힘든 거 아니까 저희도 노력하거든요. 친구 부모님께 편지도 보내고 연락도 하고. 근데 저희들한테 섭섭해하실 때 속상하죠.

"우리 서로 고생 많았다"

그럼에도 기어이 손을 내밀고 얼굴을 마주한 이들이 있다. 이들은 이 시간이 자신의 마음과 대면하고 서로의 용기와 노력을 눈에 담은 시간이라고 말한다.

/ 동생과 친했던 생존자 애가 있어서 동생 보러 갈 때 보고 싶으면 같이 가자 말했는데 온 거예요. 안 올 줄 알았는데… 그 친구로서는 얼마나

341

용기를 낸 거겠어요. 웃으면서 '잘 왔어' 그랬어요. 그러고는 집에 와서 혼자 울었어요. 걔들 잘못이 아닌 걸 아는데 마음은 힘든 거예요. 그런데 그 친구도 오는 게 얼마나 힘들겠어요? 저를 보는 게 감당할 수 있는 만남이 아니잖아요. 근데 걔는 묵묵히 견디고 나온 거잖아요. 고마운 거죠. 미워할 수 없는 거죠. 그렇게 몇번을 만났어요. 만나고, 울고, 만나고, 울고. 얼마 전에 만났는데 '내 동생도 데리고 나오지' 그런 원망이 안 생기더라고요. 처음으로 안 울었어요. 원망에 지지 않고 웃으면서 대할 수 있게 됐어요. 걔도 고생 많고 나도 고생 많았다. 이제 마음이 좀 편해요.

/ 동아리 같이하는 생존자 오빠와 얘길 하면서 생존자 입장도 이해하게 됐어요. 말하고 싶은 게 완전 쌓여 있었는데 지금 이야기를 하니까 좋아요.

생존학생 중에는 희생학생들의 생일모임에 참여하기도 하고 친구 부모님과 연락하면서 지내는 이들도 있다. "유가족들이 이런 마음이구나 아는 게 나은 것 같아요. 시간이 지날수록 저희도 무뎌지는 게 있으니까." 유가족을 만나지 않기 때문에 생존학생들이 오해하는 것 같다고 말하는 이도 있다. "분향소에 왔다갔다 하면 유가족들이 잘 챙겨주세요. 근데 만나지 않으면 더 어려워져서 유가족들이 저희를 보기 싫어한다고 느끼게 되는 것 같아요. 그건 아닌데…"

조심스럽지만 전하고 싶은 간절함을 담은 마음의 소리가 여기에 있다. 서로가 보내온 시간이 궁금했지만 듣지 못했기에 더 만나기 힘들었을지도 모른다. 우리가 서로의 마음의 길을 보았듯이 이 책을 통해 그 마음이 연결되기를 바란다.

이호연

세월호 '10대 피해자'의 이야기를 듣는다는 것

세월호 생존학생과 형제자매 들의 이야기는 '10대 피해자'를 바라보는 기존의 통념을 의심하지 않고서는 제대로 들리지 않을 이야기다. 우리는 말하는 이와 듣는 이의 연결을 돕기 위한 몇가지 질문을 던지기로 했다. 누군가는 이미 들었을 이야기를.

더 귀한 목숨이 따로 있는가

어린 생명의 죽음을 사람들은 '꽃다운 죽음'이라 부른다. '더 귀한 생명'의 상실 앞에 안타까움을 보내는 사람들이 정작 살아 있는 어린 존재들이 어른에 비해 낮은 대접을 받는 현실은 문제라고 느끼지 않는 경우가 많다. 육체적 생명에는 더 높은 가치가, 사회적 생명에는 더 낮은 지위가 부여되어 있는 역설. 완성되지 않았기에 낮은 지위를 부여하고, 꽃피우지 못했기에 그 죽음에 더 높은 가치를 부여하는 일은 어쩌면 동전의 양면일지 모른다. '꽃다운 죽음'에 바쳐진 미안함의 유통기한도 짧다. "죽은 애들보다 산 애들이 우선이지." 희생자에 대한 기억은 빨리 지워버리라는 재촉을 받는다.

　과연 더 귀한 생명, 더 귀한 존재가 따로 있는 걸까. "아이들아 미안하다"라면서도 어린 존재들의 의견을 묵살하는 현실은 또 어떻게 봐야 할까. 지켜주지 못한 미안함은 지켜줄 권한을 가진 어른들에게만 허용된 특권의 감정일 수 있다.

　세월호참사를 바라보며 각자의 마음에 찾아든 미안함을 '지켜주지 못한 어른의 미안함'만으로 설명할 때, 사건의 해결 과정에서 또다시 어린 존재들은 배제된다. 우리에게 좀더 중요한 건 '어른으로서 아이를 지켜주지 못한 미안함'이 아니라 '시민으로서 이런 참사를 대비하지 못한, 모든 피해자에 대한 책임감'이 아닐까. 세월호참사가 요구하는 정치적 책임에는 이 사회가 어린 존재들을 대해온 방식을 성찰하고 그들과 어떻게 동료 시민이 될 것인지를 고민하려는 도전도 포함되어 있는 것이 아닐까.

고통의 크기를 비교할 수 있는가

　"살았으니까 됐다." '꽃다운 죽음'의 무게가 강조될수록 생존자의 고통은 가볍게 취급된다. 자식 잃은 부모의 고통이 강조될수록 형제자매와 친구를 잃은 생존학생의 고통은 주변으로 밀려난다. 세월호 피해자 가족들 역시 대개 이 자장(磁場) 안에서 흔들렸던 것 같다. 부모냐 형제자매냐 친구냐에 따라 고통의 크기가 결정될까. 잃어버린 이와 함께 보낸 시간과 관계의 질에 따라 고통의 빛깔과 성격이 달라지는 것은 아닐까. 인정받지 못한 고통을 짊어진 이들은 고통을 느낀다는 자체에 죄의식을 갖는다. "애들이 무슨 생각을 하고 있는지 모르겠어요." 많은 생존학생과 형제자매의 부모들이 털어놓은 걱정이다. 이들이 부모에게 말하지 않는 이유는 복합적일 테지만, 이 사회가 만들어낸 비교의 잣대에서 '허락 받지 못한 애통함'이 침묵으로 이어졌을 가능성을 부인하기는 힘들다.

무엇이 회복을 가로막는가

누구에게나 그러하듯 어린 피해자에게도 상실을 온전히 겪어낼 시간이, 상실을 어떻게 통과할 것인지를 결정할 자율성이 보장되어야 한다. "어리니까 잘 모르겠지." "어서 훌훌 털고 잊어버리는 게 상책이야." 어린 피해자의 감정은 가볍게 취급되곤 한다. "애들은 어디로 튈지 몰라요." 자신에게 닥친 상황을 이해하고 해결하기 위한 어린 피해자의 다양한 시도들은 대개 충동적이거나 미숙하거나 본분을 벗어난 것으로 여겨진다. "언제까지 그러고 있을 거야." 그들은 '미래의 주인공'이라는 틀을 강요받으며 서둘러 학생의 본분으로 복귀할 것을 요구받는다.

어린 피해자의 상처를 보듬고 상실의 의미를 공유하는 데는 무능한 학교가, 그들에게 공부라는 본분을 강요하는 데는 놀라운 유능함을 보인다. "애들이 휩쓸릴 우려가 있어요." 모방성이 강하다고 짐작되는 이들이 집단적으로 모여 있는 학교는 '슬픔의 전파'를 막기 위해서도 열심이다. 단원고에서 '기억교실'을 재빨리 걷어내려는 어른들의 이야기 속에서도 어린 존재들은 대개 명분으로만 등장한다. 그들에겐 어떠한 결정 권한도, 결정에 앞선 충분한 숙고의 시간도 제공되지 않았다.

답을 얻지 못한 방황이든, 죄책감에서 비롯된 자기처벌이든, 공감을 얻지 못한 '홀로 있기'든, 사건을 일으킨 사회와 어른에 대한 반항이든,

사건의 진실을 파헤치려는 지적 탐구든, 이 모든 어린 피해자의 행위에는 존중받아야 할 감정과 의지가 담겨 있다. 단지 어려서가 아니라 상실의 의미가 공유될 수 없기에, 상실을 치유하는 과정에서 자율성을 발휘할 수 없기에 그들의 상처는 더 곪기 쉽다. '회복력 혹은 회복탄력성'(resilience)에 관한 연구들은 나이에 상관없이 피해자가 '외상 후 성장'을 이루어내려면 관계의 응집력, 사회적으로 구성된 사건의 의미, 사회적 지지, 접근할 수 있는 자원의 정도 등이 중요하다고 말한다. "넌 몰라도 괜찮아." 나이가 어리다는 이유로 상황을 이해할 정보나 지식에서 소외될 때, 회복은 더 늦춰진다.

아픈 흔적들을 어떻게 봐야 하는가

생존학생과 형제자매의 이야기엔 10대 피해자를 대하는 이 사회의 통념이 만들어낸 아픈 흔적들이 남아 있다. 능력이 부족해서가 아니었다. 누군가는 어른들의 '보호' 때문에 자신의 감정과 생각을 헤아릴 기회를 갖지 못했다. 감정 표현 능력이 부족해서도 아니었다. 누군가는 '이제 너희가 잘해야 한다'는 당부와 재촉 탓에 마음을 털어놓지 못했다. 자신의 상처를 돌볼 여력이 허락되지 않았다. 그래서 누군가는 해진 마음을 이끌고 오직 책임에만 매달려야 했다. 고통만을 강조해야 그나마 사회는 귀를 기울였다. 그래서 누군가는 아주 작은 지원조차 특혜로 보일까 두려워했다. 약한 모습을 보일수록 한편에서는 동정이, 다른 한편에선 약자에 대한 혐오가 강해졌다. 그래서 누군가는 SNS에 넘쳐나는 비방글과 허위사실에 대응하기보다 차라리 잊는 편을 택했다. 피해자를 향한 비난과 진실을 덮으려는 힘이 갈수록 커졌다. "이걸 말하면 잘못되는 거 아니에요?" 그래서 누군가는 하고 싶은 말을 삼켰다. 참사를 겪은 10대들에게 발견되는 어떤 '취약함'이 있다면, 이들이 어려서가 아니라 이 같은 사회적 반응이 축적된 결과일 것이다.

어떤 위로가 필요했는가

어린 피해자를 위로하고 죄책감을 덜어주고 싶은 선한 의도에서 사람들이 흔히 건넸을 위로, "네 잘못이 아니야." 죄책감으로 뒤척였지만 그에 압도되지 않았으며 그만큼의 책임감을 힘껏 끌어안은, 자신의 미래에 희생된 친구와 형제자매의 이름을 오롯이 새겨넣은 이들에게 어쩌면 이 위로는 너무 가벼웠을지도 모른다.

진정한 위로는 연민이 아닌 상실의 의미에 대한 깊은 이해로부터 나온다. 한 형제자매의 이야기처럼, 이들이 경험한 상실은 단지 어린 나이에 친구와 형제자매를 잃은 안타까운 경험이 아니라, 세월호참사라는 큰 그림 안에서만 조명되고 이해될 수 있는 사회적 상실이다. 그래서 이들에게 위로는 '말'이 아니라 '간절히 원했던 답을 함께 찾아 나서는 사람'이었을 것이다. 세상이 아직 믿을 만하다는 걸 느끼게 해줄 사람. 이 책의 주인공들도 자신을 온전히 수용해주는 사람, 의미를 공유하는 사람, 비슷한 비극을 방지하기 위해 애쓰는 사람과 더 많이 연결되어 있을수록 더 맘껏 흔들렸고 그만큼 더 단단해졌다. 학교에 갇혀 있어 사회적 지지를 경험할 기회조차 없었던 이들은 어떤 시간을 보내야 했을까.

그러하기에 생존학생과 형제자매들의 이야기는 고통과 피해의 서사로만 축소될 수 없다. 이들은 10대와 어린 자녀를 수동적인 존재, 보살핌의 대상으로만 이해해온 통념에 도전한다. 이들은 위급한 탈출의 순간에도 서로를 보살폈고 사람들을 구했다. 누군가를 위해 힘을 내었고, 부모를 보살피려 가족 안에서의 역할을 조절했다. "생존자들은 더 힘들겠죠." "저도 이런데 친구 부모님 마음은 얼마나…" 이들에게는 타인의 상처에 감응하는 힘이 있었다. "오래 걸릴 것 같아요." 이 슬픈 말 뒤에 따라붙은 말, "그래도 할 수 있는 걸 해야죠." 지금껏 할 수 있는 걸 해왔던 이들이 또다시 할 수 있는 걸 찾아 나서고 있었다. 어린 피해자들을 대하는 사회의 태도는 무능하고 미성숙했지만, 이들이 보내온 시간은 성숙했다.

지난 2년간 이들이 보여준 역량은 놀라웠다. 그에 반해 이 사회가 내민 손길이 너무나 허약했기에 눈물겹기도 한 시간이었다. 우리는 4월 16일 그날의 충격과 상처로만 이들이 보내온 시간을 이해해서는 안 된다. 그날과 그날 이후, 이들이 어떤 조건에 놓이게 되었는지, 슬픔의 시간을 통과하면서 어디까지 왔는지를 함께 주목해야 한다.

'가만히 있으라'를 어떻게 볼 것인가

세월호참사에서 가장 많이 회자되었고 참사 피해자들에게는 화인처럼 새겨졌을 '가만히 있으라'는 말을 우리는 어떻게 해석해야 할까. '가만히 있으라'는 명령의 부당함은 어른들의 말만 믿고 기다린 '착한 바보', 착한 학생의 이미지와 함께 유통되었다. 좋게 말하면 순수하고 나쁘게 말하면 어리석은 어린 희생자의 이미지. 같은 지시에 따랐던 일반인 희생자를 우리는 '착한 바보'라 부르진 않았다. 그나저나 정말 학생들은 가만히 있었던가. 누군가는 의심했고, 누군가는 가만히 있지 않았으며, 누군가는 가만히 있지 않으면 더 위험해질까봐 그 지시에 따르기로 했다. 세월호참사는 피해자들이 가만히 있었기에 당한 사고가 아니라, 저마다 살아내려는 삶의 의지와 도전을 짓밟은 선장과 선원, 나아가 정부가 만들어낸 사건이었다.

한편 '가만히 있으라'는 이 사회의 민낯을 비추는 상징으로도 적극 유통되었다. 누군가는 정부가 시민을 대해온 태도를 떠올렸으며, 누군가는 학교와 사회가 10대들을 대해온 자세의 근본적 변화를 열망했다. 세월호 이전으로 돌아가선 안 된다는 다짐과 노력 역시 어른들만의 것이 아니었다. 우리가 만난 10대 피해자들도, 이 사건을 함께 겪은 10대들도 함께 해온 다짐과 노력이었다.

그리고 이들은 기다리고 있다. 어른이 아닌 '동료'로서 곁에 함께 서줄 사람들을.

배경내

| 416세월호참사 작가기록단 |

한 사회의 구성원이자 한명의 인간으로서 세월호참사를 어떻게 겪어내야 하는가에 대해 고민하는 이들이 모여 있다. 글로써 참사의 증거를 남기고 흩어지는 고통을 사회적 기억으로 만들 수 있는 방법을 모색해왔다. 세월호의 목소리를 듣고 기록했으며 『금요일엔 돌아오렴』을 함께 썼다.

강곤 기록하기와 기억하기에 관심이 많다. 함께 쓴 책으로『우리의 소박한 꿈을 응원해 줘』『여기 사람이 있다』『나를 위한다고 말하지 마』가 있다.

고은채 귀 기울여 듣고 제대로 쓰고 있나. 떨리고 긴장된 마음이 기록활동을 할수록 넓어진다. 사람을 만나는 과정이 원래 그러한 것임을 다시 배우며 깨닫는 시간들이다. 인권교육센터 '들' 활동가.

김순천 몸을 떨면서 온 힘을 다해 이야기하는 어린 친구들의 모습을 통해 세상에 대한 나의 절망이 얼마나 하찮은 것인가, 사랑은 어디서부터 시작해야 하는가를 경험했다.『부서진 미래』(공저) 등과『대한민국 10대를 인터뷰하다』『인간의 꿈』등을 썼다.

명숙 인권운동사랑방에서 활동하며 사람들의 목소리를 기록하고 있다. 듣는다는 행위가 역동적인 소통이 되려면 무엇이 필요한지 고민 중이다.『밀양을 살다』『숫자가 된 사람들』을 함께 썼으며 인권기록활동네트워크 '소리'에서 기록활동을 이어가고 있다.

미류 인권운동사랑방 활동가. '듣는 귀'를 열고 만드는 일이 인권운동이라는 생각으로 기록활동에 참여했다. 4·16연대 운영위원으로서 「존엄과 안전에 관한 4·16인권선언」 제정활동을 함께하는 이유도 비슷하다.

박현진 대학원에서 신문방송학을 전공하는 20대다. 작가기록단에서 사람의 목소리에 귀 기울이는 법을 배웠고, 지금도 배우고 있다. 여전히 보통의 20대들처럼 스스로를 벼리는 중이다.

박희정 드러나지 않는 삶을 주목하고, 국가와 사회적 폭력에 고통당하는 이들의 목소리를 기록하는 일에 관심이 있다. 『밀양을 살다』 『숫자가 된 사람들』을 함께 썼다. 인권기록활동네트워크 '소리'에서 활동하고 있다.

배경내 기록활동은 억눌린 목소리를 듣고 통역하여 사회에 전하는 인권교육과 참 많이 닮아 있다. 특히 청소년들의 서사는 내 마음을 뭉실, 뭉클, 달뜨게 한다. 우리가 꿈꾸는 미래의 가장 매력적인 현재가 되고픈 마음으로 살고 싶다. 『밀양을 살다』 『십대 밑바닥 노동』 등을 함께 썼다.

유해정 동그랗게 모여 앉는 세상을 위해, 고통과 희망의 뿌리를 삶의 언어로 기록하며 전하고 싶다. 『나를 위한다고 말하지 마』 『밀양을 살다』 『숫자가 된 사람들』 등을 함께 지었으며, 인권기록활동네트워크 '소리'로 세상을 만나길 꿈꾼다.

이호연 청소년과 빈곤 현장 기록을 주로 하고 있다. 사람들의 이야기가 인권의 언어와 만나는 순간들을 말하고 기록하고 싶다. 『여기 사람이 있다』 등을 함께 썼다.

정주연(루트) 기억과 역사를 지우려는 시도가 넘실대는 시대를 살며 기록의 의미를 더욱 되새기게 되는 요즘이다. 가려진 존재들의 존중받아야 할 감정과 목소리를 듣고 기록하는 작업이 질긴 식물성의 저항이라 믿으며 기록에 함께했다. 인권교육센터 '들' 활동가.

다시 봄이 올 거예요

세월호 생존학생과 형제자매 이야기

초판 1쇄 발행/2016년 4월 11일
초판 13쇄 발행/2022년 5월 4일

지은이 | 416세월호참사 작가기록단
펴낸이 | 강일우
책임편집 | 박대우 김정희
펴낸곳 | (주)창비
등록 | 1986년 8월 5일 제85호
주소 | 10881 경기도 파주시 회동길 184
전화 | 031-955-3333
팩시밀리 | 영업 031-955-3399 편집 031-955-3400
홈페이지 | www.changbi.com
전자우편 | human@changbi.com

ⓒ 416세월호참사 작가기록단

ISBN 978-89-364-7283-2 03300

* 각 인터뷰의 그림과 사진은 해당 구술자의 것입니다.
* 그밖의 본문에 쓰인 그림과 사진의 출처는 아래와 같습니다.
(9, 12, 18면의 동영상 캡처는 세월호가족협의회의 허가를 받고 게재했습니다.)
4-5면 그림 ⓒ최호철 | 7면 ⓒ한국해양경찰청 | 8면 ⓒ한국해양경찰청 | 11면 ⓒYTN | 14-15면 ⓒYTN | 16면 ⓒJTBC | 17면 ⓒ서해지방해양경찰청 | 19면 ⓒKBS·MBC | 23면 ⓒ노컷뉴스 | 24면 ⓒ청와대 | 25면(上) ⓒ연합뉴스 | 25면(下) ⓒ노컷뉴스 | 26-27면 ⓒ노순택 | 115면 ⓒ허란 | 336-37면 ⓒ노순택